Cora von Pape
Kunstkleider

Cora von Pape (Dr. phil.) ist Kunsthistorikerin und arbeitet an Ausstellungsprojekten am New Yorker Guggenheim Museum und als freie Kunstkritikerin.

Cora von Pape

Kunstkleider.
Die Präsenz des Körpers in textilen Kunst-Objekten des 20. Jahrhunderts

[transcript]

Die vorliegende Arbeit wude 2007 von der Philosophischen Fakultät der Universität zu Köln als Dissertation angenommen.

Bibliografische Information der Deutschen Bibliothek
Die Deutsche Bibliothek verzeichnet diese Publikation in der Deutschen Nationalbibliografie; detaillierte bibliografische Daten sind im Internet über http://dnb.ddb.de abrufbar.

Umschlaggestaltung: Kordula Röckenhaus, Bielefeld
Umschlagabbildung: Alba D'Urbano »Il Sarto Immortale«, einige Kleider der Kollektion, Computerdruck auf Stoff, 1995-1997 Leipzig, Foto: Gerhilde Skoberne
Lektorat & Satz: Cora von Pape
Druck: Majuskel Medienproduktion GmbH, Wetzlar
ISBN 978-3-89942-825-4

Gedruckt auf alterungsbeständigem Papier mit chlorfrei gebleichtem Zellstoff.

Besuchen Sie uns im Internet:
http://www.transcript-verlag.de

Bitte fordern Sie unser Gesamtverzeichnis und andere Broschüren an unter:
info@transcript-verlag.de

INHALT

Vorwort ... 7

1. Einleitung ... 9
1.1. Struktur ... 10
1.2. Thematische Eingrenzung ... 12
1.3. Forschungslage ... 14
1.3.1. Materialität ... 14
1.3.2. Kleidung in der Kunst ... 15
1.3.3. Kleidung und Körper ... 16

2. Untersuchung der textilen Materialität ... 21
2.1. Kunsttheorie: Material versus Form ... 21
2.2. Das Material in der Kunst ... 24
2.3. Soft Art ... 26
2.4. Die ‚Sprache' des Textils ... 28
2.5. Wertung und Geschlecht der Textilien ... 29
2.6. Textile Materialien im Austausch mit dem Körper ... 31
2.6.1. Lygia Clark ... 34
2.6.1.1. Máscaras sensoriais ... 36
2.6.1.2. O Eu e o tu ... 37
2.6.1.3. Beziehung zwischen Künstler, Objekt und Betrachter ... 40
2.6.2. Franz Erhard Walther ... 41
2.6.2.1. Der erste Werksatz ... 41
2.6.2.2. Die Wandformationen ... 45
2.6.3. Befund ... 48

3. Untersuchung der Funktionalität von Kleidung ... 49
3.1. Schutzfunktion ... 49
3.2. Soziale Funktionen von Kleidung ... 50
3.2.1. Kleidung als geschlechtliche Kennzeichnung ... 51
3.2.2. Kleidung als Kennzeichnung der Identität ... 53
3.2.3. Kleidung als Zeichensystem ... 54
3.3. Erinnerungsfunktion/Kleidung des abwesenden Trägers ... 56

4. Der Körper und seine Umkleidung in der Kunst der ersten Hälfte des 20. Jahrhunderts ... 59
4.1. Kleidung als Teil eines Gesamtkunstwerkes ... 59
4.1.1. Henry van de Velde ... 64
4.2. Sonia Delaunay ... 66
4.3. Die Futuristen ... 68
4.3.1. Giacomo Balla ... 70
4.3.2. Ernesto Thayaht ... 73
4.4. Die russischen Konstruktivisten ... 74

4.4.1. Vladimir Tatlin ... 76
4.4.2. Die Stoff- und Kleiderproduktion von Stepanova und Popova ... 78
4.4.3. Rodtschenko/ Stepanova ... 80
4.5. L'objet surréaliste – der verhüllte Ausdruck verdrängter Wünsche ... 82
4.5.1. Verhüllung und Körper ... 88
4.5.2. Die Schaufensterpuppen der „Exposition Internationale du Surréalisme" von 1938 ... 95
4.5.3. Surrealismus im Austausch mit der Mode ... 100
4.6. Zwischenbilanz ... 102

5. Kleidung als zweite Haut ... 105
5.1. Yoko Ono ... 106
5.1.1. Cut Piece ... 108
5.2. Robert Gober ... 114
5.2.1. Untitled leg ... 116
5.3. Alba D'Urbano ... 121
5.3.1. Hautnah ... 121
5.4. Befund ... 123

6. Kleidung als Ausdruck persönlicher, sozialer und kollektiver Identität ... 125
6.1. Orlan ... 131
6.1.1. MesuRage ... 132
6.1.2. Selbstinszenierungen ... 134
6.2. Annette Messager ... 138
6.2.1. Wünsche ... 143
6.2.2. Histoire des robes ... 145
6.3. Befund ... 147

7. Gewand, Geschlechterrolle und Geschlechtsidentität ... 149
7.1. Niki de Saint Phalle ... 152
7.1.1. Saint Sébastien ... 155
7.2. Michel Journiac ... 159
7.2.1. Hommage à Freud ... 161
7.2.2. Piège pour un travesti ... 162
7.3. Rosemarie Trockel ... 164
7.3.1. Untitled ... 167
7.4. Befund ... 170

8. Der absente Träger: Kleidung als Spur zur Erinnerung ... 173
8.1. Christian Boltanski ... 174
8.1.1. La Fête de Pourim ... 178
8.2. Befund ... 183

9. Schlussbetrachtung ... 185

10. Anhang ... 191
10.1. Literaturverzeichnis ... 191
10.2. Abbildungsverzeichnis ... 221

Vorwort

Kleidung als Metonymie für den menschlichen Körper und als Symbol soziokultureller Identität hat Maler wie Bildhauer seit jeher interessiert.

Seit Ende der Avantgardebewegung haben Künstler im Abendland verstärkt auch auf reale Kleidung als Material zurückgegriffen. Obwohl der anthropologische Aspekt der Kleidung und ihr immanenter Bezug zum Körper eine wesentliche Motivation für die Nutzung dieses Mediums in der Kunst darstellt, waren diese Gesichtspunkte in der Kunstgeschichte jedoch nie Gegenstand einer eingehenden wissenschaftlichen Untersuchung. Diese Lücke sucht die vorliegende Arbeit zu schließen. Sie geht der vielfältigen Beziehung zwischen Kleidung und Körper in Kunst-Objekten des 20. Jahrhunderts nach, indem sie herausstellt, welche Relation die Künstler zwischen der textilen Kleidung und dem menschlichen Körper sehen, wie sich die beiden Komponenten in ihren Arbeiten gegenseitig beeinflussen oder verändern und welche Aussagen die Kleidung in der Kunst über den in ihr präsenten oder absenten Körper trifft.

Die Idee zu diesem Forschungsprojekt entstand zunächst aus einem allgemeinen Interesse an Materialästhetik in der Kunst, mit der ich mich bereits in meiner Magisterarbeit auseinandergesetzt habe. Bei meiner Beschäftigung mit zeitgenössischer französischer Kunst stellte ich außerdem fest, dass vor allem französische Künstler ein besonderes Interesse an dem Medium der Kleidung haben, das sie niemals als nur ‚neutrales' Material verstehen.

Die ursprüngliche Vorstellung, die Untersuchung könnte sich allein auf die Frage der Absenz oder Präsenz des Körpers beschränken, musste der Erkenntnis weichen, dass mit dem Körper in wesentlichem Maße auch Fragen nach der Persönlichkeit und Identität des präsenten oder absenten Trägers der Kleidung verbunden und für das Konzept und das Verständnis der künstlerischen Arbeiten wichtig sind. Daher habe ich mich für eine phänomenologische Untersuchung nach den unterschiedlichen Funktionsweisen von Kleidung in der Kunst entschieden.

Im Laufe meiner Recherchen standen mir zahlreiche Personen zur Seite, denen ich an dieser Stelle ganz herzlich danken möchte. Zunächst gilt mein aufrichtiger Dank meiner Doktormutter Prof. Dr. Antje von

Graevenitz für ihre weit über den Universitätsalltag hinausgehende Unterstützung. Ihrem Rat und ihrer scheinbar unerschöpflichen Erfahrung verdanke ich viele konstruktive Anregungen und hilfreiche Anhaltspunkte.

Für den Anstoß zur Themenfindung bin ich Dr. Thomas Lentes, Universität Münster, dankbar, der mir die Thematik aus der Perspektive seines eigenen Forschungsschwerpunktes näher gebracht hat.

In Frankreich haben mir Jacques Leenhardt, Directeur d'études an der Ecole des Hautes Etudes en Sciences Sociales sowie Prof. Serge Lemoine und Dr. Ulrich Krempel von der Université Paris IV (Sorbonne) einen bereichernden Einblick in das Forschungssystem an französischen Hochschulen ermöglicht und über viele organisatorische und bürokratische Hürden hinweg geholfen.

Für den Zugang zu ihrem umfangreichen Archivmaterial und für aufschlussreiche Gespräche danke ich den Mitarbeitern des Archivs zur Erforschung der Materialikonographie in Hamburg, Kathrin Rottmann und Dietmar Rübel. Für Hinweise über das Werk von Yoko Ono möchte ich dem Studio One in New York danken. Alba D'Urbano stellte mir selbst hilfreiche Informationen über ihr eigenes Werk zur Verfügung.

Die Ermöglichung meiner Recherchen in Frankreich verdanke ich der finanziellen und organisatorischen Unterstützung des Deutschen Akademischen Austauschdienstes (DAAD). Ein anschließendes Graduiertenstipendium der Universität zu Köln hat zur erfolgreichen Beendigung meiner Recherchen in Deutschland beigetragen.

Für stetige und unermüdliche Aufmunterung bei moralischen Tiefpunkten und für aufmerksame Korrekturarbeiten danke ich meinen Freundinnen Julka Jantz, Stephanie Blümlein, Tanja Schnitzler, Barbara Scheuermann und Anne Brüning. Meinem Freund Geoffrey Sefert gilt der Dank für seine Geduld und sein Verständnis und seine immer wieder konstruktive Ablenkung. Ganz besonders und vor allem danke ich meinen lieben Eltern, die mich stets ausnahmslos und uneingeschränkt unterstützt und gestärkt haben.

1. EINLEITUNG

Die Kunst des 20. Jahrhunderts zeichnet sich aus durch eine kaum noch erfassbare Entgrenzung ihrer Themen, Materialien und Ausdrucksformen. Bestehende Kunst- und Werkbegriffe haben sich verändert und ausdifferenziert. Ein spannendes Investigationsfeld in der Vielfalt dieser bildnerischen Praktiken bietet das sich stets wandelnde Bild des Menschen und seines Körpers. Als besonders aufschlussreich erweist sich dabei die Analyse der Beziehung und des Austausches zwischen textiler Kleidung und ihrem Träger in Kunst-Objekten des 20. Jahrhunderts. Ziel dieser Studie ist es, zu zeigen, welche Modalitäten der Repräsentation des Körpers durch textile Kleidung in dieser Zeit entwickelt worden sind und welche Rolle der an- oder abwesende Körper für Gestalt, Inhalt und Wirkung der künstlerischen Arbeiten spielt.

Textile Materialien, die sich vor allem durch ihre vielfältigen Möglichkeiten der Anpassung und des Abdrucks auszeichnen, standen bis zum Beginn des 20. Jahrhunderts in grundsätzlichem Gegensatz zu den traditionellen Materialien der Skulptur. Aufgrund ihrer materiellen Eigenschaften und ihrer sinnlichen Besetzung galten sie als minderwertig und damit eher dem Gebiet des Kunstgewerbes als der hohen Kunst zugehörig.

Seitdem in der Kunst zunehmend mit den verschiedensten, ursprünglich ‚kunstfremden' Materialien experimentiert und ihre unterschiedliche Qualität untersucht wird, finden auch Textilien, meist in Form von Kleidung, vielfältige Verwendung. Über sie wird mittelbar oder unmittelbar auch der Mensch in seiner Präsenz oder Absenz thematisiert. Daher gilt es, der Relation zwischen dem textilen Material in seiner Funktion als Kleidungsstück und dem menschlichen Körper im Einzelnen nachzugehen.

Bekleidung erweist sich als ein komplexes Medium, welches primär dem Schutz und der ontologischen Grenzbildung des Menschen dient. Auf einer sekundären Ebene bringt Kleidung die spezifische Individualität ihres Trägers zum Ausdruck und erfüllt gleichzeitig, vielfach kodiert, gesellschaftliche und kulturelle Funktionen, wie die Einordnung in soziale Normen und Erwartungen.

„Now more than ever clothes play a crucial role in almost all human interactions – social, political, sexual. It is no surprise that in the art world, where looks often determine how one is received, artists have taken dresses, pants, gloves, undergarments, shoes and jewellery and explored their sculptural properties and social implications."[1] Der Umgang mit Kleidung in der Kunst reflektiert eine intensive Beschäftigung mit der persönlichen oder gesellschaftlichen Identität ihres Trägers. Ist dieser absent, kann die Kleidung, Spolien oder Reliquien ähnlich, zum Beweis seiner ehemaligen Existenz werden: „In sie hat sich etwas eingeschrieben, das in seiner physischen Realität gerade im Zeitalter der Medialisierung eine nahezu reliquienartige Präsenz beansprucht."[2]

1.1. Struktur

Aufgrund der besonderen Eigenschaften und vielfältigen Besetzungen von Textilien und Kleidung, die für die Erfahrung eines Werkes und seine Aussage eine entscheidende Rolle spielen, sollen in der vorliegenden Untersuchung zunächst die materiellen Aspekte geklärt werden: Wodurch zeichnet sich das textile Material im Gegensatz zu anderen künstlerischen Stoffen aus? Wie verändert es sich im Austausch mit dem menschlichen Körper? Wie wirkt der Kontakt mit dem textilen Material auf die Wahrnehmung des Teilnehmers? Anhand der Arbeiten von Lygia Clark und Franz Erhard Walther sollen diese Fragen exemplarisch beantwortet werden.

In einer anschließenden Analyse wird zunächst die Funktionalität von Kleidung im Alltagsleben nachgezeichnet und untersucht, wie Kleidung den Körper alltäglich repräsentiert und vertritt.

In einem Überblick über die erste Hälfte des 20. Jahrhunderts werden daraufhin in einer chronologischen Darstellung die ersten künstlerischen Versuche präsentiert, in denen das Material Textil aus seiner rein kunsthandwerklichen Konnotation gelöst und zum Gegenstand der ‚hohen' Kunst gemacht werden sollte. Dabei steht die körperliche Dimension stets im Vordergrund: Wie repräsentierte, unterstützte und vertrat die durch den Künstler geschaffene Kleidung den Körper ihres Trägers?

---

1 Schwendenwien, Jude: Dress Code: Clothing as a sculpture. In: Sculpture. Nov./Dez. 1993, S. 26-31, S. 27.

2 Wagner, Monika: Bild – Schrift – Material. Konzepte der Erinnerung bei Boltanski, Sigurdsson und Kiefer. In: Erdle, Birgit R.; Weigel, Sigrid (Hg.): Mimesis, Bild und Schrift. Ähnlichkeiten und Entstellung im Verhältnis der Künste. Köln/Weimar/Wien 1996, S. 23-39, S. 35.

Der Fokus der vorliegenden Untersuchung liegt jedoch auf Werken der zweiten Hälfte des 20. Jahrhunderts. Anhand exemplarischer Werkanalysen werden die Funktionsweisen ästhetischer Praktiken, die sich textiler Kleidung in der Kunst bedienen, in ihrem Bezug zum menschlichen Körper beleuchtet. Der Schwerpunkt liegt dabei – begründet durch die Quellenlage und die hier gewählte Perspektive – vor allem bei französischen, deutschen und amerikanischen Künstlern. Die Analyse der Werke folgt damit weder einer rein chronologischen Abfolge, noch einer – ursprünglich angedachten – Klassifizierung in Werke mit und Werke ohne den Körper. Vielmehr wird die eingangs angeführte Einteilung der Funktionalität von Kleidung auf Kunstwerke der zweiten Hälfte des 20. Jahrhunderts angewandt und dabei analysiert, welche Aussagen Künstler mit der Kleidung in ihren Kunst-Objekten über den teils präsenten, teils absenten Träger treffen.

Zunächst wird *Kleidung* in ihrer ursprünglichen Funktion *als zweite Haut*, als schützende Hülle des Menschen und Grenze zwischen Körper und Außenwelt, anhand von Arbeiten von Yoko Ono, Robert Gober und Alba D'Urbano untersucht. Wie gehen Künstler mit der Kleidung in ihrer Schutzfunktion des Körpers um? Umgrenzt sie den Körper in seiner Entität oder wird mit ihr seine Verletzlichkeit deutlich gemacht?

Kleidung als Repräsentant der Identität ihres Trägers ist Gegenstand der Untersuchung des Kapitels „*Kleidung als Ausdruck persönlicher, sozialer und kollektiver Identität*". Anhand der Arbeiten von Orlan und Annette Messager soll das mit dem Körper manifestierte Identitätskonzept herausgearbeitet werden. Umhüllt Kleidung in der Kunst eine klar definierte Identität oder verweisen die Künstler mit ihr vielmehr auf ein krisenhaftes Selbst?

Bei Niki de Saint Phalle, Michel Journiac und Rosemarie Trockel stellt sich die Frage, inwieweit die Kleidung *Geschlechtsidentität und geschlechtsspezifische Rollenverteilung* kennzeichnet. Wie gehen Künstler, die Kleidung als Ausdrucksmittel nutzen, mit der über dieses Medium vermittelten Markierung von Geschlechterrollen um? Legen die Kleider eine eindeutige geschlechtliche Identität fest oder werden mit ihr geschlechtliche Grenzen aufgebrochen?

Das Kapitel „*Der absente Träger*" beschäftigt sich mit der Negativform des Körpers, mit seiner bloßen Spur. Inwieweit können verlassene Kleider als Beweis für die ehemalige Präsenz ihres Trägers herangezogen werden? Welches Verständnis von Erinnerung manifestieren die verlassenen Kleider in Christian Boltanskis Arbeiten?

1.2. Thematische Eingrenzung

Das Interesse der Untersuchung liegt nicht darin, das textile Material als solches besonders hervorzuheben oder zu ästhetisieren, sondern dessen plastische und symbolische Eigenschaften in ihrem Wechselverhältnis mit dem menschlichen Körper herauszustellen. Daher handelt es sich bei den ausgewählten Werken auch nicht um Arbeiten von expliziten Tapisserie- oder Textilkünstlern, wie sie etwa seit 1962 auf der Biennale der Tapisserie von Lausanne[3] präsentiert und vor allem durch Künstler wie Magdalena Abakanowicz bekannt geworden sind.[4]

Auch der Bereich „Mode" ist mit Ausnahme einiger Beispiele aus der ersten Hälfte des 20. Jahrhunderts, die den Beginn der künstlerischen Auseinandersetzung mit Kleidung kennzeichnen und die Übergänge zwischen Mode und Kunst beleuchten,[5] von der Untersuchung ausgeschlossen, da in der Mode nicht der ästhetische Aspekt, sondern vielmehr die Aktualität und der stetige Wechsel von Stil, Schnitt, Form, Farbe und Material im Mittelpunkt stehen. Zwischen den Bereichen Mode und Kunst gab es allerdings zahlreiche Überschneidungen, denen sich viele Autoren und Ausstellungen gewidmet haben,[6] die jedoch immer wieder die Unterschiede zwischen den beiden Systemen hervortreten ließen.

„Bevor man Mode zu einer Mimikry-Variante der bildenden Kunst erklärt, die ihrem Vorbild manchmal Jahrhunderte, manchmal auch nur Jahrzehnte oder Jahre hinterherhinkt, sollte man auf die thetische Gleichsetzung der Mode mit der modernen Kunst verzichten. Das Entwerfen von Mode bildet eine schöpferische Leistung nach eigenem Recht, der die unmittelbare Konkurrenz zur Kunst nur schaden kann. Man müsste sie dann in das Reich der angewandten

3 Ausst-Kat. Lausanne 1962: 1ère biennale internationale de la tapisserie. Lausanne (Musée Cantonal des Beaux-Arts 1962). Lausanne 1962.

4 Vgl.: Ausst.-Kat. Lausanne 2000: Art textile contemporain. Lausanne (Collection de l'Association Pierre Pauli; Espace Arlaud 2000). Lausanne 2000.

5 Vor allem im Surrealismus. Vgl. Richard, Martin: Fashion and Surrealism. New York 1987. – Zu dem Zusammenspiel zwischen zeitgenössischer Kunst und Mode vgl. auch: Art Press spécial: Art et mode. Attirance et divergence. Hors série, 18, Okt. 1997.

6 Z.B. Müller, Florence: art & mode. Paris 1999; Hollander, Anne: Anzug und Eros. Eine Geschichte der modernen Kleidung. Berlin 1995. (Anne Hollander setzt sich für die Gleichstellung zwischen den Systemen Mode und Kunst ein); Ausst.-Kat. London 1998/99: Addressing the century. 100 Years of Art & Fashion. London (Hayward Gallery 1998/1999), Wolfsburg (Kunstmuseum 1999). London 1998; Ausst.-Kat. Brüssel 1996: Mode & Art 1960-1990. Brüssel (Palais des Beaux-Arts 1996), Montréal (Musée d'Art Contemporain 1996/97). Bruxelles 1995.

Kunst einordnen, und ob sich herausragende Modeschöpfer in der Nachbarschaft von Glasbläsern, Rahmenbauern und Autodesignern wirklich wohler fühlen würden als in ihrem eigenen Betriebssystem, sei dahingestellt."[7]

7 Heinzelmann, Markus: Wie Mode untragbar wurde. In: Ausst.-Kat. Köln 2001: Anna, Susanne; Heinzelmann, Markus (Hg.): Untragbar. Mode als Skulptur. Köln (Museum für angewandte Kunst 2001). Ostfildern 2001, S. 11-23, S. 14-15.

1.3. Forschungslage

1.3.1. Materialität

Zur allgemeinen Untersuchung und Bewertung verschiedener Materialien in der Kunst, der im Kapitel 2.1. ein ausführlicher historischer Überblick gewidmet ist, hat in der jüngeren kunsthistorischen Forschung vor allem das Archiv zur Erforschung der Materialikonographie in Hamburg wichtige Beiträge geleistet.[8] Anhand verschiedener ‚moderner' Materialien haben auch andere, jüngere wissenschaftliche Untersuchungen Materialanalysen in der Kunst vorgenommen.[9] Dem Phänomen des „Weichen" in der Skulptur widmete sich Maurice Fréchuret, indem er Arbeiten aus textilen Materialien untersuchte, die er nach den Kategorien „entasser", „laisser pendre" und „nouer" einteilte.[10]

Die metaphysische Bedeutung von Textilien in der Kunst ist bisher jedoch kaum berücksichtigt worden. Mildred Constantine zeigt in ihrer Publikation „Whole Cloth" Entwicklungsgeschichte und Einsatzweisen der Textilien in der Kunst und betont dabei den starken Bezug dieses Materials zum Menschen. „Cloth, more than any other human-made

8 Wagner, Monika: Das Material der Kunst. Eine andere Geschichte der Moderne. München 2001; Wagner, Monika; Rübel, Dietmar; Hackenschmidt, Sebastian (Hg.): Lexikon des künstlerischen Materials. Werkstoffe der modernen Kunst von Abfall bis Zinn. München 2002; Wagner, Monika: Form und Material im Geschlechterkampf oder: Aktionismus auf dem Flickenteppich. In: Caduff, Corina; Weigel, Sigrid (Hg.): Das Geschlecht der Künste. Köln/Weimar/Wien 1996, S. 175-196; Rübel, Dietmar; Wagner, Monika; Wolff, Vera (Hg.): Materialästhetik. Quellentexte zu Kunst, Design und Architektur. Hamburg 2005. – Auch Textilien und Kleidern ist dabei besondere Beachtung geschenkt worden. Vgl. Wagner, Monika: Archive des Gebrauchs – das Objekt als Berührungsreliquie. In: Wagner 2001, S. 82-107.

9 Vgl.: Bartholomeyczik, Gesa: Materialkonzepte. Die Kombination von Materialien in der deutschen Plastik nach 1960. Frankfurt a.M. 1996 (Europäische Hochschulschriften: Reihe 28, Kunstgeschichte, Bd. 260); El-Danasouri, Andrea: Kunststoff und Müll. Das Material bei Naum Gabo und Kurt Schwitters. München 1992; Mèredieu, Florence de: Histoire Matérielle et Immatérielle de l'Art Moderne. Paris 1994; Thümmel, Konstanze: Shark wanted. Untersuchungen zum Umgang zeitgenössischer Künstler mit lebenden und toten Tieren am Beispiel der Arbeiten von Damien Hirst. Freiburg 1997.

10 Fréchuret, Maurice: Le mou et ses formes. Essai sur quelques catégories de la sculpture du XXè siècle. Paris 1993. – Zu dem „Weichen" in der Kunst vgl. auch Kap.: 2.3. „Soft Art".

goods, abolished apparent dividing lines between art and life, both past and present. Cloth makes evident the link between art and life, both past and present."[11]

In dem Sammelband „Das textile Medium als Phänomen der Grenze – Begrenzung – Entgrenzung", herausgegeben von Heide Nixdorff, wird bei der Analyse der Materialeigenschaften die Grenzbildung als Hauptcharakteristikum herausgearbeitet und dabei auch die ontologische Grenze zwischen textiler Kleidung und dem menschlichen Körper betont.[12]

1.3.2. Kleidung in der Kunst

In Untersuchungen zur Malerei sind Kleidung und ihr Bezug zum Körper seit langem Gegenstand der Forschung.[13] 1967 hat Udo Kultermann in seiner Veröffentlichung „Neue Dimensionen der Plastik" auf die zunehmende Bedeutung hingewiesen, die Kleidung auch in der zeitgenössischen Plastik eingenommen hat:

> „Auch die Kleidung spielt für den Künstler der Gegenwart wieder eine besondere Rolle. Künstler entwerfen nicht nur Kleider oder Stoffe, sie beziehen auch Kleidungsstücke in ihre Werke ein, benutzen Kleidungsstücke als Material ihrer Kunst oder stellen Kleidungsstücke dar. Künstler wie Oldenburg und Dine [...] haben die Kleidung zu einem Zentralthema ihrer Werke gemacht [...]. Auch Paul Harris hat ganze Environments aus Stoffen gebaut und mit Figuren in kostbaren Kleidern belebt. In Ivor Abrahams' großen Gipsskulpturen sind Kleidungsstücke Zentrum und Thema."[14]

Auch andere wissenschaftliche Gebiete, wie die Kulturtheorie oder die Psychologie, beschäftigen sich mit der Aussage und Bedeutung der Kleidung.[15] Yvonne Schütze hat die Kleidung in unterschiedlichsten künstle-

---

11 Constantine, Mildred; Reuter, Laurel: Whole Cloth. New York 1997, S. 11.

12 Nixdorff, Heide (Hg.): Das textile Medium als Phänomen der Grenze – Begrenzung – Entgrenzung. Berlin 1999 (Reihe Historische Anthropologie, Bd. 30).

13 Z.B. Ash, Juliet: The aesthetics of absence: clothes without people in paintings. In: De La Haye, Amy; Wilson, Elizabeth (Hg.): Defining dress. Dress as Object, Meaning and Identity. Manchester 1999, S. 128-142.

14 Kultermann, Udo: Neue Dimensionen der Plastik. Tübingen 1967, S. 78.

15 Giannone, Antonella: Kleidung als Zeichen. Ihre Funktion im Alltag und ihre Rolle im Film westlicher Gesellschaften. Eine kultursemiotische Abhandlung. Berlin 2005; Sommer, Carlo Michael: Soziopsychologie der

rischen Medien untersucht. Darin wird der Bezug zum Körper jedoch ausdrücklich negiert: „Somit ist die Darstellung und Verwendung von Kleidung frei in ihrem Bezug zum Menschen. Sie kann isoliert von ihm dargestellt werden.“[16]

1.3.3. Kleidung und Körper

Die geringe Auseinandersetzung mit der Kleidung als Repräsentant des Körpers in der Kunst ist auch deshalb besonders verwunderlich, da sich vor allem der Körperdiskurs in den letzten Jahren weiterhin verstärkt hat.[17] Dass seitens der Künstler dagegen ein großes aktuelles Interesse an der Kleidung als Medium und Mittel zur Annäherung an den Körper besteht, ist durch Aufsätze[18] und vor allem durch zahlreiche Ausstellungen aus jüngster Zeit belegt:

Die Ausstellung „Metaphors. The image of Clothing in Contemporary Art“[19] hat gezeigt, wie in der zeitgenössischen Kunst auch Kleidung aus anderen, nicht-textilen Materialen auf kulturelle, soziale und gesellschaftliche Aspekte des Körpers verweist. „The cultural and emotional associations that garments acquire exist outside of functional requirements and implicitly offer themselves to artists whenever they choose to use a garment image. The message is to clear that it can be expressed as strongly in non-functional materials as it can in fiber, and it can be communicated without the actual presence of a wearer.“[20]

Kleidung als Metapher für den Körper, mit dem verschiedene Identitäten ausgedrückt werden können, ist Ausgangspunkt der Ausstellung „American Art Today: Clothing as Metaphor“: „The artist of 1990 [...]

Kleidermode. Regensburg 1989 (Reihe Theorie und Forschung, Bd. 87, Psychologie, Bd. 34).

16 Schütze, Yvonne: Kleidung als und im Kunstwerk des 20. Jahrhunderts unter sozialtheoretischer Perspektive (Diss. Wuppertal 1998). Wuppertal 1998, S. 314.

17 Vgl.: Ausst.-Kat. Marseille 1996: L'Art au Corps, le corps exposé de Man Ray à nos jours. Marseille (MAC Galeries contemporaines des Musées de Marseille 1996). Marseille 1996; Ausst.-Kat. Paris 2000: Le corps mutant. Paris (Galerie Enrico Navarra 2000). Paris 2000; Ardenne, Paul: L'image corps. Figures de l'humain dans l'art du XXè siècle. Paris 2001.

18 Schwendenwien 1993, S. 26-31; Felshin, Nina: Clothing as subject. In: Art-Journal, 54, 1995, 1, S. 20-29.

19 Ausst.-Kat. Huntsville 1988/89: Metaphors. The image of Clothing in Contemporary Art. Huntsville (Museum of Art 1988/89). Huntsville 1988.

20 Hiles, Bruce: Preface. In: ebd. S. 6-7, S. 7.

is, if anything, hyper-conscious of her body (and bodies in general) as a repository of identities: social, sexual, roleplaying, culturally molded, highly complex identities. She is aware, also that these identities are not easily come by, and they are not easily shed.“[21] Das Verständnis der Kleidung als Ausdruck von Identitäten wird in dieser Ausstellung vornehmlich am Beispiel weiblicher Künstler wie Judith Shea, Suzan Etkin, Sylvie Fleury oder Mary Carlson dargestellt.

Die Ausstellung „Discursive Dress“[22] zeigt Werke aus den 90er Jahren, in denen sich Künstler mit dem ambivalenten Verhältnis des Menschen zur Kleidung beschäftigen. Alison Ferris stellt dabei heraus, wie sehr die Betrachter nicht allein ästhetisch, sondern auch physisch auf leere Kleidung reagieren: „The somatic response to an empty dress, that of mentally projecting one's physical self into an article of clothing, suggests the relationship inherent in the body and clothing, a relationship integral to all works of ‚discursive dress'.“[23]

„Empty Dress“[24] stellt anhand verschiedener Positionen vor allem junger Künstler, vornehmlich aus den 90er Jahren heraus, wie gerade leere Kleider Identität vermitteln. „Now, however, we are seeing a departure from the traditional use of clothing as an accountrement for the body. Instead, artists today present clothing as abstracted from the body, in order to investigate issues of identity.“[25]

Die Ausstellungen „Fall from fashion“[26] und „Art on the edge of fashion“[27] stellen die Verschmelzung von Mode und Kunst in ihren Mittelpunkt und reflektieren die damit verbundenen kommerziellen, gesellschaftlichen und geschlechtlichen Fragen. Einen ähnlichen Ansatz hat die Kölner Ausstellung „Untragbar. Mode als Skulptur“,[28] in der Kleider

21 Larson, Kay: Clothing as Metaphor. In: Ausst.-Kat. Miami 1993: American Art Today: Clothing as Metaphor. Miami (The Art Museum at Florida Intenational University 1993). Miami 1993, o.S.

22 Ausst.-Kat. Sheboygan 1993/94: Discursive Dress: Sheboygan (John Michael Kohler Arts Center 1993/94). Sheboygan 1994.

23 Ferris, Alison: Discursive Dress. In: ebd. S. 1-16, S. 7.

24 Ausst.-Kat. New York 1993: Empty Dress. Clothing as surrogate in recent art. New York (Independent Curators Incorporated, touring exhibition 1993). New York 1993.

25 Felshin, Nina: Empty Dress: clothing as Surrogate in Recent Art. In: Ausst.-Kat. New York 1993, S. 7-14, S. 7.

26 Ausst.-Kat. Ridgefield 1993: Fall from fashion. Ridgefield (The Aldrich Museum of Contemporary Art 1993). Ridgefield 1993.

27 Ausst.-Kat. Arizona 1997: Art on the edge of fashion. Arizona (Arizona State University Art Museum 1997). Arizona 1997.

28 Ausst.-Kat. Köln 2001.

vorgestellt werden, die sich den Anforderungen der Tragbarkeit widersetzen.

„Zweite Haut – Kunst und Kleidung“[29] untersucht anhand fast ausschließlich weiblicher Künstler Kleidung im Zusammenhang mit Fragen des Frauenbildes und der gesellschaftlichen Identitätsbildung. Einem ähnlichen Ziel diente die Ausstellung „Art-Robe: Artistes femmes à la croisée de l’art et de la mode“,[30] die ausschließlich Werke von weiblichen Künstlern zeigt. Auch hier wird der besondere Bezug der Kleidung zum Körper herausgestellt und vor allem das feministische ‚Privileg‘ auf diesem Gebiet betont: „Les artistes l’utilisent [Anm.: le vêtement réel] fréquemment comme un matériau, un support, un symbole, mais surtout comme un substitut du sujet ‚corps‘. Les femmes artistes gardent, elles, un rapport privilégié au tissu, à la couture et à la mode et font preuve d’étonnantes resources sur le sujet.“[31]

Im Katalog der Ausstellung „Doublures“[32] im Musée National des Beaux-Arts du Québec verweist Johanne Lamoureux auf drei Quellen, aus denen in den vergangenen 30 Jahren wesentliche Anregungen für die Einbeziehung der Kleidung in die Kunst hervorgegangen sind: Die feministische Kunst (Miriam Schapiro, Judy Chicago), die Thematisierung von Spur und Reliquie (Joseph Beuys Filz-Anzug, Marcel Broothaers „Le Costume d’Igitur“ und Christian Boltanskis „Les Habits de François C.“) und die Kritik an der Konsumwelt (Claes Oldenburg: comptoir de lingerie).

Jüngst wurden in der Ausstellung „Dresscode: Das Kleid als künstlerisches Symbol“[33] im historischen Museum St. Gallen die über Kleidung vermittelten Codes und Aussagen über kulturelle Identität und Geschlechterfragen skizziert.

In Anbetracht der Vielfalt der von Kleidung und Körper in der Kunst berührten kulturellen, sozialen, gesellschaftlichen und religiösen Aspekte ist die vorliegende Untersuchung bewusst interdisziplinär aufgebaut und greift auf Untersuchungen aus der Psychologie,[34] Philoso-

---

29 Ausst.-Kat. Meran 2001: Zweite Haut – Kunst und Kleidung. Meran (Frauenmuseum Evelyn Ortner) 2001. Lana 2001.

30 Ausst.-Kat. Paris 2005: Art-Robe: Artistes femmes à la croisée de l’art et de la mode. Paris (UNESCO 2005). Paris 2005.

31 Airyun, Kim: Art-robe: habits des pensées. In: ebd. o.S.

32 Ausst.-Kat. Quebec 2003: Lamoureux, Johanne (commissaire): Doublures: vêtements de l’art contemporain. Québec (Musée National des Beaux-Arts 2003). Québec 2003.

33 Historisches Museum St. Gallen: 02. September 2006 bis 7. Januar 2007.

34 Identitätsbegriff von Gregory Stone (vgl.: Stone, Gregory P.: Appearance and the self: a slightly revised version. In: Ders.; Farberman, Harvey A.

phie,[35] Soziologie,[36] Theologie,[37] Literaturwissenschaft[38] und Genderdebatte[39] zurück.

(Hg.): Social psychology through symbolic interaction. 2. Aufl. New York 1981, S. 187-202) und Thomas Luckmann (vgl.: Luckmann, Thomas: Persönliche Identität, soziale Rolle und Rollendistanz. In: Marquard, Odo; Stierle, Karlheinz (Hg): Identität. 2. Aufl. München 1996, S. 293-313). Lemoine-Luccioni, Eugénie: La Robe: Essai psychanalytique sur le vêtement. Suivi d'un entretien avec André Courrèges. Paris 1983.

35 Gedächtnistheorien von Jan Assman (vgl.: Assman, Jan: Das kulturelle Gedächtnis. Schrift, Erinnerung und politische Identität in frühen Hochkulturen. München 1992) und Maurice Halbwachs (vgl.: Halbwachs, Maurice: Das Gedächtnis und seine sozialen Bedingungen. Berlin/Neuwied 1966; Halbwachs, Maurice: Das kollektive Gedächtnis. Stuttgart 1967); Identitätskonzepte von Wolfgang Welsch (vgl.: Welsch, Wolfgang: Identität im Übergang. Philosophische Überlegungen zur aktuellen Affinität von Kunst, Psychiatrie und Gesellschaft. In: Ders.: Ästhetisches Denken. Stuttgart 1990, S. 168-200.)

36 Identitätstheorien von: Goffman, Erving: Das Individuum im öffentlichen Austausch. Mikrostudien zur öffentlichen Ordnung. Frankfurt a.M. 1974; Krappmann, Lothar: Soziologische Dimensionen der Identität. Stuttgart 1969; Erikson, Erik H.: Identität und Lebenszyklus. Frankfurt a.M. 1966.

37 Lentes, Thomas: Die Gewänder der Heiligen. Ein Diskussionsbeitrag zum Verhältnis von Gebet, Bild und Imagination. In: Kerscher, Gottfried (Hg.): Hagiographie und Kunst. Berlin 1993, S. 120-151. Lentes, Thomas: Liturgien des Verschwindens. Materialreferenz in Kunst und Religion. In: Jussen, Bernhard (Hg.): Signal. Christian Boltanski. Göttingen 2004, S. 59-82.

38 Saul, Nicholas: Experimentelle Selbsterfahrung und Selbstdestruktion: Anatomie des Ichs in der literarischen Moderne. In: Vietta, Silvio; Kemper, Dirk (Hg.): Ästhetische Moderne in Europa: Grundzüge und Problemzusammenhänge seit der Romantik. München 1998, S. 321-342.

39 Beauvoir, Simone de: Le deuxième sexe. Bd. I: Les faits et les mythes. Bd. II: L'expérience vécu. Paris 1949. Benhabib, Seyla u.a.: Der Streit um Differenz. Feminismus und Postmoderne in der Gegenwart. Frankfurt a.M. 1993. Braun, Christina von; Stephan, Inge (Hg.): Gender-Studien. Eine Einführung. Weimar 2000. Braun, Kathrin: Frauenforschung, Geschlechterforschung und feministische Politik. In: Feministische Studien, 13, Nov. 1995, 2, S. 107-117. Bußmann, Hadumod; Hof, Renate: Genus. Geschlechterforschung/Gender-Studies in den Kultur- und Sozialwissenschaften. Ein Handbuch. Stuttgart 2005. Butler, Judith: Das Unbehagen der Geschlechter. Frankfurt a.M. 1991.

2. UNTERSUCHUNG DER TEXTILEN MATERIALITÄT

2.1. Kunsttheorie: Material versus Form

Seit der Renaissance ist das Wesen der Kunst immer in der Idee, im *disegno* und *concetto,* gesehen worden. Das Material eines Werkes steht danach im Dienste seiner Form und ist ihr untergeordnet. Dieses Kunstverständnis geht auf die platonische und aristotelische Theorie zurück,[1] nach der die künstlerische Idee zwar durch den Stoff materialisiert, durch ihn jedoch auch verunklärt wird.[2] Daraus resultierte die Forderung, das Material soweit wie möglich der Form zu unterwerfen. Die Angaben zur Materialität eines Kunstwerkes dienten, ebenso wie seine Größenangaben, meist nur als Hilfsmittel zur Einordnung in Kategorien.

Die ‚Minderwertigkeit' des Materials sah man jedoch auch in Relation zu der unterschiedlichen Abstufung der Sinne. In der auf Platon (Timaios 47 a-c; Phaidros 250d; Politeia 507c) gegründeten Theorie war der Sehsinn, mit dem die Form wahrgenommen wurde, lange Zeit dem Tastsinn, der das Material erspürte, übergeordnet.[3] Auch die bildenden Künste wurden nach dieser Einteilung bewertet. Die vom Material bestimmte Architektur wurde von Hegel als die niedrigste aller Künste beurteilt; darüber stand die Skulptur,[4] noch höher wurde die Malerei eingeschätzt.

1 Mit einer plotinischen Verwandlung im Mittelalter und einer neoplatonischen Wiederbelebung des 15. und 16. Jahrhunderts.

2 Vgl.: Bandmann, Günter: Bemerkungen zu einer Ikonologie des Materials. In: Städel-Jahrbuch N.F.2, 1969, S. 75-100, S. 75.

3 Böhme, Hartmut: Der Tastsinn im Gefüge der Sinne. Anthropologische und historische Ansichten vorsprachlicher Aisthesis. In: Kunst- und Ausstellungshalle der Bundesrepublik Deutschland (Hg.): Tasten. Bonn, Göttingen 1996 (Schriftenreihe Forum, Bd. 7), S. 185-210, S. 198.

4 Zur Skulptur schrieb Hegel: „So wird das äußere sinnliche Material auch nicht mehr weder nach seiner mechanischen Qualität allein, als schwere Masse, noch als Formen des Unorganischen, noch als gleichgültig gegen Färbung usf. verarbeitet, sondern in den idealen Formen der menschlichen Gestalt, und zwar in der Totalität der räumlichen Dimensionen." Hegel, Georg Friedrich Wilhelm: Einleitung in die Ästhetik. Hg. von Wolfhart Henckmann. München 1967, S. 116-117.

Musik[5] und vor allem Poesie galten schließlich als besonders hochwertig, da bei ihnen „das äußere Material [...] ganz zur Wertlosigkeit herabgesetzt ist."[6]

Die seit dem ausgehenden 18. Jahrhundert festzustellende Veränderung der Materialbewertung in der Kunst, die mit der verstärkten Nutzung neuer Materialien verbunden war und das Material allmählich aus seiner Position als „Antiwert"[7] befreite, werden nachstehend skizziert, gefolgt von einer Analyse der spezifischen Eigenschaften und Bedeutungen textiler Materialien. Anschließend soll gezeigt werden, warum Textilien aufgrund ihrer materialbedingten Eigenheiten und plastischen Qualitäten einen besonders intensiven Bezug zum Körper erlauben.

Im Laufe des 19. Jahrhunderts verschob sich allmählich die Bedeutungskonstitution zwischen Material und Form.[8] Günter Bandmann spricht dabei von einem Wandel von einer „idealistischen" Materialauffassung, die bis Ende des 19. Jahrhunderts andauerte und in der das nur der Veranschaulichung der Idee dienende Material zweitrangig war, zu einer „materialistischen" Materialauffassung, die seit dem 20. Jahrhundert dominierte und dem Material eine eigenständige Rolle bei der Schaffung von Kunstwerken zugestand.[9] Diese kunsthistorische Diskussion über die Materialgerechtigkeit wurde entscheidend von Gottfried Semper beeinflusst, der 1860 in seinem Aufsatz „Der Stil in den technischen und tektonischen Künsten" die formbildenden Aspekte von Baumaterialien herausstellte und dabei auch die Stilbedingungen textiler Stoffe diskutierte, nachdem er in der assyrischen Baukunst auf das Motiv der bekleideten Wand gestoßen war.[10]

---

5 In der „der Ton, das negativ gesetzte Sinnliche, dessen abstrakte Sichtbarkeit sich zur Hörbarkeit umgewandelt hat, [...] das Ideelle gleichsam aus seiner Befangenheit im Materiellen loslöst." Ebd. S. 120.

6 Ebd. S. 121.

7 Didi-Huberman, Georges: Die Ordnung des Materials. Plastizität, Unbehagen, Nachleben. In: Kemp, Wolfgang; Mattenklott, Gert; Warnke, Martin (Hg.): Vorträge aus dem Warburg- Haus. Bd. 3, Berlin 1999, S. 1-29, S. 17.

8 Raff, Thomas: Die Sprache der Materialien. Anleitung zu einer Ikonologie der Werkstoffe. München 1994 (Kunstwissenschaftliche Studien, Bd. 61), S. 27.

9 Bandmann, Günter: Der Wandel der Materialbewertung in der Kunsttheorie des 19. Jahrhunderts. In: Koopmann, Helmut; Schmoll, Josef Adolf gen. Eisenwerth (Hg.): Beiträge zur Theorie der Künste im 19. Jahrhundert. Frankfurt a. M. 1971 (Studien zur Philosophie und Literatur des 19. Jahrhunderts, Bd.12/1), S. 129-157.

10 Vgl.: Semper, Gottfried: Der Stil in den technischen und tektonischen Künsten oder praktische Ästhetik. Ein Handbuch für Techniker, Künstler

Alois Riegl, Kritiker der Stiltheorie Sempers, hat vor allem Objekte der angewandten Kunst untersucht und die unterschiedlich sinnlichen Aspekte der Materialität mit dem Begriffspaar optisch-haptisch differenziert.[11]

Erst seit den 60er Jahren des 20. Jahrhunderts fand diese Diskussion um das Material in der Kunst wieder verstärkten Auftrieb. Günter Bandmann würdigte in seiner Untersuchung vor allem die ikonologische Aussagekraft des Materials. „Das Material trägt aufgrund seiner spezifischen natürlichen oder auch zugeschriebenen Qualitäten, manchmal aber auch nur durch Unterscheidung vom benachbarten Material, etwas zur Bedeutung des Bildes bei. Insofern ist das Material ikonologisch aussagefähig, es kann Informationsträger sein.“[12]

1975 publizierte Wolfgang Kemp seinen Aufsatz „Material in der bildenden Kunst. Zu einem ungelösten Problem der Kunstwissenschaft“[13] und forderte darin eine verstärkte Untersuchung neuer Materialien. Thomas Raff hat in seiner Veröffentlichung „Die Sprache der Materialien“[14] der idealistischen und materialistischen Einteilung den Ausdruck der semantischen Analyse von Materialien hinzugefügt. „Diese Betrachtungsweise schreibt jedem Material bestimmte Eigenschaften, Bedeutungen oder Kräfte zu, die durch die Materialien in der einen oder anderen Weise auf die Kunstwerke übertragen werden.“[15]

Seit dem Beginn der Beschäftigung mit Materialfragen wurde dem Material in der kunsthistorischen Betrachtung neben seinen formbildenden und sinnlichen Aspekten auch für die Aussage des Werkes eine zunehmend wichtige Rolle zuerkannt.

---

und Kunstfreunde. Bd. 1: Die textile Kunst für sich betrachtet und in Beziehung zur Baukunst. Frankfurt a.M. 1860.

11 Riegl, Alois: Stilfragen. Grundlegungen zu einer Geschichte der Ornamentik. 2. Aufl. Berlin 1923. – Bevor er an der Wiener Universität lehrte, war Alois Riegl (1858-1905) zunächst Leiter der Textilabteilung des österreichischen Museums für Kunst und Industrie. Sempers Theorie der frühen Verwendung textiler Stoffe in der Baukunst kommentierte er: „es war seine Lieblingstheorie vom Bekleidungswesen als Ursprung aller Baukunst, die ihn dazu geführt hatte, der Textilkunst unter allen übrigen Künsten eine Rolle zuzuweisen, wie sie ihr besonnenermassen nicht mehr wird eingeräumt werden dürfen.“ (S. 32)

12 Vgl.: Bandmann 1969, S. 75-100, S. 77.

13 Kemp, Wolfgang: Material der bildenden Kunst. Zu einem ungelösten Problem der Kunstwissenschaft. In: Prisma. Zeitschrift der Gesamthochschule Kassel, 1975, 9, S. 25-34.

14 Raff 1994.

15 Ebd. S. 30.

2.2. Das Material in der Kunst

Neben der theoretischen Aufwertung des Materials begannen mit dem Industriezeitalter und der allgemeinen Verfügbarkeit neuer Stoffe wie Eisen, Pappmaché oder Kunststoff auch die Künstler, derartig neue Stoffe zu nutzen.

Mit diesen Materialien wurde zunächst in der Architektur und der angewandten Kunst experimentiert. So folgte die Form des Pariser Eifelturms nach Angaben seines Erbauers ausschließlich den statischen Möglichkeiten des Materials.[16]

In der Skulptur hatte Edgar Degas 1881 entstandene, mit Stoffrock, Korsett, Ballettschuhen und echten Haaren versehene „vierzehnjährigen Tänzerin“ eine Vorreiterrolle. Diese Arbeit hat im Frankreich der Dritten Republik, in dem nach Ideen von Johann Joachim Winckelmann vor allem Bronze und Marmor dem antiken Vorbild am nächsten kamen, großes Aufsehen erregt und wurde zwar als innovativ hervorgehoben, aufgrund ihrer Realitätstreue aber auch heftig kritisiert.[17]

Erst seit 1900 setzte sich die Integration neuer Materialien in der bildenden Kunst allmählich durch. Dabei handelte es sich zumeist um relativ gewöhnliche, aus dem Alltagsleben entnommene Gegenstände oder Altmaterialien, die nun ihrer ursprünglichen Funktion beraubt und als Objekte der Kunst verwendet wurden. Pablo Picasso, der sich weniger für die eigene Aussagekraft der Materialien als vielmehr für die in unterschiedlichen Gegenständen gefundenen Formen interessierte, kombinierte erstmals im zweiten Jahrzehnt des 20. Jahrhunderts unterschiedliche Materialien und Alltagsgegenstände in seinen Skulpturen.[18] Kurt Schwitters suchte die Gegenstände für seine seit 1918/1919 in Hannover entstandenen Collagen im Straßenabfall. In seiner Arbeit „Zeichnung A 6“ integrierte er bereits 1918 Stofffetzen und forderte grundsätzlich: „[…] die prinzipielle Gleichberechtigung aller Materialien […] Man nehme Unterröcke und andere ähnliche Sachen, Schuhe und falsche Haare, auch Schlittschuhe und werfe sie an die richtige Stelle, wohin sie gehören, und zwar immer zur richtigen Zeit.“[19] Schließlich erklärte Marcel Duchamp

16 Vgl.: Rübel/Wagner/Wolff 2005, S. 80-81.

17 Eine Zusammenstellung der zeitgenössischen Salonkritik findet sich in: Millard, Charles W.: The sculpture of Edgar Degas. Princeton 1976, S. 119-126.

18 Z.B.: „Le verre d'absinthe“, 1914, aus Wachs modelliert, mit Absinthlöffel kombiniert.

19 Schwitters, Kurt: Die Merzbühne (1919). In: Lach, Friedhelm (Hg.): Kurt Schwitters. Das literarische Werk. Bd. 5. Manifeste und kritische Prosa. Köln 1981, S. 39-41, S. 39-40.

unveränderte Gebrauchsgegenstände zum „Kunstwerk ohne einen Künstler“[20] und erhob mit seinen Ready-mades weniger die Form oder das Material, sondern vielmehr den „konzeptuellen Wert“[21] des Werkes zur Bedeutung.

In den 20er Jahren des 20. Jahrhunderts untersuchten Johannes Itten, Laszlo Moholy-Nagy und Joseph Albers am Bauhaus mit ihren Schülern die unterschiedlichen Eigenschaften von Materialien und nutzten neue, bisher unübliche Stoffe für ihre Materialcollagen.[22] Henry van der Velde forderte gar, die Form dem Stoff unterzuordnen: „Du sollst die Formen und Konstruktionen dem wesentlichen Gebrauch des Materials, das Du anwendest, anpassen und unterordnen.“[23] Auch für Naum Gabo trägt das Material wesentlich zur Wirkung einer Plastik bei:

> „Die Materialien spielen in der Plastik eine der wichtigsten Rollen. Die Entwicklung einer Plastik wird durch ihr Material bestimmt. Das Material bildet die emotionale Grundlage einer Plastik, es gibt ihr den Grundakzent und bestimmt die Grenzen ihrer ästhetischen Wirkung. Die Quelle dieser Tatsache liegt tief in der menschlichen Psyche verborgen. Ihre Natur ist nützlich und ästhetisch. Unsere Bindung an die Materialien beruht auf unserer organischen Ähnlichkeit mit ihnen. Auf diese Artverwandtschaft gründet sich unsere ganze Verbindung mit der Natur. Die Materialien stammen wie die Menschheit von der Urmaterie ab. Ohne diese enge Verbindung mit dem Material und ohne dieses Interesse an ihrer Existenz wäre der Aufstieg unserer gesamten Kultur und unserer Zivilisation unmöglich gewesen. Wir lieben die Materialien, weil wir uns selbst lieben.“[24]

Die Wichtigkeit der Achtung von Materialien erklärt Naum Gabo anthropologisch mit ihrer organischen Ähnlichkeit zum Menschen.

Bereits in der Kunst der Urvölker wurden fast ausschließlich organische Stoffe wie Holz, Kordeln oder Textilien verwendet. Zu Beginn des

---

20 Marcel Duchamp, in: Stauffer, Serge (Hg.): Marcel Duchamp. Interviews und Statements. Ostfildern-Ruit 1992, S. 154. Den Wert des Werkes im Hinblick auf seine Signatur bei Duchamps untersucht Wilfried Dörstel: Dörstel, Wilfried: Die Signatur entwertet. Marcel Duchamp, der „homöopatische Leonardo“. In: Anna, Susanne; Dörstel, Wilfried; Schultz-Möller, Regina: Wert-Wechsel. Zum Wert des Kunstwerkes. Köln 2005, S. 294-335.

21 Marcel Duchamp, in: Stauffer 1992, S. 154.

22 Wie im Bauhaus mit der Idee des Gesamtkunstwerkes auch die textile Kleidung Eingang in die Kunst fand, wird im Kapitel 4.1. dargelegt.

23 Velde, Henry van de: Zum neuen Stil. München 1955, S. 150.

24 Gabo, Naum: Plastik: Bildnerei und Raumkonstruktion (1937). In: Rübel/Wagner/Wolff 2005, S. 80-81, S. 80.

20. Jahrhunderts beschleunigte die Wiederentdeckung der Kunst der Naturvölker auch die Einführung organischer und darunter vor allem weicher Materialien in der westlichen Kunst: Fauvisten und Kubisten unternahmen aufgrund ihrer Begeisterung für diese Kunst selbst eigene Experimente mit natürlichen, weichen Materialien wie Bast, Haar, Fellen oder Schlangenhäuten.[25]

2.3. Soft Art

Verschiedenste Kunstwerke aus weichen Materialien wurden 1980 mit einer von Erika Billeter organisierten Ausstellung erstmalig in Europa unter dem Begriff „Soft Art“ präsentiert.[26] Ein bedeutender Teil dieser Ausstellung galt der Darstellung der kulturellen Verbindung zwischen kultischen Objekten Schwarzafrikas, der Indianer Südamerikas oder der Aborigines Australiens und zeitgenössischen Kunstobjekten. Unter „soft-sculptures“ versteht man nicht allein Skulpturen aus Textilien, sondern auch aus anderen weichen Materialien wie Federn (Rebecca Horn[27]), Fell (Meret Oppenheim[28]), Kordeln (Etienne Martin[29]), Filz (Joseph Beuys oder Robert Morris[30]), Gummi (Richard Serra[31]), Schwämmen (Jean Dubuffet[32]) oder Vinyl (Claes Oldenburg[33]). Bereits in dieser Ausstellung wurden die weichen Materialien besonders häufig im Zusammenspiel mit dem menschlichen Körper gezeigt: Sie bedecken oder verhüllen den

25 Vgl.: Rotzler, Willi: Annäherungsversuche an die Thematik des Weichen. In: Billeter, Erika (Hg.): Softart: die Kunst des weichen Materials. Bern 1980, S. 11-14, S. 11.

26 Vgl.: Billeter, Erika (Hg.): Softart: die Kunst des weichen Materials. Bern 1980. – In den USA hatte sich bereits zu Ende der 60er Jahre eine Ausstellung dem Phänomen der Weichheit in der Skulptur gewidmet: Ausst.-Kat. Trenton 1969: Pomeroy, Ralph: soft art. Trenton (New Jersey State Museum Cultural Center Trenton 1969). Trenton 1969. – Zur „Soft Art“ vgl. auch: Meilach, Dona Z.: Soft Sculpture and Other Soft Art Forms with Stuffed Fabrics, Fibbers and Plastics. London 1974; Ausst.-Kat. Bern 1969: Harald Szeemann (Hg.): Wenn Attitüden Form werden. Bern (Kunsthalle 1969). Bern 1969.

27 „Dialog der Witwe“, 1976.

28 „Le Déjeuner en Forrure“, 1936.

29 Z.B. „le Manteau“, 1962.

30 Z.B. „Felt Piece“, 1973.

31 Z.B. „Soft sculpture“, 1968.

32 „Eponge (statue de la vie précarie)“, 1950.

33 Z.B. „Soft Pay-Telephone“, 1963.

Körper, umgeben ihn als environment,[34] lassen ihn größer erscheinen[35] oder werden von ihm durchdrungen[36].

Bekannt wurde der Begriff „soft sculpture" vor allem durch Claes Oldenburgs Arbeit „Soft Typewriter" aus dem Jahre 1963. Oldenburg hat in seiner Kunst erstmals harte Gegenstände aus weichen Materialien nachgeformt und dadurch den Begriff „Skulptur" auf weiche Materialien übertragbar gemacht.[37] Er zeigt, wie stark das Material die Form eines Werkes beeinflussen, ja ‚diktieren' kann. In den drei verschiedenen Versionen seiner „Toilet" (1966) lässt sich erkennen, wie sich die Form eines Gegenstandes durch Verwendung unterschiedlicher Materialien verändert. Die These, nach der die Form über das Material als Hilfsmittel verfügen müsse, wird mit diesen Arbeiten aufgehoben.

Neben den Untersuchungen unterschiedlicher Ausdrucksmöglichkeiten der Form durch Variation und ‚Verweichlichung' der Materialität interessieren sich Künstler der 60er Jahre aber auch für die ästhetischen Aspekte weicher Materialien. In dem ‚armen Material' Lumpen untersucht Michelangelo Pistoletto vor allem die Schönheit dieses an sich ‚wertlosen' Stoffes: „Die Lumpen und Fetzen habe ich mir nicht ausgesucht, weil sie armselig, sondern weil sie schön sind, so wie Töne schön sein können. Vielleicht denkt da jemand, daß Lumpen nur für die Armen sind."[38] Gérard Deschamps, jüngstes Mitglied der Nouveaux Réalistes, der in den frühen 60er Jahren Collagen mit Damenwäsche schuf, war weniger an einer Reminiszenz an den möglichen Träger als vielmehr an der Farbkomposition des Materials interessiert. „Je sélectionne les objets et les tissus en fonction de leurs couleurs."[39] „Je n'ai pas abandonné la peinture, j'ai constaté qu'elle n'était pas seulement dans les tubes."[40]

34 Z.B. Ferdinand Spindel „Hole in Form", 1966, oder Colette „My living environment", 1973.

35 Z.B. Rebecca Horn, Aktion „mechanischer Körperflächen", 1974.

36 Z.B. Saburo Muratami: „running through", 1957.

37 Vgl.: Billeter, in: Ausst.-Kat. Lausanne 1995: Bernard, Christian; Heiss, Alanna; Stooss, Toni (Ausstellungskommissare): 16. Internationale Biennale von Lausanne. „Chassés-croisés". Lausanne (FAE/Musée d'Art contemporain; Musée des Arts décoratifs 1995). Lausanne 1995, S. 15. – Bereits 1916 hatte Marcel Duchamps mit seinem objet trouvé „Pliant de voyage" ein Objekt aus weichem Material zum Kunstgegenstand erhoben.

38 Pistoletto, Michelangelo: Der schwarze Mann. Die unerträgliche Seite. Wien 1997, S. 51.

39 Gérard Deschamps in einem Interview mit Hélène Kelmachter. In: Ausst.-Kat. Paris 1998: Gérard Deschamps Homo Accessoirus. Paris (Fondation Cartier pour l'Art Contemporain 1998). Paris 1998, S. 12-45, S. 14.

40 Gérard Deschamps, in: ebd. S. 16.

Weiche Materialien werden aufgrund ihrer Eigenschaften wie Anpassungsfähigkeit und Veränderlichkeit seit den 60er Jahren verstärkt in Beziehung vor allem zum weiblichen Körper gesetzt. Christo z.B. benutzte bereits 1960 Plastik oder Textil in seinen „wrapped objects“: 1962 verpackte er eine nackte Frau mit Bindfaden in einer transparenten Plastikfolie und machte sie somit zum ‚Objekt‘.

2.4. Die ‚Sprache‘ des Textils

Traditionell wurden Skulpturen aus fertigen und festen Materialien geformt. Textile Skulptur dagegen entsteht durch Verarbeitung von weichen tierischen, pflanzlichen oder synthetischen Fasern, die durch Weben, Binden, Stricken, Flechten, Knoten oder Häkeln zu einem Gewebe zusammengefügt wurden. Durch diesen Prozess des Zusammenfügens der weichen Rohstoffe entsteht aus der linearen Faser eine Fläche. In einem weiteren Schritt kann durch Faltung des Stoffes, Vernähen einzelner Textilteile oder ihre Kombination mit anderen Materialien aus dem zweidimensionalen Gewebe ein dreidimensionales Volumen entstehen, das Form und Gestalt hat.

Textile Materialien sind dem beweglichen menschlichen Körper und vor allem seiner Haut besonders ähnlich. Wie die Haut sind sie weich, relativ elastisch, leicht, reißfest und wärmespeichernd. Ihre Anpassungsfähigkeit und Ähnlichkeit zur menschlichen Haut macht Textilien zu einem besonders geeigneten Material, den Körper als Hülle zu umgeben und zu schützen. Sie können sowohl gefüllt als auch hohl sein, sowohl Fläche als auch Volumen bieten.[41] Als Bestandteil eines Kunstobjektes können textile Materialien sowohl zur Umgrenzung als auch zur Eingrenzung, zum Ausschluss eines Körpers wie zu dessen Aufnahme genutzt werden.

Die Formensprache von Textilien ist weich, fließend, abgerundet, strukturiert, aber gleichzeitig extrem veränderlich. Textilien fehlt im Gegensatz zu den klassischen Materialien in der Kunst eine feste Oberfläche und Statik.[42] Textilien sind schneller vergänglich als die traditionellen harten Materialien wie Stein oder Elfenbein, mit denen stets der Gedanke des Unveränderbaren, Dauerhaften verknüpft ist. Wegen ihrer Vergänglichkeit lässt sich das Material mehr in den zeitlichen Dimensio-

41 So wurden textile Materialien häufig für die Technik des Ausstopfens („stuffed fabrics“) benutzt. Vgl.: Meilach, Dona Z.: stuffed fabrics. In: Dies. 1974, S. 47-91.

42 Klingmüller, Gepa: Textile Plastik. In: Zeitschrift für Kunstpädagogik, 1984, 5, S. 6-12, S. 8.

nen des menschlichen Lebens messen. Durch die Fähigkeit zur Feuchtigkeits- und Geruchsaufnahme können Textilien auch externe Einflüsse in sich aufnehmen.

Die herkömmlichen Eigenschaften der Skulptur können mit der Verwendung textiler Materialien um vielseitige Ausdrucksmöglichkeiten bereichert werden.

2.5. Wertung und Geschlecht der Textilien

In der westlichen Tradition herrschte lange die Vorstellung, das Material sei als Gegenstand der Gestaltung weiblich, die Form dagegen als Manifestation der Schöpfung männlich.[43] Mit der feministischen Kritik wurden dann grundsätzliche Einwände gegen die geschlechtsspezifischen Implikationen der Form-Material-Dualität angeführt. Damit wurde auch die aristotelische Vorstellung, das Material sehne sich nach der Form „so wie wenn Weibliches nach Männlichem und Hässliches nach Schönem begehrt“,[44] als philosophisches Konstrukt entlarvt.[45]

Bereits Wolfgang Kemp hatte herausgestellt, dass die Bewertung eines Werkstoffes auch immer Ergebnis unterschiedlicher Faktoren, wie körperlicher Anstrengung bei der Herstellung, Funktionsvielfalt, ikonographischer Valenz oder immanent kunsthistorischer Signifikanz ist.[46] Materialien wie Granit, Eisen oder Stahl galten dabei aufgrund ihrer besonderen Härte und Glätte sowie ihrer Verwendung für Kriegsgegenstände von jeher als Inbegriff der Männlichkeit. Auch die körperliche Anstrengung bei der Bearbeitung gibt diesen Materialien eine männliche Konnotation.

Textile Stoffe galten dagegen aufgrund ihrer Herstellungsmodalitäten und ihrer Form stets als speziell weibliches Material. Sie müssen nicht beschlagen, behauen oder geschmolzen werden, um ihre Form zu erhalten; ihre Herstellung bedarf keiner besonderen körperlichen Kraft. So wurden Textilien meist mit den leichten häuslichen Aufgaben der Frau assoziiert und damit auf ihren ursprünglichen Platz im Kunsthandwerk, der traditionellen Domäne der Frau, zurück verwiesen.[47] Tatsächlich

43 Vgl.: Wagner, in: Caduff/Weigel 1996, S. 175-196.

44 Aristoteles: Philosophische Schriften. Bd. 6: Physik. Vorlesung über die Natur. Übersetzt von Hans Günter Zekl. Hamburg 1995, S. 23 (192a22f).

45 Vgl.: Wagner, Monika: Material. In: Barck, Karlheinz u.a. (Hg.): Ästhetische Grundbegriffe. Historisches Wörterbuch in sieben Bänden. Bd. 3. Stuttgart/Weimar 2001, S. 866-882.

46 Kemp 1975, S. 29.

47 Vgl.: Wagner, in: Caduff/Weigel 1996, S. 195.

überwiegen unter den Textilkünstlern vor allem die Frauen, wie man auch bei zeitgenössischen Ausstellungen weiterhin beobachten kann.[48] Jedoch ironisieren Künstlerinnen diese stereotyp traditionell weibliche Aufgabe oft auf sarkastische Weise, wie Rosemarie Trockel mit ihren diversen Strick-Kleidern[49] oder Annette Messager mit ihrer Serie von Stick-Arbeiten „Ma collection de proverbes"[50] (*Abb. 1*) und Sophie Calle in ihrer Arbeit „Douleur exquise"[51].

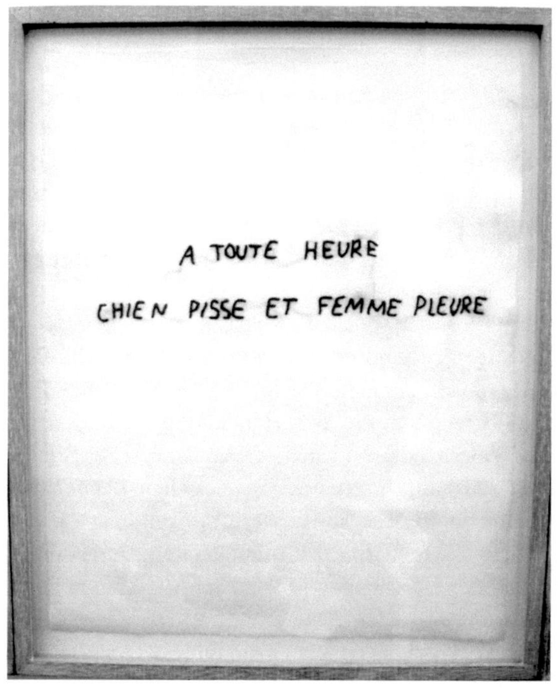

Abbildung 1: Annette Messager, aus der Serie „Ma collection des proverbes", 1974.

Durch ihre besonderen Materialeigenschaften bestimmen Textilien meist nicht die Form des Werkes, sondern sind selber formbar, anpassungsfä-

48 Vgl.: Ausst.-Kat. Lausanne 1995.

49 Vgl. die Untersuchung der Arbeiten von Rosemarie Trockel im Kapitel 7.3.

50 In der sie übliche Sprichworte, die eine negative Bewertung der Frau zum Ausdruck bringen, in Handarbeit auf Taschentücher stickt.

51 In der sie den Schmerz über die Trennung ihres Partners in einem Text dokumentiert, den sie mit schwarzem Garn auf weißes Leinen stickt. Vgl.: Ausst.-Kat. Paris 2003/04: Sophie Calle. M'as-tu vue? Paris (Centre Georges Pompidou 2003/04). Paris 2003.

hig und verletzlich. Ihre Unfähigkeit, eine sichere Statik und feste Form zu bilden, trägt ebenfalls zu ihrer weiblichen Konnotation bei, wie die Rezeption der weichen Objekte von Claes Oldenburg zeigt: „Whether in terms of sewing, softening, or sensualizing, Oldenburg was clearly concerned with feminizing his forms as a transgressive practice in his art."[52] Die weiche Oberfläche und die runden Formen seiner „soft sculpture" „Floor Burger" wurden gar mit weiblicher Präsenz und weichem Fleisch verglichen: „The rounded, voluptuous bun has a distinctly feminine presence, its texture is evocative of soft flesh. It's a passive, receptive form. Here, in one of the most popular and characteristic of American foods, we have an almost perfect female expression."[53] Die Passivität und Aufnahmefähigkeit des Materials und seine damit verbundene „feminine Form" trugen ebenfalls zur weiblichen Konnotation textiler Objekte bei.

2.6. Textile Materialien im Austausch mit dem Körper

Das Verhältnis zwischen Textil und dem mit ihm in Kontakt tretenden menschlichen Körper ist geprägt von gegenseitiger Veränderung.

Traditionelle Materialien der Kunst, wie Marmor, Holz, Elfenbein, Gold oder Ton werden im Prozess der Formgebung verändert, indem sie entweder skulptiert (d.h. behauen oder geschnitzt), gegossen oder modelliert werden. Als Gegenstand der Kunst erfahren sie jedoch – abgesehen von natürlichen zeit-, licht- und witterungsbedingten Einflüssen wie Verblassen der Farbe oder Oxidierungen – kaum noch Veränderung. Selbst wenn sie häufig vom Menschen berührt werden, was insbesondere bei Objekten der Heiligenverehrung, des Votivgebrauchs oder des Herrscherkultes üblich ist, sind die Spuren dieses Kontaktes meist nur oberflächlich wahrnehmbar.

Wenn Textilien mit dem menschlichen Körper in Berührung treten, ändert sich ihre Oberfläche und Struktur. Sie können die Feuchtigkeit des Körpers aufnehmen[54] und dessen Wärme speichern. Durch Reibung entstehen Falten, bei längerem Kontakt kann die Oberfläche dünn und verletzlich, durch Reißen und Zerschneiden sogar zerstört werden. Eine

---

52 Jones, Leslie C.: Transgressive Femininity. Art and Gender in the Sixties and Seventies. In: Ausst.-Kat. New York 1993: Abject Art. Repulsion and Desire in American Art. New York (Whitney Museum of American Art 1993). New York 1993, S. 33-57, S. 40. – Tatsächlich hat stets Pat Oldenburg, die Frau des Künstlers, die Soft Sculptures ihres Mannes genäht.

53 Rublowsky, John: Pop Art. New York 1965, S. 67.

54 Vgl. Orlans Aktionen „mesuRages" im Kapitel 6.1.1.

Verletzung des Materials wird in der Regel mit körperlicher Aggression assoziiert, wie z.B. Yoko Onos Arbeit „cut piece“[55] verdeutlicht.

Auch die Form des textilen Materials kann durch den Kontakt mit dem Körper verändert werden: Textilien können seine Spuren und Abdrücke ebenso wie sein Volumen aufnehmen, wie die Künstlerin Marie-Ange Guilleminot zeigt. Ihr „Chapeau vie“ (1993-1999), ein zusammengerollter Stoffschlauch, kann an unterschiedlichen Teilen des Körpers als Kapuze, Rock oder Kleid getragen werden und somit verschiedenste Formen und Funktionen annehmen, wie in der Präsentationsbroschüre des Chapeau-vie beschrieben ist: „The Chapeau-Vie is unisex, in a single size. It adapts itself to all bodies. It can be worn at any age in life and in all circumstances. [...] It's up to you to imagine and decide on its shape and form, as well as using in as many functions as you require.“

In den Arbeiten von Nicola L.[56] wird die textile Hohlform durch die Integration des Körpers zu dessen Umgrenzung.

Durch den Eingriff des Körpers, der auf dem Material seine Spuren in Form von Falten, Ausbeulungen, Geruch oder Feuchtigkeit hinterlässt, verändert sich das Kunst-Objekt nicht allein in seiner Form, sondern auch in seiner Aussage. Die darin eingeschriebene Präsenz des Körpers verleiht dem Material Einzigartigkeit und Individualität.

Textilien sind lebendiger und kommunikativer als andere Materialien und fordern die Haptik daher in weitaus stärkerem Maße als z.B. Marmor, der stets die gleiche Konsistenz, Oberflächenspannung und Festigkeit hat. Bei ihnen sind die haptischen Erfahrungen aufgrund ihrer unterschiedlichen Materialeigenschaften wie weich oder kratzig, grobmaschig oder fest, dünn oder dick, feucht oder trocken vielseitiger als bei harten Materialien.

Wie wichtig der Tastsinn für Skulpturen aus weichen Materialien ist, konstatierte bereits Claes Oldenburg, der von der Notwendigkeit sprach, seinen „soft sculptures“ eine Oberfläche zu geben, die bewegt werden könne und dennoch nicht den Gesamteindruck des Objektes beeinträchtigen würde.[57] Die Besucher sollten sich aktiv mit dem Werk auseinandersetzen und das Auge gleichsam in die Fingerspitzen verlegt werden.

Durch die Fähigkeit zur Geruchsaufnahme können Textilien bisweilen über den Geruchssinn wahrgenommen werden. Diese unterschiedli-

---

55 Eine Besprechung der Arbeit im Kapitel 5.1.1.

56 Die französische Künstlerin Nicola L. entwarf in den 70er Jahren mit ihren „pénétrables“ Leinwände aus Textilien, in die Auswölbungen für Arme, Beine und Kopf des Betrachters eingelassen waren, so dass dieser in die Arbeit eingreifen und ihr Form geben konnte. Vgl.: Favardin, Patrick; Chiglien, Alain: Nicola L. Paris 2003.

57 Meilach 1974, S. 7.

chen Eigenschaften des Materials führen zu einer Verstärkung, Intensivierung und Erweiterung seiner sinnlichen Wahrnehmbarkeit. Durch Sehen, Fühlen und Riechen nimmt der Rezipient das Material in intensiver und komplexer Weise auf.

Textilien können außerdem auch ihrerseits materiell auf Oberfläche und Form des Körpers einwirken, d.h. ihn wärmen, schützen, umgrenzen, vergrößern, schmücken, betonen oder verstecken.[58]

Bei einem menschlichen Träger können sie sich in die Haut einprägen, sich als Abdrücke abzeichnen. Sie können die Haut markieren, sich in sie einschneiden, Blasen, Druckstellen und Abfärbungen auf dem Körper verursachen. Im Gegensatz zu harten Materialien haben sie jedoch keine scharfen Kanten und spitzen Ecken, sie können den Körper nicht durchdringen, die Haut als seine Außenschicht nicht verletzen.

In der bildenden Kunst ist das Wechselspiel zwischen Material und menschlichem Körper vor allem für die Veränderungen des Teilnehmers von Bedeutung, der verstärkt seit den 60er Jahren in das Werk mit einbezogen wird. Guy Brett konstatiert, dass die künstlerische Wahl anpassungsfähigen Materials vor allem auf die in den 60er Jahren auftauchende grundlegende Metapher der durchlässigen Membran zurückgehe:

„Als eine im einfachsten Sinn durchscheinende, elastische, relative Trennung zwischen Gegensätzen – z.B. zwischen Innen und Außen – brachte sie [Anm.: die Membran] perfekt den Freiheitsdrang der Sechziger angesichts überkommender, erstarrter, dichotomer Strukturen in Kunst und Leben zum Ausdruck. Sie war ein Symbol für ein neues Verhältnis zu Natur, Körper, Psyche und tauchte in vielerlei Gestalt auf."[59]

Die Nutzung textiler Materialien als Membran bzw. vielmehr als Hülle des Körpers und Medium der Beziehung zwischen Kunstobjekt und (außen stehendem) Betrachter, zwischen Innen und Außen, zwischen dem eigenen Körper und dem fremden, soll hier beispielhaft an den Arbeiten von Lygia Clark und Franz Erhard Walther analysiert werden.

58 Die meisten dieser Eigenschaften sind auch Grund für die Verwendung von Textilien für die Kleidung des Menschen, wie in Kapitel 3 erläutert werden wird.

59 Brett, Guy: Lebensstrategien: Überblick und Auswahl. Buenos Aires/ London/ Rio de Janeiro/ Santiago de Chile 1960-1980. In: Ausst.-Kat. Los Angeles 1998: Noever, Peter (Hg.): Out of Actions: Zwischen Performance und Objekt 1949-1979. Los Angeles (The Museum of Contemporary Art at The Geffen Contemporary 1998), Wien (MAK – Österreichisches Museum für angewandte Kunst 1998), Barcelona (Museu d'Art Contemporani 1998/99), Tokyo (Museum of Contemporary Art 1999). Ostfildern 1998, S. 197-225, S. 198.

2.6.1. Lygia Clark

> „Je veux découvrir ‚le corps'. Ce qui m'intéresse fondamentalement, c'est le corps. Et ce que je sais à present c'est que ce corps est plus que le corps [...] C'est donc ce qui vient le plus profond derrière la chose corporelle qui m'intéresse."[60]

Die brasilianische Künstlerin Lygia Clark (geb. 1920) studierte in Rio de Janeiro (1947-1949) und Paris (1951-1952 bei Arpad Szenes und Fernand Léger) Malerei, bevor sie seit den frühen 60er Jahren ausschließlich mit Objekten arbeitete. Zwei Aspekte durchziehen ihre künstlerische Arbeit: die Veränderlichkeit des Objektes durch die Einbeziehung des Betrachters und die zeitliche Begrenztheit des Werkes.

Zu ihren ersten Objekten gehören die „Bichos" (Tiere, 1960-63), welche sie aus dreieckigen Metallplatten herstellte und die durch Scharniere miteinander verbunden sind. Dadurch kann die offene Form der Objekte, die weder ein fixiertes Innen noch Außen haben, von dem Betrachter fast beliebig verändert werden. Aus einfachem Papier entstand Clarks bekannte Arbeit „Caminhando" (1963). Dank der Weichheit des Materials wird eine neue Beziehung zwischen Betrachter und Werk ermöglicht. Die Künstlerin erklärt die Entstehung der Arbeit:

> „You take the band of paper wrapped around a book, you cut it open, you twist it, and glue it back together so as to produce a Möbius strip. Then take a pair of scissors, stick one point into the surface and cut continuously along the length of the strip. Take care not to converge with the pre-existing cut – which will cause the band to separate into two pieces. When you have gone the circuit of the strip, it's up to you whether to cut to the left or to the right of the cut you have already made. This idea of choice is capital. The special meaning of this experiment is in the act of doing it. The work is your act alone. To the extent that you cut the strip, it refines and redoubles itself into interlacings. At the end the path is so narrow that you can't open it further. It's the end of the trail."[61]

Clark lieferte für diese Arbeit lediglich das Material und den Vorschlag. Das Werk jedoch existiert ausschließlich in dem Moment der Handlung

60 Clark, Lygia. In: Rolnik, Suely: Enfin qu'y a-t-il derrière la chose corporelle? In: Ausst.-Kat. Nantes 2005: Lygia Clark de l'œuvre à l'événement. Nous sommes le moule. A vous de donner le souffle... Nantes (Musée des Beaux Arts 2005). Nantes 2005, S. 9.

61 Clark, Lygia: Nostalgia of the body. In: October, 69, 1994, S. 85-109, S. 99.

am Material und allein durch den Eingriff des Betrachters. Dieser ist nun selbst zum Träger der künstlerischen Arbeit geworden.[62] Clark manifestiert ihre Vorstellungen eines neuen Werkbegriffes 1966: „Wir lehnen die repräsentativen Räume und das Werk, das nur der passiven Kontemplation dient, ab. Wir lehnen jeden Mythos außerhalb des Menschen ab. Wir lehnen das Kunstwerk als solches ab und betonen stärker den Akt der Verwirklichung eines Vorschlags."[63] Clarks Werkbegriff impliziert demzufolge den kreativen Akt des Betrachters, der auch in der Arbeit „Pedra e Ar" (Stein und Luft) aus dem gleichen Jahr deutlich wird: Der Betrachter wird aufgefordert, einen durchsichtigen Plastikbeutel mit Luft zu füllen, ihn mit einem Gummiband zu verschließen, mit einem Stein zu beschweren und dieses Objekt dann zwischen den Händen zu balancieren. So erfährt er haptisch die Eigenschaften der umschließenden Hülle, die die Luft innen und außen voneinander trennt. Außerdem werden die Unterschiede zwischen leicht und schwer, leer und gefüllt, fest und weich haptisch erfahrbar. Auch in dieser Arbeit existiert das Objekt allein in dem Moment der Handlung als künstlerisches Werk.

Anhand dieser drei Objekte aus Clarks früher Werkphase lassen sich bereits Versuche der Künstlerin beobachten, den Betrachter als Veränderer und Schöpfer in die Arbeit einzubeziehen, die ihr künstlerisches Konzept bis zum Ende prägen werden. Verstärkt seit ihrer Schaffensphase, die sie „Nostalgio do corpo"[64] (1966) nennt und die mit dem „Pedra e Ar" begonnen hatte, wählt Clark einfache, überall auffindbare Alltagsgegenstände, die vielseitig einsetzbar sind. Oft sind sie weich, veränderbar, austauschfähig und ermöglichen Grundaspekte ihrer Arbeit wie Kommunikation, Austausch und Erfahrung.

Mit dem Ziel einer psychischen Erfahrung des eigenen Ich lässt Clark ihre Teilnehmer[65] über ihre Körper die Unterschiede zwischen Innen und Außen, zwischen sich selbst und dem Material erfahren.

62 Basulado, Carlos: Anmerkungen zum Lesen des Werkes von Lygia Clark. In: Ausst.-Kat. Wien 1999: La casa, il corpo, il cuore. Konstruktion der Identitäten. Wien (Museum Moderner Kunst Stiftung Ludwig 1999). Wien 1999, S. 83-91, S. 86.

63 Clark, Lygia: Nós Recusamos… In: Ausst.-Kat. Wien 2000: Breitwieser, Sabine (Hg.): vivências/Lebenserfahrung/life experience. Wien (Generali Fondation 2000). Köln 2000, S. 132.

64 Für eine genaue Einteilung der Werke in die verschiedenen Schaffensphasen vgl.: Rolnik, Suely: Brève description des Objets relationnels. In: Ausst.-Kat. Nantes 2005, S. 15.

65 Mit dieser Bezeichnung löst Clark den Ausdruck „Betrachter" ab. Vgl.: Basulado 1999, S. 86.

2.6.1.1. Máscaras sensoriais

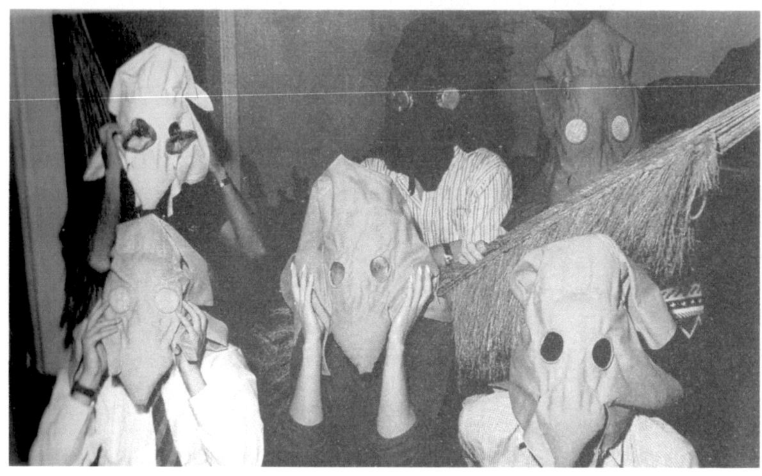

Abbildung 2: Lygia Clark, máscaras sensoriais, 1967.

Die „Máscaras sensoriais" (1967) (aus der Phase „A casa é o corpo", 1967-69) (*Abb. 2*) sind aus Stoff gefertigte Masken, die alle Sinnesorgane am Kopf ihres Trägers fast völlig bedecken. Die Augenpartie ist ausgespart und in die Öffnungen sind Objekte aus verschiedenen Materialien, wie Gläser, Metallkonstruktionen oder Plastik eingefügt, die die visuelle Wahrnehmung verzerren, indem sie die Sicht vergrößern oder verkleinern. Auch die anderen Sinne werden durch die Masken stimuliert: Auf Nasenhöhe ist ein mit verschiedenen Körnern und Kräutern gefüllter Stoffsack eingearbeitet, aus dem unterschiedliche Düfte strömen. Über den Ohren produzieren verschiedene Materialien unterschiedliche Töne. Die Maske stimuliert und manipuliert alle wichtigen Sinnesorgane, d.h. den Geruchs-, Hör- und Sehsinn ihres Trägers, bedeckt sie aber gleichzeitig und schließt sie somit von der Außenwelt ab.

Durch die Isolation und die gleichzeitige Anregung der Sinne konzentriert sich der Teilnehmer ausschließlich auf seinen eigenen Körper und seine inneren Wahrnehmungen. Die zunächst äußerliche, sinnliche Erfahrung wird somit nach Innen auf eine geistige Ebene transportiert (von Außen nach Innen). Diese Erfahrung ist im eigentlichen Interesse der Künstlerin: „Ce que je veux réellement et que j'ai pu capter dans quelques masques, c'est l'infra-sensoriel, ou le sensoriel mental."[66] Ihr

66 Frei übersetzt: „Was ich wirklich will und in einigen Masken gewinnen konnte, ist das infrasensorische, oder das mental-sensorische." Clark, Lygia: De la réalité fantastique d'hier et d'aujourd'hui. 1967. In: Ausst.-Kat.

Ziel ist „die Auslotung nach innen gewandter Wahrnehmungsprozesse“[67].

2.6.1.2. O Eu e o tu

In der Arbeit „O Eu e o tu: Série Roupa-Corpo-Roupa“ 1967 („Das Ich und das Du: Serie Kleidung-Körper-Kleidung“) (*Abb. 3*) dient die Hülle als interpersonaler Dialog zwischen beidgeschlechtlichen Paaren. Die Kleider-Objekte erlauben individuelle Erfahrung im Austausch zwischen zwei Partnern.

Die Objekte bestehen aus zwei Overalls mit Kapuzen, die die Augen der Teilnehmer verdecken und lediglich den Mundbereich, die Hände und Füße unbedeckt lassen. Die aus blauem Plastik gefertigten Overalls ermöglichen durch Reißverschlüsse an den Seiten, am Rücken, vorne, unter dem Arm und auf dem Kopf den Eingriff in unterschiedliche Taschen, in deren Innerem sich Materialien befinden, die haptisch als Charakteristika des anderen Geschlechts erkannt werden sollen (Stahlwolle, Gummi etc.).

In diesem Overall stehen sich Mann und Frau gegenüber. Der Overall jedes Teilnehmers trägt dabei die Merkmale des jeweils anderen Geschlechts. Beide sind durch einen Plastikschlauch auf Höhe des Bauchnabels miteinander verbunden. Durch Ertasten des Tascheninhaltes erfährt jeder Partner nicht allein sich selbst (wie noch in den „Máscaras“), sondern die Merkmale des eigenen Geschlechts am Körper des anderen. Sylvie Coëllier vergleicht diese Erfahrung mit Clarks erwünschter Beziehung zwischen Betrachter und Werk, einer „relation de connaissance et de désir“[68]. In dieser Arbeit erfahren die Teilnehmer über die Hülle und das haptische Element ihren Körper im Bezug zum anderen.

Barcelona 1997: Lygia Clark. Barcelona (Fundatió Antoni Tàpies 1997), Marseille (MAC galeries contemporaines des Musées de Marseille 1998), Porto (Fundação de Serralves 1998), Bruxelles (Société des Expositions de Palais des Beaux-Arts 1998). Barcelona 1998, S. 219-220, S. 220.

67 Dunker, Hedda: Das Innere und das Äußere – die Kunst der Kannibalin. In: Künstler. Kritisches Lexikon der Gegenwartskunst, Ausgabe 67, Heft 16, München 2004, S. 10.

68 Coëllier, Sylvie: Lygia Clark (L'enveloppe). La fin de la modernité et le désir du contact. Paris 2003, S. 123. „Chaque partie du couple, tournée vers l'autre, peut être vue comme une transposition de la relation que Clark désir voir s'établir entre le spectateur et l'œuvre, une relation de connaissance et de désir, une relation qui ne se détache pas de son objet et non une projection à distance.“ S. 123-124.

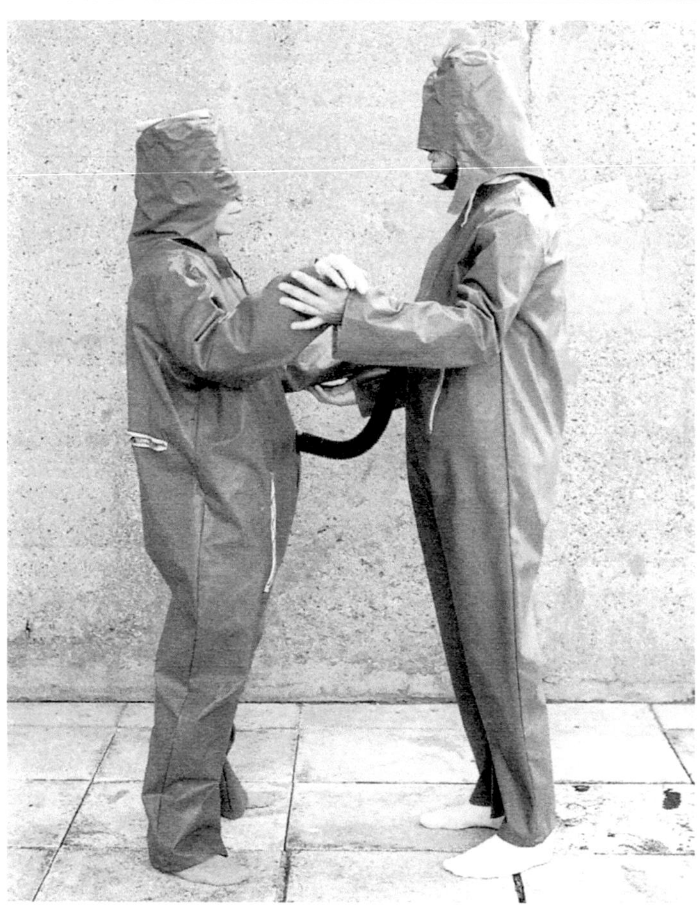

Abbildung 3: Lygia Clark, O Eu e o tu: Série Roupa-Corpo-Roupa, 1967.

Dieses Ziel entwickelte Clark während ihrer Lehre an der Pariser Sorbonne (1968-75) weiter, wo sie in Gruppenarbeiten, die sie „O Corpo Colletivo" (Der kollektive Körper) oder auch „Fantasmática do Corpo" nannte (1972-75), durch textile Elemente Beziehungen zwischen den Teilnehmern herstellte. Dabei wurden unterschiedliche „objetos relacionales" (Bezugsobjekte), meist weiche Objekte wie Kordeln, Netze, Baumwollkissen, Taschen, Strümpfe, Handschuhe oder Plastiktüten, verwendet, die teilweise mit Luft, Sand oder Körnern gefüllt waren und somit bereits als Hülle fungierten. Sie wurden am Körper der Teilnehmer befestigt und durch andere Teilnehmer verändert: In einem Vorschlag, den Clark „Viagem" (Reise, 1973) nannte, wurde der Körper eines Teilnehmers von den anderen in Zeitungspapier gepackt und dann auf den

Schultern aller anderen umhergetragen. Nach dieser „Reise“ begann die Gruppe, das Papier langsam zu zerreißen.[69]

> „Through the experience made at the Sorbonne in Paris with my students in 1974 we arrived at what I call ‚collective body‘, which, in the last analysis, is the exchange between people of their intimate psychology, brought about by the group's experience of communal propositions. This exchange is not a pleasant thing. The idea is that a person ‚vomits‘ life-experience when taking part in a proposition. This ‚vomit‘ is going to be swallowed by the others, who will immediately vomit their inner ‚contents‘ too. It is therefore an exchange of psychic qualities and the word communication is too weak to express what happens in the group.“[70]

Bei diesen experimentellen Vorschlägen interessierte sich Clark vor allem für die Rolle der psychischen Inhalte der Teilnehmer. Über die Erfahrung zwischen dem weichen Material und den menschlichen Körpern wird nicht allein eine äußere Verknüpfung der Teilnehmer hergestellt, sondern auch ein innere, die Clark den „kollektiven Körper“ nennt. Die Objekte wirken direkt auf die psycho-physischen Erfahrungen der Teilnehmer mit sich selbst und in ihrer Beziehung zu anderen.[71]

Mit der Erkenntnis, dass ihre „objetos relacionales“ Gefühle aus der frühesten Kindheitserfahrung hervorrufen konnten, entschied sich Clark Ende 1976 in Rio de Janeiro zu therapeutischen Behandlungen von Menschen mit Borderline-Syndrom. In ihren Sitzungen war der Kontakt zwischen Patient und Material ein effektives Mittel der „l'Estruturação do Self“, der Strukturierung des Selbst, das durch ernsthafte psychische Krisen gestört ist. Hier steht nicht das Material, sondern die durch den Kontakt mit ihm erreichten psychologischen Ziele im Vordergrund. Zu ihren Objekten sagt die Künstlerin: „They are not intended to be beautiful, aesthetic, but a preparation for life.“[72] In der Nachfolge der Surrealisten ersetzen die Objekte somit die Forderungen nach Schönheit eines Werkes zu Gunsten der Erfahrungen psychologischer Innerlichkeit des Teilnehmers.

69 Vgl. Rolnik, Suely: Brève description des Objets relationnels. In: Ausst.-Kat. Nantes 2005, S. 15.

70 Lygia Clark, in: Brett, Guy: Lygia Clark. The borderline between life and art. In: Third Text, 1, 1987, S. 65-94, S. 87.

71 Brett, Guy: Both Author and Reader. In: C Magazine, 36, 1993, S. 18-28, S. 23.

72 Lygia Clark in einem Brief an Guy Brett. In: Brett 1987, S. 75.

2.6.1.3. Die Beziehung zwischen Künstler, Objekt und Betrachter

Mit der aktiven Einbeziehung des Betrachters hebt Clark im Sinne Umberto Ecos den Unterschied zwischen „Ausführenden“[73] und „Kunstkonsumenten“[74] auf. Dabei sucht sie nicht allein das „Kunstwerk in Bewegung“,[75] sondern macht seit ihrer Schaffensphase „Nostalgio do corpo“ verstärkt die Ausführung des an dem Objekt Handelnden zur Grundvoraussetzung des Werkes. Der Betrachter wird damit zum Teilnehmer, zum Produzenten und Schöpfer des Werkes. Die Künstlerin selbst tritt außerdem als Schaffende zurück und beschränkt sich auf ihre Rolle als Ideengeberin. „Mon travail a toujours été mené pour que l'autre puisse l'expérimenter, et pas seulement pour mon expérience.“[76] Das Objekt erhält seine Bedeutung allein durch dessen „produktiven Input“,[77] durch den Gebrauch und die damit gewonnene körperliche Erfahrung.

Der Sehsinn wird dabei meist zu Gunsten der anderen Sinne, vor allem des Tastsinnes eingeschränkt. Der Betrachter ist nun physisch „im Bild“ und ertastet, schmeckt, riecht und hört die ihn umgebenden Materialien. Über diese sinnliche Wahrnehmung erfährt er seinen eigenen Körper neu: „Die Menschen fanden mit Hilfe taktiler Empfindungen, die sie von Objekten außerhalb ihrer selbst erhielten, wieder zu ihrem eigenen Körper.“[78] Der eigene Körper wird dadurch zum Bezugspunkt. Die textile Hülle ermöglicht ihm diese Selbsterfahrung von Geschütztheit und Abgeschlossenheit von der Umwelt. Die Unterschiede zwischen Innen und Außen, zwischen umhüllt und nackt können im Werk erlebt werden. Auch die Beziehung zum anderen Körper wird über die Hülle erfahrbar. Über diese sinnliche Erfahrung sollte der Teilnehmer seine innere „physica“, seinen Seelenzustand, nach außen kommunizieren und somit ein Gleichgewicht zwischen Körper und Geist entstehen lassen.

---

73 Eco, Umberto: Das offene Kunstwerk. Frankfurt a.M. 1973, S. 29.

74 Ebd. S. 29.

75 Das „Kunstwerk in Bewegung“ bezeichnet nach Umberto Eco eine enger umschriebene Kategorie innerhalb der „offenen“ Kunstwerke, das die Fähigkeit besitzt, verschiedene unvorhergesehene, physisch noch nicht realisierte Strukturen anzunehmen. Vgl. ebd. S. 42.

76 Lygia Clark, zit. in: Maillet, Florence: Lygia Clark. In: Beaux-Arts-Magazine, 166, März 1998, S. 34.

77 Buchmann, Babeth: „Für dieses Happening verlange ich nichts, aber das nächste wird euch 100.000 Dollar kosten.“ In: Texte zur Kunst, 11, März 2001, 41, S. 77-96, S. 85.

78 Clark, Lygia: O Corpo é o Casa: Sexualidade, Invasáo do „Território“ Individual, 1971. Der Körper ist das Haus. Sexualität, Invasion des individuellen „Territorismus“. In: Ausst.-Kat. Wien 2000, S. 142-144, S. 142.

2.6.2. Franz Erhard Walther

„Everyone has to make use of his own abilities – to experience his own possibilities [...] one does not have to experience the possibilities of the artist anymore.“[79]

Der 1939 in Fulda geborene Franz-Erhard Walther gilt als einer der Hauptvertreter der „Prozesskunst“, einer Kunstrichtung, bei der nicht das Endprodukt, sondern der Entstehungsprozess und die Benutzbarkeit des Werkes im Mittelpunkt des Interesses stehen. Diese beiden Prinzipien sind grundlegend für Walthers Arbeit. Nachdem er Farbpigmente in Marmeladengläser gefüllt und damit das „Ende der Malerei“ proklamiert hatte, arbeitete Walther fast ausschließlich mit Objekten, die er meist in umfangreichen Werksätzen zusammenfasste und mit theoretischen Untersuchungen begleitete.

2.6.2.1. Der erste Werksatz

Walthers erster Werksatz, der 1963-1969 entstand und in dem er sein Werkkonzept entwickelte, besteht aus 58 Objekten, vornehmlich aus Baumwollstoff. Dieses Material wurde, in unterschiedlichen Formen und Volumen, bisweilen in Verbindung mit anderen Materialien wie Stroh oder Holz benutzt. Der Betrachter wurde aufgefordert, an den Objekten verschiedene Handlungen zu vollziehen, sich hineinzulegen, sich mit ihnen zu bedecken, oder durch sie hindurch zu kriechen. Viele der Objekte verlangten nach einer gemeinsamen Teilnahme mehrerer Betrachter.

Walther wählte für diesen ersten Werksatz mit dem Textil ein Material, das noch weitestgehend bedeutungsfrei war. Aus diesem rein materiellen Teil seiner Objekte ist keinerlei Funktion erkennbar und ihm liegt keine Information vor. Das „Werk“ besteht für den Künstler jedoch auch aus anderen, nicht materiellen Komponenten, die von der Außenwelt, dem Künstler wie dem Teilnehmer, mit eingebracht werden müssen.

„Stofflich ist es [Anm.: das Material] nur da, wo ich die Stücke forme. Aber im eigentlichen Verständnis, in der Arbeit mit diesen Teilen, ist etwas anderes Material: Zeit, Denken, Sprache, Körperchemie – unter anderem. [...] Wenn das ganze nicht nur ein mechanischer Ablauf sein soll, nicht nur ein Reagieren auf Verhältnisse, sondern der Mensch in seinen Möglichkeiten eingebracht wird, indem er feststellt, ich befinde mich hier, es liegen die und die Zeit- und Raumverhältnisse vor und die und die Bewegungsmöglichkeiten, ich habe mit

79 Wather, Franz Erhard: Prozessmaterial. Köln 1971, S. 31.

dem Körper zu tun: Müdigkeit, Angespanntsein, Ausdehnen, Empfindung – all das ist Material, mit dem ich arbeite. Zeit kann ich in diesem Zusammenhang durchaus als Stoff verstehen, den ich forme, ich dehne Zeit, ich ziehe Zeit zusammen, ich segmentiere Zeit. Oder in dem Moment, wo ich solche Verhältnisse beschreibe und Abläufe rekonstruiere, wird Sprache Bestandteil der Arbeit und damit Material. Auch die eigene Geschichte wird dort eingebracht als Material, weil es etwas ist, mit dem ich verwickelt bin, das dort einen Wendepunkt bekommt. Ich muss also zwei Materialbegriffe gebrauchen: einmal am stofflichen Punkt, wo ich Objekte herstelle, zum anderen in der Arbeit all das, was den Handlungsprozess definiert."[80]

„Materialien" sind für Walther somit nicht nur physikalische Stoffe, sondern auch Zeit, Raum, Ort, Sprache, Denken und Wetter. Den Handlungsprozess definierende Faktoren sind außerdem die Idee des Künstlers, die Vorstellungen des Betrachters sowie die Erfahrung des am Stoffobjekt Handelnden.[81] Die physischen Materialien in Walthers erstem Werksatz haben keine feste, stabile Form und sind zum Austausch mit den genannten Faktoren fähig. Diese „Formoffenheit"[82] lässt sich besonders gut mit weichen, veränderbaren Materialien wie Baumwollstoff erzielen. „Wichtig sind nicht die Objekte, sondern das, was man damit tut, was damit und dadurch möglich ist. Wir, die Benutzer haben es zu leisten. UNSERE Fähigkeiten (und Unfähigkeiten) zählen, unsere Bewegung."[83] Ihre Bestimmung erlangen die Objekte aus dem ersten Werksatz somit erst durch die Handlung des teilnehmenden Betrachters. Sie selber sind lediglich Werkzeug oder Instrument. Ähnlich wie bei Clark zielen sie nicht auf eine ästhetische Wirkung, sondern auf die Erweiterung des Erfahrungshorizonts des einbezogenen Betrachters.

80 Walther, in: Jappe, Georg; Walther, Franz Erhard: Dialog. In: Ausst.-Kat. Köln 1977: Franz Erhard Walther. 2. Werksatz. Skulpturen, Zeichnungen. Köln (Museum Ludwig 1977). Köln 1977, S. 47-95, S. 68.

81 Growe, Bernd: Werk – Handlung. In: Lingner, Michael; Walther, Franz Erhard: Zwischen Kern und Mantel. Franz Erhard Walther und Michael Lingner im Gespräch über Kunst. Klagenfurt 1985, S. 110-132, S. 115.

82 Vgl.: Bojescul, Wilhelm: Form und Formoffenheit in den Wandformationen von Franz Erhard Walther. In: Ausst.-Kat. Braunschweig 1986: Franz Erhard Walther. „Ich bin die Skulptur". Wandformationen 1978-1985 und Zeichnungen. Braunschweig (Kunstverein 1986). Braunschweig 1986, S. 49-53.

83 Franz Erhard Walther, in: Celant, Germano (Hg.): Ars Povera. Tübingen 1969, S. 174.

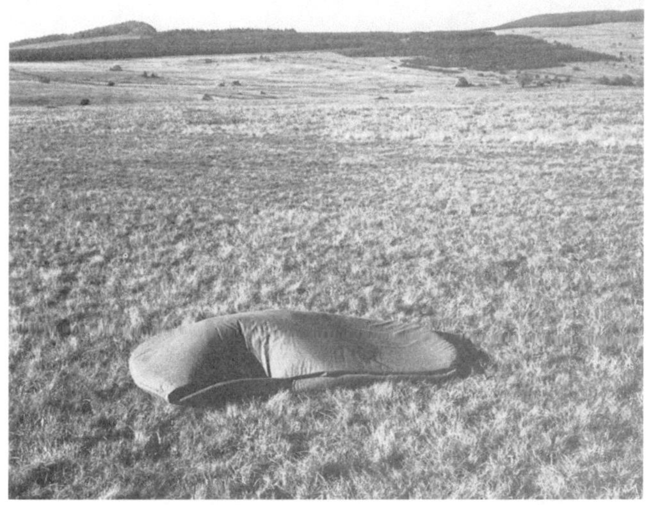

Abbildung 4: Franz Erhard Walther, Ummantelung (Nr. 3 aus dem ersten Werksatz), 1964.

Die Objekte sind nicht in erster Linie visuell, sondern vielmehr haptisch erfahrbar. In einzelnen Objekten aus dem ersten Werksatz, wie in „Blindobjekt" (1966, Nr. 12 aus dem ersten Werksatz), in dem der Teilnehmer in einem verschlossenen Sack umhergeht und dabei nur einen Teil des Bodens optisch erfassen kann, ist der Sehsinn des Handelnden zu Gunsten des Tastsinns eingeschränkt. Obwohl das umhüllende Material den Teilnehmer von der Umgebung isoliert, wie z.B. in „Ummantelung" (1964, Nr. 3 aus dem ersten Werksatz) (*Abb. 4*), setzt es ihn gleichzeitig zu ihr in Bezug, wie z.B. in „Für Hügel und Berge" (1965, Nr. 9 aus dem ersten Werksatz)[84].

Die körperliche Handlung (Aktion) des Teilnehmers impliziert also eine Einschränkung bzw. Aktivierung der unterschiedlichen Sinne und setzt damit eine geistige Handlung (Reflektion) in Gang, die durch die anderen genannten Materialien wie Erfahrung, Erinnerung, Raum, Zeit, Wetter genährt wird. Durch das Bewusstwerden dieses Reagierens erkennt sich der Mensch selbst „als wirksamen Faktor der Situation und seines Zustandes"[85]. Dadurch entsteht das Werk.

84 In dieser Arbeit rollt ein von einem Textilschlauch umgebener Teilnehmer einen Hügel herunter.

85 Lingner, Michael: Franz Erhard Walther. Vom Sehen zum Sein. In: Künstler. Kritisches Lexikon der Gegenwartskunst. Ausgabe 2, München 1988, S. 10.

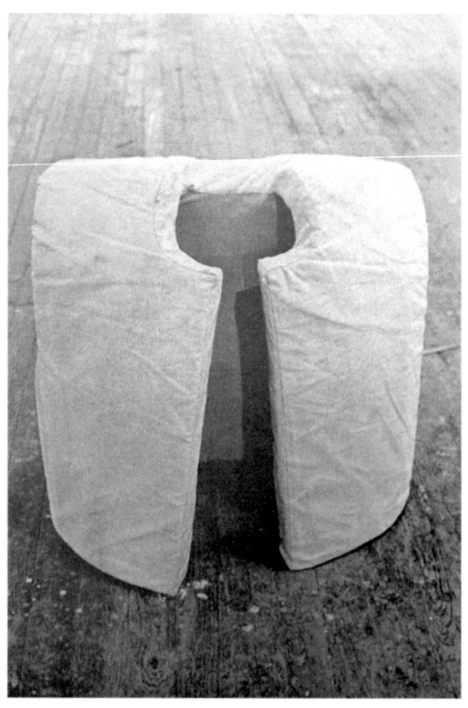

Abbildung 5: Franz Erhard Walther, Weste (Nr. 11 aus dem ersten Werksatz), 1965.

Die Arbeit „Weste“ (*Abb. 5*) (1965, Nr. 11 aus dem ersten Werksatz) ist ein Teil der Objekte des ersten Werksatzes. Sie besteht aus einem in der Form einer Weste geschnittenen Zeltstoff, der mit Schaumstoff gefüttert ist. Unterschiedliche Abbildungen zeigen verschiedene Träger dieser Weste (wie Franz Erhard Walther, Joseph Beuys), die über die eigene Kleidung gezogen und sowohl im öffentlichen als auch im geschlossenen privaten Raum getragen wird. Materialität und Umfang des Objektes wirken körperlich auf den Träger: Die Weste vergrößert seine Dimension und sein Volumen, sie schränkt seine Bewegungsfreiheit ein, schützt den Körper jedoch zugleich und reguliert seine Wärme.[86] Die mit dem Tragen der Weste gewonnenen Erfahrungen wirken auch nach der Benutzung im Lebensalltag des Trägers weiter. Auch dieses „Danach“ ist Teil des Werkes.

86 Vgl. Walthers Diagramme zum ersten Werksatz in: Ausst.-Kat. München 1976: Franz Erhard Walther. Diagramme zum ersten Werksatz. München (Kunstraum 1976), Bonn (Städtisches Kunstmuseum 1976). München 1976, S. 91.

Wie die „Weste" lassen die meisten Arbeiten des ersten Werksatzes den Teilnehmer durch die unterschiedlichen Formen der Umhüllung seine eigenen körperlichen Grenzen erfahren. In anderen Objekten wie „Vier Körpergewichte"[87] (1968, Nr. 42 aus dem ersten Werksatz) werden mehrere Teilnehmer durch das Material miteinander in Beziehung gesetzt und erfahren somit auch den Kontakt zu anderen. Das textile Medium verändert dabei die Selbsterfahrung des Menschen sich und anderen gegenüber.

2.6.2.2. Die Wandformationen

Von 1978 bis 1986/87 widmete sich Franz Erhard Walther seinen Wandformationen, dreidimensionalen Objekten aus Baumwollstoffen, die durch Holzkonstruktionen eine stabile Form erhielten und an der Wand befestigt wurden. In den Wandformationen bieten Nischen, Vorhänge, Überdachungen oder Kleider(teile) dem Betrachter die Möglichkeit einer körperlichen Teilnahme. Für ihn ergeben sich drei mögliche Positionen der Begegnung mit dem Objekt: Davorstehen, Daranstehen (als Übergangssituation) oder Darinstehen.[88] Nur wenn der Betrachter in das Werk eintritt oder mit Werk-Teilen agiert, wird er zu dessen Bestandteil.

In der Arbeit „Arm und Bein bilden das Maß" (1983) hängen in einer an der Wand angebrachten rechteckigen, gelben Hohlform an Bändern ein Ärmel und ein Hosenstück aus Baumwollstoff in derselben Farbe. Eine Abbildung (*Abb. 6*) zeigt einen jungen Mann, der die Kleidungsteile aus der Wandformation entnommen und über seine Alltagskleidung gezogen hat. Sie umhüllen nun seinen linken Arm und sein rechtes Bein. Farblich heben sie sich stark von seiner Alltagskleidung ab und erwidern die Farbe der Wandformation, der der Teilnehmer seinen Rücken zugewandt hat. Er füllt die Arbeit körperlich aus und komplettiert sie. Er macht das Material von der Hohlform zur Umgrenzung und erlebt sich selber als Teil des Werkes.

Anders als bei den Objekten des ersten Werksatzes ist in den Wandformationen der direkte körperliche Eingriff jedoch nicht mehr zwangsläufig erforderlich. Die Wandformationen haben auch ohne Interaktion mit dem Betrachter einen eigenständigen Werkcharakter, einen skulpturalen Eigenwert.

87 In dem Objekt spannen vier Personen einen langen schmalen Stoffschlauch zu einem Quadrat, indem sie sich, darin stehend, mit ihrem Körpergewicht an vier Ecken gegen den Stoff lehnen.

88 Vgl. Walther: Werkbestimmung, zit. in: Growe, Bernd: Werk – Handlung. In: Lingner, Michael (Hg.): Das Haus in dem ich wohne. Die Theorie zum Werkentwurf von Franz Erhard Walther. Klagenfurt 1990, S. 110-132, S. 119.

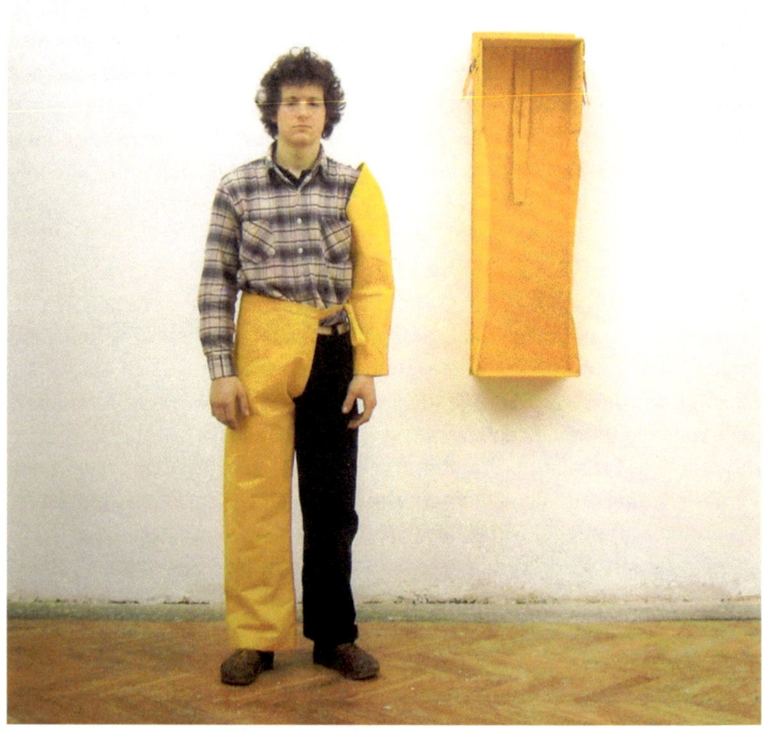

Abbildung 6: Franz Erhard Walther, Arm und Bein bilden das Maß, 1983.

„Meine Werke müssten mittlerweile so bekannt sein, daß die noch in den 60er und 70er Jahren notwendige aktive Handlung und der Gebrauch der Objekte nicht mehr nötig sind."[89] Allein in der Anschauung oder der „virtuelle[n] Handlung"[90] kann sich der Betrachter den Körper im Objekt vorstellen. Dies wird vor allem durch Material, Form und Dimension der Stücke[91] ermöglicht: Die Textilien sind nun in Kleiderform präsentiert und setzen den Körper gedanklich bereits voraus: Die Dimensionen der

89 Franz Erhard Walther, in: Friede, Claus: Die Schlußsteine von Franz Erhard Walther. Zwischen virtueller Handlung und Materialprozess. In: Private Kunsträume Augsburg (Hg.): Franz Erhard Walther. Kopf darin, Körper davor. Werke 1961-63 und 1986. Augsburg 1996, S. 7-8, S. 7.

90 Ebd. S. 7-8.

91 Für seine Wandformationen wählt Walther den Ausdruck „Stück" im Gegensatz zum „Objekt", wie Walther den materiellen Teil seinen Arbeiten aus dem ersten Werksatz nennt.

Stücke entsprechen den Körperformen des Künstlers (Arm-, Bein- oder Ellenlängen) und sind somit auf den Körper angelegt. Allein mit der Anschauung können die materiellen Strukturen des Stückes begriffen werden.

„Darüberhinaus kann ich mich nun auf Einzelheiten an der Arbeit konzentrieren und ihrer Konstruktion auf die Spur kommen: wie mit einfachen Mitteln, etwa Schlaufen und Bändern, sich Stoff in ganz unterschiedliche Formen bringen lässt und aus derart flexiblem Material ein Gesamtgebilde in häufig erheblichen Ausmaßen entsteht, das statisch ist. Diese visuelle Rekonstruktion des Aufbaus einer Arbeit [...] halte ich für unerlässlich zum Verständnis der ‚Wandformationen'."[92]

Dabei wird vorausgesetzt, „daß in der Form der Betrachtung oder des Umgangs, jedenfalls des Sich-Verwickelns mit der Arbeit, ein Wert entsteht, der auf Kunst hin von Bedeutung ist."[93] Erst der intellektuelle Umgang mit dem Werk macht den Betrachter somit zum Teil der Skulptur, wie Walther in dem Titel seiner Braunschweiger Ausstellung mit dem Satz „Ich bin die Skulptur" formulierte.[94]

„Also gilt – um einem anderen Missverständnis vorzubeugen – das ‚Ich bin eine Skulptur' auch nicht nur für mich, etwa weil meistens ich auf den Fotos zu sehen bin und diese Aussage von mir stammt. Sondern ich mache sie stellvertretend für jeden, der in sich eine skulpturale und plastische Vorstellung mittels der ‚Wandformation' aufbaut."[95]

Das „Ich" bezieht sich somit nicht auf die Person des Künstlers allein, der auf Abbildungen meist am Objekt handelt, sondern steht stellvertretend für jeden teilnehmenden Betrachter.

92 Franz Erhard Walther, in: Lingner, Michael; Walther, Franz Erhard: Kann es Werkhaftigkeit und Instrumentalität zugleich geben? Gespräch über die Wandformationen zwischen Franz Erhard Walther und Michael Lingner. In: Ausst.-Kat. Wien 1989: Franz Erhard Walther. Dialog der Sockel. Wandformationen. Wien (Wiener Sezession 1989). Wien 1989, S. 13-31, S. 13-14.

93 Franz Erhard Walther, in: ebd. S. 24.

94 Vgl.: Ausst.-Kat. Braunschweig 1986.

95 Franz Erhard Walther, in: Lingner, Michael; Walther, Franz Erhard: Kann es Werkhaftigkeit und Instrumentalität zugleich geben? Gespräch über die Wandformationen zwischen Franz Erhard Walther und Michael Lingner. In: Ausst.-Kat. Wien 1989, S. 13-31, S. 24.

2.6.3. Befund

Mit der Einbringung seines Körpers, der mit dem textilen Medium in Beziehung tritt, wird der Betrachter in den Arbeiten von Franz Erhard Walther und Lygia Clark selbst zum Gegenstand der Kunst. Durch Anpassung, Ausweitung, Hüllenbildung und Wärmeaustausch findet eine Interaktion zwischen Textil und Körper statt, die einerseits eine äußerliche, physische Veränderung des Materials als auch andererseits eine innere, psychische Veränderung des Betrachters bewirkt. In den angeführten Beispielen der 60er/70er Jahre stand dabei vor allem die Veränderung des Betrachters im Mittelpunkt der künstlerischen Absicht.

Lygia Clark und Franz Erhard Walther, deren Werkkonzepte beide den 60er Jahren entspringen, haben in ihrem Werk eine völlig neue Künstler-Objekt-Betrachter-Konstellation erarbeitet. Sie erlösten zunächst den Künstler aus seiner Rolle des Schaffenden und machten ihn zum Ideengeber. „Wir lehnen die Künstlerinnen ab, die mittels ihrer Objekte eine vollständige Vermittlung ihrer Botschaft ohne Zutun der Betrachterinnen anstreben."[96] Der Betrachter wird zum Teilnehmer: „Ganz grundsätzlich besteht das Problem darin, daß die traditionelle Rolle des Kunstbetrachters von mir ganz und gar in Frage gestellt wird, so daß jeder seine Rolle im Umgang mit den Objekten neu definieren muss."[97]

Bereits Marcel Duchamp hatte den Künstler für völlig unwichtig, blind und nicht verantwortlich erklärt und den Betrachter zu einer entscheidenden Instanz im schöpferischen Akt erhoben.[98]

Die Auflösung der klassischen Künstler-Objekt-Betrachter-Konstellation geht einher mit der Auflösung eines klar umgrenzten Werkbegriffes, in dem nicht die Gegenstände, sondern der durch die Handlung des Teilnehmers hervorgerufene Entstehungsprozess des Werkes wichtiger wird als dessen Resultat.

Das textile Material mit seinen Eigenschaften wie Veränderbarkeit, Weichheit und Anpassungsfähigkeit eignet sich besonders für dieses Konzept des Austausches und der Kommunikation mit dem Betrachter. Mit seiner Fähigkeit sowohl zum Ausschluss als auch zur Aufnahme und Integration des Körpers ermöglicht es dem Betrachter die Erfahrung der fließenden Übergänge zwischen physischer Teilnahme und bloßer Betrachtung eines Werkes.

---

96 Clark, Lygia: Nós Recusamos…, 1966 (Wir lehnen ab…). In: Ausst.-Kat. Wien 2000, S. 132-150, S. 132.

97 Lingner/Walther 1985, S. 47.

98 Dörstel 2005, S. 297-298.

3. Untersuchung der Funktionalität von Kleidung

Auch wenn Textilien als Material in Kunst-Objekten erst seit kurzer Zeit Verwendung finden, begleiten sie in ihrer historischen Gebrauchs- und Funktionsweise außerhalb der Kunst doch fast die gesamte Menschheitsgeschichte.

Die ersten primitiven Textilien wurden bereits in der Steinzeit hergestellt.[1] Während aus diesem damals noch mit Holz- und Knochennadeln entstandenen Gewebe zunächst Behälter und Matten gefertigt wurden, finden sich in Darstellungen der Jungsteinzeit bereits Abbildungen von Frauen in Röcken aus Bastfasern.[2] Textile Materialien dienen seit Beginn der zivilisierten Menschheitsgeschichte somit vor allem der Bekleidung des menschlichen Körpers.

Die Urfunktion der Kleidung besteht im *Schutz* des Körpers vor äußeren Einflüssen und der Abwehr übersinnlicher Gefahren. Da Kleidung zugleich auch Ausdruck des Selbstverständnisses des Menschen ist, dient ihre *soziale Funktion* vor allem der „Vergegenständlichung und Kommunikation von personaler und sozialer Identität“[3]. Abgelegte Kleidung weist stets auf die Abwesenheit ihres ehemaligen Trägers hin. Als Spur dient sie somit auch besonders der *Erinnerung* an ein Subjekt. Sie steht damit in enger Verbindung zur Vergangenheit, fungiert als Vanitasbild oder memento mori.

3.1. Schutzfunktion

Die ersten Kleidungsstücke des Menschen, hergestellt aus Fellen und Baumrinden, galten noch rein existentiellen Zwecken.[4] Mit ihnen umgab

1 Constantine, Mildred; Reuter, Laurel: Whole Cloth. New York 1997, S. 14.

2 Koch-Mertens, Wiebke: Der Mensch und seine Kleider. Kulturgeschichte der Mode bis 1900. Bd. 1: Die Kulturgeschichte der Mode bis 1900. Düsseldorf/Zürich 2000, S. 11-12.

3 Sommer, Carlo Michael: Soziopsychologie der Kleidermode. Regensburg 1989 (Reihe Theorie und Forschung, Bd. 87, Psychologie, Bd. 34), S. 11.

4 Vgl.: Koch-Mertens 2000, Bd. 1, S. 11.

sich der Mensch, um seinen Körper zu wärmen und vor Umwelteinflüssen oder Verletzungen sowie vor Angriffen von Mensch und Tier zu schützen.

Neben dem Schutz vor sichtbaren, physischen Gefahren wird der Kleidung auch eine mystisch-magische Funktion zugeschrieben. Um die Magie überirdischer Mächte und Kräfte abzuwehren, ging der primitive Mensch mit verschiedenen Gegenständen oder Amuletten, denen er magische Eigenschaften zumaß, zum Gegenzauber über. Diese Form des Schutzes vor physischen wie psychischen Gefahren wurde, neben Bemalungen und Tätowierungen der Haut, vor allem bei der Jagd angelegt. „Das [...] Urkleid ist folglich eine Art Jagdkleid, das seine Formen ausschließlich aus der Zweckmäßigkeit des Überlebens – gepaart mit kultischen oder magischen Zwecken – entwickelte."[5]

Auch dem geistigen Schutz sollte Kleidung bisweilen dienen: nach dem mittelalterlichen Verständnis des Körpers als „Haus der Seele" wurde in der Renaissance vor allem der weibliche Körper von zahlreichen Kleiderschichten umhüllt, um ihn vor der Anfälligkeit gegen das Böse zu schützen.[6]

Kleidung dient seit ihrem Ursprung somit als „Zweite Haut",[7] als „eine Art Schutzpanzer",[8] in dem körperliche Schutzmechanismen häufig mit geistigen einhergingen.

3.2. Soziale Funktionen von Kleidung

Neben der physischen Anpassung an seine natürliche Umgebung integriert sich der Träger der Kleidung mit ihr auch in sein soziales Umfeld. Kleidung wirkt sich auf das Körpergefühl ihres Trägers aus. Sie erweitert sein „Körper-Ich",[9] indem sie ihm erhöhte Präsenz, Sicherheit und Machtgefühl verleiht und Art und Ausmaß der Bewegung verändert.[10]

---

5 Brost, Harald: Kunst und Mode. Eine Kulturgeschichte vom Altertum bis heute. Stuttgart/Berlin/Köln/Mainz 1984, S. 27-28.

6 Lehnert, Gertrud: Mode. Köln 1998, S. 37.

7 Vgl.: Lemoine-Luccioni, Eugénie: La seconde peau. In: Dies. 1983, S. 95-104; Ausst.-Kat. Meran 2001.

8 Entwistle, Joanne; Wilson, Elisabeth: Der bekleidete Körper. In: Ausst.-Kat. Wolfsburg 1999: Avantgarderobe. Kunst und Mode im 20. Jahrhundert. Wolfsburg (Kunstmuseum 1999). Wolfsburg 1999, S. 21-24, S. 22.

9 Vgl.: Flügel, J.C.: Psychologie der Kleidung. In: Bovenschen, Silvia: Die Listen der Mode. Frankfurt a.M. 1986, S. 208-263, S. 224.

10 Flaccus, Louis W.: Remarks on the Psychology of Clothes. In: Pedagogical Seminary, 13, März 1906, 1, S. 61-83, S. 61.

Auch auf das Umfeld ihres Trägers wirkt Kleidung in unterschiedlicher Weise. Sie kann dem gleichen Körper verschiedene Silhouetten geben und den Eindruck seiner plastischen Form verändern.[11] Die Bewegungen, die der Körper über die Kleidung an die Außenwelt vermittelt, erlauben dem Betrachter auch einen Eindruck über die Stimmung oder Aufgeschlossenheit seines Gegenübers. Die Kleidung ermöglicht ihm, seinen Mitmenschen Signale zu senden, über die Außenstehende Rückschlüsse auf den Träger ziehen können.

Wichtigstes Charakteristikum, das mit Kleidung kommuniziert wird, ist das Geschlecht. Außerdem gibt die Kleidung nach Sommer Auskunft über: Alter, Attraktivität, Sexualität, Persönlichkeit, Einstellungen, Status, Gruppenzugehörigkeit, Rolle und Stimmung ihres Trägers.[12]

3.2.1. Kleidung als geschlechtliche Kennzeichnung

„Die Kleidung überhaupt, abgesehen von künstlerischen Zwecken, findet ihren Grund einerseits in dem Bedürfnis, sich vor den Einflüssen der Witterung zu schützen [...] Andererseits ist es das Gefühl der Schamhaftigkeit, welche den Menschen antreibt, sich mit Kleidern zu bedecken."[13]

Das viel zitierte Schamgefühl, das häufig als Ursprungsfunktion von Kleidung angeführt wird, kann nachweislich nicht als dessen Ursache gelten.[14] Die Scham ist vielmehr ein Kulturprodukt, das vor allem durch das Alte Testament zur Begründung für die Notwendigkeit von Bekleidung wurde: nach der Genesis bekleideten sich Adam und Eva, nachdem sie der Versuchung, vom Baum der Erkenntnis zu essen, erlegen waren: „Da gingen den beiden die Augen auf, und es wurde ihnen bewusst, dass sie nackt waren. Deshalb flocht sich jeder aus Feigenblättern einen Lendenschurz." (Genesis 3.7)

11 Die durch Kleidung hervorgerufene Illusion wird in der Psychologie „Verschmelzung" (Konfluenz) genannt.

12 Vgl.: Sommer, Carlo Michael: Durch Kleidung kommunizierte Trägercharakteristika. In: Ders. 1989, S. 60-73.

13 Hegel, Georg Wilhelm Friedrich: Ästhetik. Bd. II. Hg. von Friedrich Bassenge. Berlin/Weimar 1985, S. 124-125.

14 Nixdorff, Heide: Kleidung. In: Streck, Bernhard (Hg.): Wörterbuch der Ethnologie. Köln 1989, S. 97-101, S. 98-99. Vgl. auch: Döbler, Hannsferdinand: Adam und das Feigenblatt. In: Ders.: Vom Lendenschurz zum Minirock. Kleidung – Mode – Schmuck. München/Wien 1972, S. 12-18.

Die Verurteilung der Nacktheit im Juden- und Christentum war Folge der strengen Trennung von Körper und Seele und der Überzeugung, dass die Seelenrettung durch sexuelles Verlangen gefährdet sei. Somit wurde die Neigung, den Körper zu zeigen, als schamlos gebrandmarkt.[15]

Dass die Scham kulturspezifisch geprägt ist, beweisen z.B. die Sitten einiger Naturethnien, in denen das Nacktgehen praktiziert und nicht als schamlos empfunden wird. Objekte der Scham unterscheiden sich nicht nur in den jeweiligen Kulturen, sondern verändern sich auch im Laufe der Geschichte. In der westlichen Kultur ist der unbekleidete Körper auch heute fast ausschließlich im privaten Bereich legitimiert.

Flügel sieht Scham als einen ‚Hemmungsimpuls', der sich gegen elementare Impulse zur Zurschaustellung richtet.[16] Er ist somit exhibitionistischen Neigungen entgegengesetzt. Denn der Körper ist nicht allein Gegenstand der Scham, sondern in erster Linie des erotischen Begehrens. „Der Kleidung kam und kommt daher innerhalb unserer Zivilisation die paradoxe Aufgabe zu, das Objekt der Scham und der Begierde zu verbergen."[17] Kleidung dient aber nicht allein der Bedeckung, sondern auch der Kennzeichnung und Markierung des Geschlechtes. Dabei fungiert sie zugleich als Körperschmuck. Dieses Spannungsfeld zwischen Scham- und Schmuckaspekt ist nach Flügel die fundamentalste Gegebenheit im gesamten Bereich der Psychologie der Kleidung: „Wir versuchen, mit Hilfe der Kleidung zwei einander widersprechende Neigungen zu befriedigen, und wir betrachten daher die Kleidung unter zwei unvereinbaren Blickwinkeln: einerseits um unsere Reize zur Schau zu stellen, andererseits um unsere Scham zu verbergen."[18]

Tatsächlich lassen sich in der Geschichte der Kleidung einige vestimentäre Beispiele aufzeigen, mit denen das Geschlecht sowohl verborgen als auch hervorgehoben wurde. Bereits die ältesten Kleidungsstücke, der Scham- und Hüftschurz,[19] dienten der Verhüllung und zugleich der Kennzeichnung des Geschlechtes.

Geschlechtsspezifische Kleidung findet sich in allen Kulturen. Bereits in der Antike unterschieden sich die Gewänder von Männern und Frauen, in der Renaissance trugen Männer zur Betonung ihrer ge-

15 Flügel 1986, S. 235.

16 Ebd. S. 233.

17 Völkel, Michaela: Inszenierung. Verhüllen und Enthüllen des Körpers. Gedanken zu einer erotischen und ästhetischen Strategie. In: Hornbostel, Wilhelm; Jockel, Nils (Hg.): Nackt: die Ästhetik der Blösse. München/London/New York 2002, S. 137-153, S. 140.

18 Flügel 1986, S. 213.

19 Vgl.: Nixdorff 1989, S. 100.

schlechtlichen Potenz eine Schamkapsel[20] und auch heute wird bei einigen Naturvölkern das Geschlechtsteil noch mittels eines Penisfuterals besonders hervorgehoben.

Kleidung kann sexuelle Reize nicht nur unterstreichen, sondern selbst sexuelle Organe symbolisieren: Schuhe, Krawatte, Hut oder Kragen können zu phallischen Symbolen werden, wie Flügel herausstellt, der das Beispiel der mittelalterlichen Mode der Schnabelschuhe (poulaine) anführt.[21]

Mit einer spezifisch männlichen, bzw. weiblichen Kleidung wird die Attraktivität des jeweiligen Geschlechtes unterstrichen. Die Betonung, bzw. Verhüllung des Geschlechtes diente jedoch nicht allein individual-, sondern vor allem sozialpsychologischen Zwecken.

3.2.2. Kleidung als Kennzeichnung der Identität

Kleidung ist ein Mittel der Kommunikation, mit dem in erster Linie Identitätsvorstellungen des Trägers an die Außenwelt signalisiert werden.

Die persönliche Identität jedes Menschen wird allgemein als nicht naturgegeben, sondern als Produkt der Gesellschaft aufgefasst: „Eine Reziprozität zwischen dem Ich und den anderen wirkt als unentrinnbarer Mechanismus: Das Individuum ist von vorneherein vergesellschaftet, weil es selbst Individuum nur sein kann in der Verkörperung als dieser oder jener im Hinblick auf seine Umwelt. Die Menschen begegnen einander immer im Modus des ‚als', in einer bestimmten Personifikation."[22]

Luckmann hat anschaulich dargestellt, dass jedes Kind durch die Weltauffassung und Sozialstruktur geprägt ist, in die es hineingeboren wird. Beide bilden somit ein gesellschaftliches a priori. „Sozialisation ist jener universelle, zwischenmenschliche Vorgang, in dem sich persönliche Identität als eine gesellschaftliche Gegebenheit entwickelt."[23]

Die persönliche Identität entwickelt sich somit nicht von Innen nach Außen, sondern von Außen nach Innen. Die Entfaltung des kindlichen Selbst wird von der Gesellschaft gesteuert.

Ist persönliche Identität einmal etabliert, werden Individuum und Gesellschaft in Beziehung gesetzt. Unterschiedliche Rollen helfen dem Individuum, sich den gesellschaftlichen Erwartungen gemäß zu präsen-

20 Vgl.: Koch-Mertens 2000, Bd. 1, S. 189.

21 Flügel 1986, S. 218.

22 Dreitzel, Hans Peter: Die gesellschaftlichen Leiden und das Leiden an der Gesellschaft. Vorstudie zu einer Pathologie des Rollenverhaltens. Stuttgart 1968, S. 118.

23 Luckmann 1996, S. 293-313, S. 229.

tieren. „Soziale Rollen sind Bündel von normativen Verhaltenserwartungen (gegenüber dem Inhaber einer Position), die mit bestimmten inneren und äußeren Sanktionsdrohungen ausgestattet sind, um bis zu einem bestimmten Grad ein rollenkonformes Verhalten zu garantieren.“[24]

Soziale Rollen werden somit von der Gesellschaft vergeben. Sie dienen der Stabilität der Identität eines Individuums. Jede Person kann ihre Rolle wechseln und ihrem Umfeld anpassen, wobei die gleichzeitige Vereinbarung unterschiedlicher Rollen auch problematisch sein kann. Nach Cornelia Bohn fungiert Kleidung als „Glaubwürdigkeitsgarant für Identitätsaffirmationen“[25]. Handlungserwartungen an einen Rolleninhaber sind immer mit Aussehenserwartungen verknüpft.[26] Dabei hilft die Kleidung als Zeichensystem dem Individuum bei der Präsentation seiner Identität und seiner unterschiedlichen Rollen.[27] Diese müssen also nicht konsequente Folge einer festgelegten Identität ihres Trägers sein, sondern können auch zur Fassade einer gewollten und bewusst gesteuerten Inszenierung werden.

3.2.3. Kleidung als Zeichensystem

Mit der Kleidersprache drückt sich der Träger (Sender) aus, über sie nimmt der Betrachter (Empfänger) ihn in bestimmter Weise wahr. Weil die durch Kleidung ausgedrückten Zeichen über kulturell erlernte Codes vermittelt werden, können sie sowohl vom Sender als auch vom Empfänger relativ übereinstimmend interpretiert werden.

Diese Zeichen helfen bei der Unterscheidung, Gruppierung oder Klassifizierung von Menschen. Sie liefern sichtbare Bezugspunkte für die Konstruktion der eigenen Identität. In der Semiotik ist Kleidung unter verschiedenen Gesichtspunkten analysiert worden. „Unter Semiotisierung der Kleidung verstehen wir […] die Gesamtheit der Zeichenprozesse, die dazu führen, daß die Kleidung im Kontext einer bestimmten Kultur und zu einem bestimmten Zeitpunkt mit allgemein anerkannten Be-

24 Dreitzel 1968, S. 110.

25 Bohn, Cornelia: Kleidung als Kommunikationsmedium. In: Soziale Systeme. Zeitschrift für soziologische Theorie, 6, 2000, 1, S. 113-135, S. 116.

26 Enninger, Werner: Kodewandel in der Kleidung. Sechsundzwanzig Hypothesenpaare. In: Zeitschrift für Semiotik, 5, 1983, 1/2, S. 23-48, S. 30.

27 Enninger unterscheidet zwischen Kleidungsstücken, die entweder die Qualität „naturmotivierter Symptome“, mit natur-kausaler Wirkung (z.B. Wärmen) haben und/oder die Qualität „kulturmotivierter Zeichen“ haben, die ein kulturspezifisches Wissen voraussetzten. Vgl.: Enninger 1983.

deutungen verknüpft wird und zu verschiedenen Zwecken als Zeichen – oft auch kodeloses Zeichen – benutzt wird."[28]

Die Bedeutung von geschriebener, bzw. beschriebener Kleidung und Mode hat Roland Barthes in seiner Abhandlung „Die Sprache der Mode" analysiert. Darin untersucht er die Übersetzung des Zeichensystems Kleidung in Sprache.[29] Für Barthes ist die reale Kleidung von der beschriebenen (d.h. sowohl von der abgebildeten als auch von der beschriebenen) struktural verschieden, denn das Sehen eines Kleidungsstückes beschränkt sich immer nur auf einen individuellen oder von den Umständen bedingten Teil seiner Verwendung. Die Struktur der realen Kleidung bildet sich auf der Ebene des Materiellen seiner Umwandlungen und nicht auf der Ebene seiner Darstellungen und Bedeutungen.[30]

Nach Barthes ist Kleidung als nonverbales Zeichensystem häufig in Abgrenzung zu anderen Systemen, meist zum System der Sprache, definiert worden.[31] Eugénie Lemoine-Luccioni versteht Kleidung als Sprache: „Disons plutôt, à la suite de Lacan, qu'il [Anm.: le vêtement] est structuré comme un langage […] tout de même que l'inconscient, il découpe des formes plus ou moins primitives, plus ou moins élaborées, produisant rêves ou cauchemars, mais aussi de l'informe pour qui ne sais l'interpréter."[32]

Der Vergleich der Ausdrucksfähigkeit von Kleidung und Sprache beruht auf der großen Differenziertheit der vestimentären Zeichen, die es erlaubt, den Körper in immer wieder neuen Facetten zu präsentieren.

Kleidung gehört zu den nonverbalen Kommunikationsmedien, die eher und stärker wahrgenommen werden als Gestik, Mimik, paralinguistische Ausdrucksformen wie Lautstärke, Betonung, Sprechtempo, Berührungssignale, interpersonale Distanz oder äußere, manipulierbare Erscheinungen.[33]

Die Bedeutung von Kleidung ist jedoch in unterschiedlichen Kulturen nicht die gleiche und muss jeweils erlernt und erfahren werden. Innerhalb des semiotischen Systems sind *syntaktische, semantische* und *pragmatische* Betrachtungsweisen der Kleidung erforderlich. Die *syntaktischen* Dimensionen betreffen die Kombination von Kleidungszeichen wie z.B. zueinander passende Farben oder Stoffe, *semantische* fragen nach der Verknüpfung von Kleidungszeichen mit bestimmten Bedeutun-

28 Giannone 2005, S. 16.

29 Barthes, Roland: Die Sprache der Mode. Frankfurt a.M. 1985, S. 9.

30 Ebd. S. 14-15.

31 Vgl.: Giannone 2005, S. 35.

32 Lemoine-Luccioni 1983, S 16.

33 Sommer, Carlo Michael; Wind, Thomas: Mode – die Hülle des Ich. Weinheim/Basel 1988, S. 19.

gen (z.B. schwarze Kleidung steht für Trauer), *pragmatische* betreffen die Beziehung zwischen Kleidungszeichen und ihren Benutzern.[34]

Nach Stone beziehen sich die Botschaften, die vom Träger selbst über den vestimentären Code vermittelt werden (von Stone *programms* genannt) und die Beurteilungen, die von Außenstehenden über den Träger der Kleidung getroffen werden (von Stone *reviews* genannt), auf vier Dimensionen: Identität, Wert, Stimmung und Einstellung. Fallen *programms* und *reviews* zusammen, wird die Identität des Individuums bestätigt und ansonsten in Frage gestellt.[35]

3.3. Erinnerungsfunktion/Kleidung des abwesenden Trägers

„Clothing, more than any other object or possession, is closely identified with the body of the absent wearer."[36]

Auch ohne ihren Träger bleiben die in der Kleidung angelegten Codes erhalten. Die Kleidung selbst kann Werte und Sitten, Gebräuche und Moden vermitteln oder sogar Geschichten, Traditionen und gesellschaftliche Normen ausdrücken.

Wird Kleidung ohne ihren Träger gezeigt, dient sie meist als Zeichen der Erinnerung an ihn. In dieser Funktion sind Kleidungsstücke oder Reste davon in der Vergangenheit besonders zur kultischen Verehrung als Reliquie verwendet worden.

Im Christentum werden die Kleider der Heiligen oder auch nur Fetzen aus ihrer Gewandung als heilbringende Objekte verehrt. Im mittelalterlichen Totenkult glaubte man, dass die Präsenz eines Verstorbenen im Diesseits durch die einzelnen Teile seines Körpers, wie Knochen und Haare, aber auch durch alles, was er zu Lebzeiten berührt hat, wie seine Gewänder, bezeugt sei.[37] Man stellte sich vor, dass Objekte durch die Berührung eines Heiligen mit einem feinstofflichen, wundertätigen Fluid angefüllt wurden und schrieb ihnen so oft wundersame Kräfte zu.[38] Durch den haptischen Kontakt mit diesen Anbetungsobjekten hofften die

34 Nach Giannone 2005, S. 37.

35 Stone 1981, S. 187-202.

36 Felshin 1995, S. 20.

37 Vgl.: Lentes 2004, S. 62.

38 Böhme 1996, S. 191.

Gläubigen, die Heilswirksamkeit auf ihren eigenen Körper übertragen zu können.[39]

Das Gewand eines Heiligen fungierte ebenso als Identitätsspeicher, wie auch als Übermittler seines Wissens und wurde zum Beweisobjekt der christlichen Heilsgeschichte.

Diese Erinnerungsfunktion wird auch im profanen Leben genutzt. In Abwesenheit ihres ursprünglichen Trägers können Kleider sowohl die individuelle Erinnerung einer Einzelperson als auch die kollektive Erinnerung einer Gruppe von Menschen wecken. Auch als Symbol für Kraft und Macht wurden Kleider in kriegerischen Auseinandersetzungen oft als Trophäen und Erinnerung an eine siegreiche Schlacht aufbewahrt.

In der gesamten Menschheitsgeschichte hat die Kleidung somit nicht allein der körperlichen Funktion des Schutzes gedient, sondern im Wesentlichen auch identitären und gesellschaftlichen Aspekten, wie der Präsentation von Geschlechter-, Rollen- und Rangverhältnissen ihrer Träger. War der Körper abwesend, erinnerte die Kleidung stellvertretend an ihn.

Die hier dargelegten unterschiedlichen Funktionsweisen der Kleidung in der Alltagswelt sollen im Folgenden anhand ausgesuchter Werke der bildenden Kunst der zweiten Hälfte des 20. Jahrhunderts untersucht werden.

Zunächst muss jedoch geklärt werden, wie körperliche und identitäre Aspekte der Kleidung zum Bestandteil künstlerischer Auseinandersetzung wurden. Dazu soll ein Überblick über die Kleidung in der Kunst der ersten Hälfte des 20. Jahrhunderts im Anschluss dienen.

39 Vgl.: Lentes 1993, S. 120-151.

4. Der Körper und seine Umkleidung in der Kunst der ersten Hälfte des 20. Jhs.

4.1. Kleidung als Teil eines Gesamtkunstwerkes

Die erste künstlerische Annäherung an Kleidung betraf zu Beginn des 20. Jahrhunderts zunächst die Kleidung im Alltagsgebrauch. Mit dem Versuch, die etablierte Trennung zwischen freier, autonomer und angewandter, ins Leben eingebundener Kunst aufzuheben und die Einheit aller Künste zu erreichen, widmeten sich Künstler der Reformbewegung zunächst der Veränderung der Damenkleidung.

Diese war um 1900 maßgeblich von dem schmalen Umfang der weiblichen Taille geprägt, die durch ein enges Korsett zur Minimalform geschnürt wurde. Die lang gestreckte, schlanke Figur der Frau, mit schmaler Taille und nach oben geschobenen Brüsten galt als modern. Diese körperfeindliche Mode verlangte von der Frau eine unnatürliche und äußerst disziplinierte Haltung.

Zu Beginn des Jahrhunderts gab es vielfältige Bemühungen, die körperfeindliche Damenkleidung zu verändern. Die Frauenbewegung war dabei ein wichtiger Vorreiter: sie ging von Amerika, England und Deutschland aus und wurde, wie z.B. in Berlin, Darmstadt, München oder Wien, auch von Künstlern unterstützt. Die Forderungen nach bequemerer, körperfreundlicherer Kleidung für die Frauen entwickelten sich als Folge der Industrialisierung, mit der auch die traditionellen häuslichen Aufgaben der Frau vereinfacht und ihr damit eine Tätigkeit außerhalb des familiären Kontext ermöglicht wurde. In dieser Zeit wurde in Deutschland die allgemeine Zulassung von Mädchen an Gymnasien und damit der Zutritt zu allen deutschen Universitäten durchgesetzt.[1] Mit der so genannten „Reformmode" sollte für die berufstätige Frau angemessene Kleidung geschaffen werden. In Amerika hatte Amelie Bloomer be-

1 Im Jahr 1896 gab es in Berlin 40 und in Göttingen 113 weibliche Studentinnen. Vgl.: Stamm, Brigitte: Auf dem Weg zum Reformkleid. Die Kritik des Korsetts und der diktierten Mode. In: Siepmann, Eckhard (Hg.): Kunst und Alltag um 1900. Drittels Jahrbuch des Werkbund-Archivs. Lahn-Gießen 1978, S. 117-178, S. 125.

reits Mitte des 19. Jahrhunderts versucht, Hosen für Frauen einzuführen.[2] Während die Hose in Deutschland zunächst auf starke Ablehnung gestoßen war, trugen gegen Ende des 19. Jahrhunderts erstmalig einige Frauen dieses neue und revolutionäre Kleidungsstück.[3] Seine Verbreitung wurde vor allem durch die Erfindung des Fahrrades gefördert, das mit weitem Rock kaum zu nutzen war.

Einen weiteren Anstoß für die Befreiung der Frau von der einzwängenden Kleidung gaben medizinische Indikatoren: Vor allem vor dem Korsett warnten viele Mediziner, da es gefährlich, deformierend und somit gesundheitsschädigend sei. Tatsächlich schränkte das Korsett die Atemfreiheit der Frau ein und drückte auf wichtige innere Organe. Während die Gegner der Reformbewegung noch mit dem Bild eines „schlaffen, massigen, der regulativen Formung bedürftigen weiblichen Körpers“[4] argumentierten und die Meinung vertraten, der Körper der Frau habe ohne Korsett keinen Halt, lieferten die Mediziner Heinrich Lahmann und Gustav Jäger um 1890 erste wissenschaftliche Grundlagen zur Reformierung der Frauenkleidung.[5] Bald war die schädigende Wirkung des Korsetts in Medizinerkreisen allgemein bekannt. Es verursachte nicht allein Rückenschmerzen, Appetitlosigkeit und Nervosität, sondern hatte nach Überzeugung der Reformer auch Deformationen des weiblichen Körpers zur Folge.[6]

Die künstlerischen Impulse zur Veränderung der Frauenkleidung knüpften an die medizinischen Erkenntnisse an. Sie galten vor allem dem Ziel, den weiblichen Körper in Gewänder zu kleiden, die seiner Figur entsprachen und in denen er seiner natürlichen Bewegung folgen konnte. „Das Ideal des nackten, unverkümmerten menschlichen Körpers, an dessen Gestalt die künstlerische Formung der Kleidung erst zur Geltung

---

2 Ihr „Bloomer-Kleid“ bestand aus einer knöchellangen Hose und einer Jacke, die bis zu den Knien herabfiel. Vgl.: ebd. S. 152.

3 Lehnert 1998, S. 107.

4 Gaugele, Elke: Unter dem Kleid sitzt immer Fleisch. Plastische Körper und formende Blicke der Kleiderreformbewegung um 1900. In: In. Femme fashion 1780-2004. Die Modellierung des Weiblichen in der Mode. The modelling of the female form in fashion. Ausst.-Kat.: Brattig, Patricia (Hg.): Köln (Museum für Angewandte Kunst 2003). Stuttgart 2003, S. 58-75, S. 64.

5 Lahmann, Heinrich: Die Reform der Kleidung. 4. Aufl. Stuttgart 1903.

6 Der Mediziner Neustätter nennt in seiner Untersuchung körperliche Deformierungen, wie „Vertikalstellung und Senkung des Magens und des Querdarms, Wanderniere, Krampfadern, Schnürleber“ usw. Vgl.: Neustätter, O.: Die Reform der Kleidung auf gesundheitlicher Grundlage. München 1903, S. 26f.

kommen konnte, bildete die Grundlage für die neu zu entwerfende Kleidung."[7] Das geforderte Reformkleid, für das von verschiedenen Künstlern zahlreichen Entwürfe entstanden,[8] war ein einfach geschnittenes Hängerkleid, auf dem viele dekorative Elemente und Applikationen Platz fanden.

1896 wurde in Berlin „der Allgemeine Verein zur Verbesserung der Frauenkleidung" gegründet. Margarete Bruns erklärte das Ziel des Vereins 1902 in „der Stil unserer Kleidung" mit dem Vorhaben, dass „künstlerisch empfindende Frauen, die alte (korsettlose) Empire-Tracht wiederaufleben" lassen wollten.[9] In Wien gab es mit dem 1888 gegründeten Wiener Modeclub, der aus Schneidern und Künstlern bestand und den Sezessionisten Gustav Klimt, Joseph Hoffmann und Koloman Moser, die wenig später die Wiener Werkstätte gründeten, ähnliche Bemühungen.[10] „Kunst ist Allgemeingut", hieß es im ersten Manifest der Wiener Secession aus dem Jahre 1897.[11] Mit dem Ziel, Kleidung als Teil in ein Gesamtkunstwerk zu integrieren, entwarf Gustav Klimt weite braune und blaue Gewänder, die für den Eigengebrauch als Arbeits- und Freizeitkleidung vorgesehen waren und für ihn ein Symbol der Ungezwungenheit und persönlichen Unabhängigkeit darstellten.[12] Zahlreiche Fotos zeigen den Künstler selber in diesen weiten, sackartigen Gewändern, in völliger Abkehr von der Mode seiner Zeit (*Abb. 7*). Sie waren äußerst schlicht und lediglich an den Schultern mit Ornamenten geschmückt. Nach Stern signalisieren sie eine Suche nach dem Urkleid, „einem phantasiehaften, imaginären, ursprünglichen Kleid".[13] Auch für seine langjährige Begleiterin, die Modemacherin Emilie Flöge, hatte Klimt zahlreiche Kleider entworfen. Für die jeweilige Funktion und Nutzung der Kleidung

7 Stamm, Brigitte: Das Reformkleid in Deutschland (Diss. Berlin). Berlin 1976, S. 125.

8 Brigitte Stamm bespricht Ausstellungen von künstlerischer Reformkleidung in Krefeld 1900, Dresden 1901, Leipzig 1901, Berlin 1902, Wiesbaden 1902. Vgl.: Stamm 1976. Stamm zeigt, dass Entwürfe künstlerischer Reformkleider nur in einem sehr geringen Zeitraum von 1900 bis 1904 entstanden.

9 Zit. nach Koch-Mertens, Wiebke: Der Mensch und seine Kleider. Kulturgeschichte der Mode bis 1900. Bd. 2: Die Kulturgeschichte der Mode im 20. Jahrhundert. Düsseldorf/Zürich 2000, S. 32.

10 Ebd. S. 32.

11 Zit. aus: Hofmann, Werner: Grundlagen der modernen Kunst. Stuttgart 1966, S. 358.

12 Hansen, Traude: Wiener Werkstätte. Mode. Wien 1984, S. 14.

13 Stern, Radu: Against Fashion. Clothing as Art, 1850-1930. Cambridge 2004, S. 20.

entstanden unterschiedliche Modelle, wie beispielsweise das „Sommerkleid“. Klimts Damenkleider entsprechen der Formensprache seiner Bilder. Sie haben weite und weich fallende Schnitte mit kaskadenartigen Ärmeln und leichter Ornamentik.

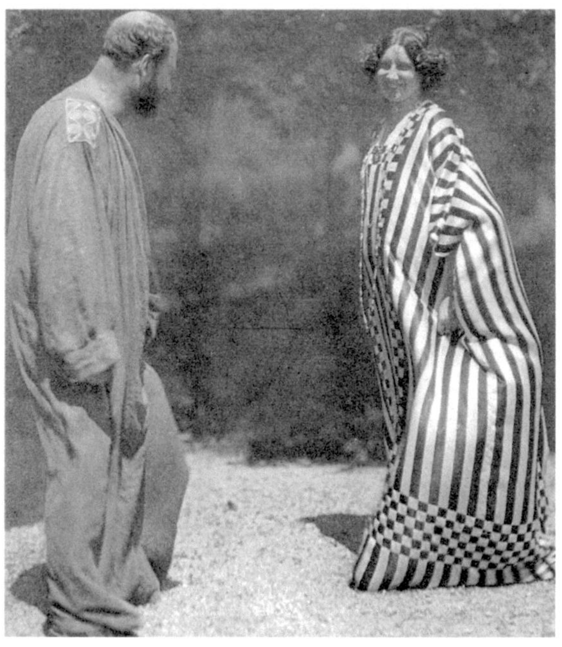

Abbildung 7: Gustav Klimt und Emilie Flöge in von Klimt entworfenen Kleidern, 1905-1910.

Laszlo Moholy-Nagy, der zwischen 1923 und 1928 am Bauhaus tätig war, trug, ähnlich wie Gustav Klimt, seit 1923[14] einen speziellen Arbeitsanzug. Eine Fotografie von 1927[15] zeigt den Bauhaus-Künstler in einer Art Overall, bei dem es sich wohl um die traditionelle Arbeitskleidung französischer Fischer handelt.[16] Auch wenn es die viel diskutierte

14 Müller 1999, S. 7.

15 Vgl.: Ausst.-Kat. Paris 1997: Europe 1910-1939. Quand l'art habillait le vêtement. Paris (Musée de la Mode et du Costume 1997). Paris 1997, S. 119.

16 Mahn, Gabriele: Kunst in der Kleidung: Beiträge von Sophie Taeubner, Johannes Itten und der verwandten Avantgarde. In: Framke, Gisela (Hg.): Künstler ziehen an. Avantgarde-Mode in Europa. 1910-1939. Museum für Kunst und Kulturgeschichte der Stadt Dortmund. Dortmund 1998, S. 69-77, S. 74.

einheitliche Bauhaus-Tracht wohl nicht gegeben hat,[17] lässt der Versuch Moholy-Nagys erkennen, wie groß das Interesse der Künstler an den Ideen eines einheitlichen Arbeitsanzuges war.

Die Wiener Werkstätte richtete 1905 ihre eigene Textilwerkstatt ein. Ihre Gründungsidee bestand darin, eine Produktionsgemeinschaft zu schaffen, in der es keine Unterschiede zwischen Kunst und Kunsthandwerk gab. Dabei war das Ziel der gesamten Produktion – ob Keramik oder Textilkunst – eine dem Gebrauch des Objekts entsprechende und materialgerechte Formgebung mit angemessenen Proportionen.[18] Josef Hoffmann, der Mitbegründer der Werkstätte, hatte sich schon seit Ende des ausgehenden 19. Jahrhunderts für die Reformkleidung interessiert und 1898 seinen Artikel „Das individuelle Kleid"[19] verfasst. Für ihn gehörte der Entwurf von Kleidung unweigerlich zu einem Schaffensprozess, der dem Künstler oblag. Kleidung sollte der Persönlichkeit des Trägers entsprechen und seinen Charakter ausdrücken. Außerdem galten Körperfreundlichkeit und Bewegungsfreiheit als wichtige Kriterien. Kleidung sollte jedoch vor allem der Gesamterscheinung von Lebens- und Wohnraum angepasst sein.

Für den Industriellen Adolphe Stoclet entwarf Josef Hoffmann zwischen 1905 und 1911 das Palais Stoclet in Brüssel. Sein Mitarbeiter Josef Wimmer-Wisgrill bemerkte bei einem Besuch des Palais, dass Madame Stoclet, die in elegante französische Mode gehüllt war, nicht mit dem sie umgebenden Palais harmonierte. Aus den Überlegungen, eine dem Außen- und Innenbau angepasste Kleidung für die Bewohnerin zu schaffen, entstand 1910 die Modeabteilung der Wiener Werkstätte unter der Leitung von Josef Wimmer-Wisgrill.[20] Eines der ersten Entwürfe des Architekten und Modekünstlers wurde 1911 auf der Berliner Ausstellung österreichischer Kunstgewerbe gezeigt. Es ist ein gerade geschnittenes, bis zum Boden herabfallendes Kleid mit kurzem Arm, dessen Vorderseite ein breiter, mit reichen Stickereien besetzter Streifen ziert. Der Entwurf entsprach den Vorstellungen der Wiener Werkstätte, Kleidung nach praktischen Gesichtpunkten zu schaffen, die dekorativ der Architektur und Objekten des alltäglichen Gebrauches angepasst war.

---

17 Thönnissen, Karin: Bauhaus-Tracht – Mythos oder Realität. In: Framke 1998, S. 78-83, S. 82.

18 Vgl.: Hoffmann, Joseph: 25 Jahre Wiener Werkstätte. Unser Weg zum Menschentum. In: Deutsche Kunst und Dekoration, 62, 1928/29, S. 197-202, S. 197.

19 Hoffmann, Joseph: Das individuelle Kleid (1898). In: Stern 2004, S. 122-124.

20 Wollen, Peter: Avantgarderobe. In: Ausst.-Kat. Wolfsburg 1999, S. 1-7, S. 3.

In München wurden 1897 die „Vereinigten Werkstätten“ und 1907 der „Deutsche Werkbund“ gegründet, in dem der Architekt Hermann Muthesius und seine Frau Anna die Kleidung zu reformieren suchten. Anna Muthesius prägte den Begriff des „Eigenkleides“[21] und forderte, mit persönlichen Kleidern die individuellen Bedürfnisse und körperlichen Eigenheiten jeder Trägerin zu berücksichtigen.

In Darmstadt entstand 1899 ein Kulturzentrum, in dessen Künstlerkolonie der Architekt Joseph Maria Olbrich aus Wien, der Maler Peter Behrens und andere Künstler an der Gestaltung von Kleidung arbeiteten.[22] Obrichs „Figurinen für die Darmstädter Spiele 1901“ sind weit fallende Kleider mit wenigen dekorativen, verspielten Elementen, die harmonische Bewegungen zulassen. Peter Behrens schuf wohl ausschließlich in den Jahren 1901-1902 entstandene[23] Kleiderentwürfe, deren Formen und Dekorationen sich den verschiedenen privaten wie gesellschaftlichen Anlässen (Straßenkleid, Hauskleid, Gesellschaftskleid), zu denen sie getragen werden sollten, anpassten und dementsprechend variierten.

4.1.1. Henry van de Velde

1900 fand in Krefeld der „Deutsche Schneidertag“ statt. Zu diesem Anlass organisierte der Direktor des Kaiser Wilhelm-Museums, Friedrich Deneken, die Sonderausstellung „Moderne Damenkostüme nach Künstlerentwürfen“ mit Entwürfen für Kleider der Künstler Peter Behrens, Richard Riemerschmid, Alfred Mohrbutter, Bernhard Pankok sowie des Architekten Henry van de Velde.[24] Der Forderung, künstlerisch entworfene Kleidung als Teil eines Gesamtkunstwerkes in die hohe Kunst zu integrieren, wurde hiermit von der musealen Institution ein Rahmen geboten.

Der Belgier Henry van de Velde hatte bei der Krefelder Ausstellung sechs für seine Frau entworfene Kleider ausgestellt. Eines davon, das „teagown“, wurde ein Prototyp der deutschen Reformkleidung. In seinem

21 Muthensius, Anna: Das Eigenkleid der Frau. Krefeld 1903.

22 Koch-Mertens 2000, Bd. 2, S. 32.

23 Wilckens, Leonie von: Künstlerkleid und Reformkleid – Textilkunst in Nürnberg. In: Ausst.-Kat. Nürnberg 1980: Peter Behrens und Nürnberg. Nürnberg (Germanisches Nationalmuseum 1980). München 1980, S. 198-204, S. 200.

24 Vgl.: Velde, Henry van de: Das neue Kunstprinzip in der modernen Frauenkleidung. In: Deutsche Kunst und Dekoration, 10, Mai 1902, S. 363-386, S. 363-364.

Manifest „Die künstlerische Hebung der Frauentracht" von 1900 bemerkte van de Velde: „Es liegt in der Natur der Dinge, dass Künstler sich mit der Frauenkleidung befassen."[25] Nach der Krefelder Ausstellung äußerte er seine Überzeugung: „Von heute sind Ausstellungen von Damenkleidern in die Kategorie der Kunstausstellungen eingereiht."[26]

Neben der mit der Reform-Kleidung kategorisch verfolgten Achtung der natürlichen Form und Unterstützung der Bewegungsfreiheit des Körpers stand bei van de Veldes Entwürfen vor allem der Schönheitsaspekt im Vordergrund. Er bevorzugte Kleidung, die die weibliche Gestalt erkennen ließ, die körperliche „Individualität" jeder Frau jedoch verdeckte: „Wir verlangen nur, daß das Kleid das verhülle, was man etwa die körperliche Individualität nennen könnte. Im Übrigen wird die Frau gern einwilligen, daß ihre Gestalt, ihre Formen in der Kleidung erkennbar bleiben."[27] Die Entwürfe des Künstlers fielen von den Schultern bis zum Boden meist glatt am Körper herab, ohne einzelne Körperpartien besonders zu unterstreichen oder zu unterstützen und ermöglichten so das freie Spiel der Glieder und Gelenke. Durch Sichtbarmachen der Nähte wurde die ‚Tektonik' der Kleidung betont. Außerdem zierten zahlreiche abstrakt-lineare Ornamente das Kleid.

Von der zeitgenössischen Kritik an van de Veldes Kleidungskonzept wurde vor allem der Vorwurf erhoben, er nutze die Kleidung als bloße Arbeitsfläche für dekorativen Schmuck, mit dem er die Weiblichkeit zu unterstreichen suche. Der Mediziner Heinrich Pudor bemerkte, dass van de Velde seine Kleider wie einen Teppich behandele, der willkommene Gelegenheit für Flächenornamente biete.[28] Pudor jedoch riet Frauen und Kostümkünstlern, sich wie Künstler und Bildhauer Modelle zu suchen, um an ihrer nackten Figur die Schnitte der Kleider anzupassen.[29] Er propagierte damit mehr die Achtung der körperlichen Eigenschaften als die ornamentale Verzierung von Kleidung. Henry van de Velde forderte nicht allein eine ästhetische Wirkung der Kleidung, sondern, ähnlich wie Gustav Klimt, auch die Beachtung der unterschiedlichen Funktionen.[30] So sah er verschiedene Entwürfe zum Auto- und Fahrradfahren oder Tee- und Straßenkleider vor.

---

25 Velde, Henry van de: Die künstlerische Hebung der Frauentracht. Krefeld 1900. In: Ausst.-Kat. Lausanne 1992: Stern, Radu: A contre-courant. Vêtements d'artistes 1900-1940. Lausanne (Musée des Arts décoratifs 1992); Zürich (Museum Bellerive 1992). Bern 1992, S. 90-100, S. 90.

26 Velde 1902, S. 367.

27 Velde, in: Ausst.-Kat. Lausanne 1992, S. 90-100, S. 98.

28 Gaugele 2003, S. 62.

29 Ebd. S. 64.

30 Velde, in: Ausst.-Kat. Lausanne 1992, S. 90-100, S. 96.

Neben den Bemühungen an der Wiener Werkstätte und den Zentren des europäischen Jugendstils gingen auch von Frankreich, das unumstritten eine Monopolstellung bei der Kreation modischer Kleidung genoss, Innovationen aus. Sonia Delaunay war eine der ersten französischen Künstlerinnen, die sich zu Beginn des 20. Jahrhunderts um die Veränderung der Damenkleidung bemühten.

4.2. Sonia Delaunay

Bevor sie dazu überging, Textilien zu entwerfen hatte sich Sonja Delaunay zunächst der Malerei gewidmet. Die malerischen Experimente ihrer „simultanen Malerei" übersetzte sie dabei auf die Stoffe, wobei sie keinen Unterschied zwischen dem Entwurf eines Bildes und dem von Textilien sah.

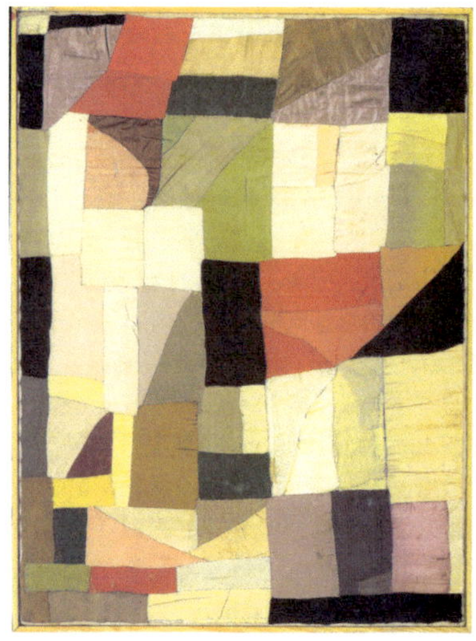

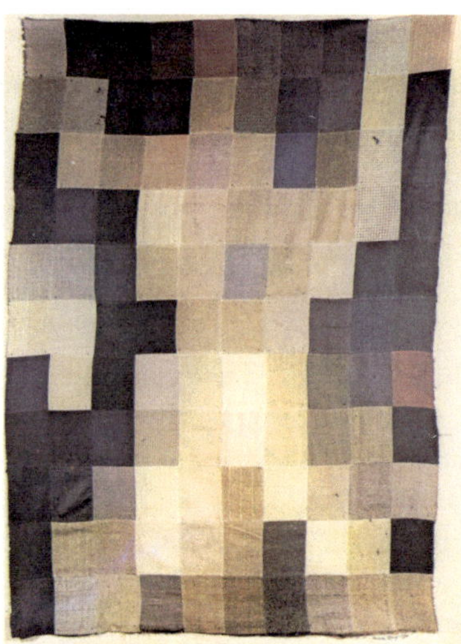

Abbildung 8: Sonia Delaunay, Decke, 1911.
Abbildung 9: Man Ray, tapestry, 1911.

Eine ihrer ersten Arbeiten war eine Patchwork-Decke (*Abb. 8*), die sie 1911 zur Geburt ihres Sohnes Charles angefertigt hatte. Vergleicht man die Decke mit einer im gleichen Jahr entstandenen Patchwork-Decke von Man Ray (*Abb. 9*), lassen sich die besonderen Eigenheiten ihrer Technik erkennen: die farbigen Stoffreste wurden nicht systematisch, sondern vollkommen spontan zusammengestellt. Anstatt von Ordnung und Symmetrie bestimmt der Eindruck von Bewegung die Komposition. Diese Technik wendete Delaunay auch auf ihre späteren Kleiderentwürfe an.

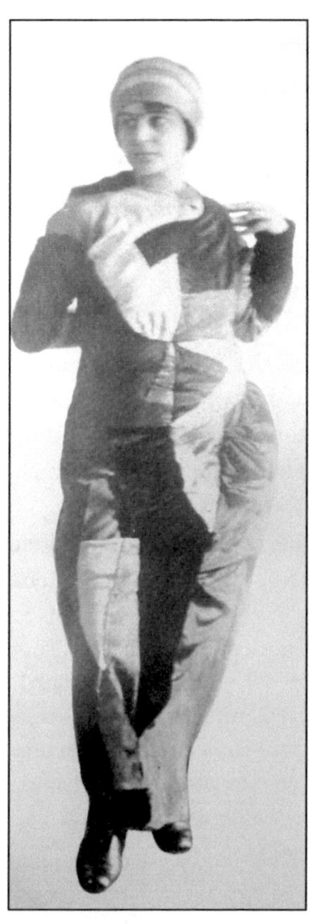

Mit ihrem Mann Robert Delaunay hatte Sonia die Farbenlehre Eugène Chevreuls, eines Chemikers des 19. Jahrhunderts, studiert, der an der Gobelin-Manufaktur für die Farbgebung zuständig war. Diese Farbenlehre dcs 1836 erschienenen Buches „De la loi du contraste simultané des couleurs“ wurde von Robert und Sonia zum Ausgangspunkt für eigene Untersuchungen des Farbkontrasts. Ihr Konzept der Simultanmalerei entsprang der Vorstellung, „daß die durch simultane Farbkontraste erzeugten optischen Schwingungen der empirische Beweis für kosmische Rhythmen sind. Diese Schwingungen seien sichtbarer Ausdruck für die Beziehungen zwischen den Menschen und der Dynamik des modernen Lebens.“[31] Die durch die Farbkontraste hervorgerufene Dynamik versinnbildlichte für sie den modernen Lebensstil. So wurde die „Simultanmalerei“ von Sonia Delaunay nicht nur auf Bilder, sondern auch auf Alltagsgegenstände wie Kissen, Westen oder Lampenschirme angewandt.

Abbildung 10: Sonia Delaunay in einem „Simultankleid“ für den Bal Bullier, 1913.

Eine wichtige Inspirationsquelle war der Pariser „Bal Bullier“, bei dem sich viele Künstler und Poeten zum Foxtrott und Tango trafen. Die Künstlerin war sehr beeindruckt von der Bewegung dieser Tänzer, die sich in ihrer Vorstellung in sich drehende Farben verwandelten.[32] Die Bewegung der Körper inspirierte Sonia zu einer Farbkomposition, die sie auf Kleidern verwirklichte, welche sie selber für den „Bal Bullier“ trug (*Abb. 10*). Sie versuchte also die Bewegungen der Tänzer mittels der Farbkombination der Gewänder zu übersetzen. Nach diesen ersten Ent-

31 Buckberrough, Sherry: Sonia Delaunay. Das Paris der russischen Emigranten und die neue bürgerliche Klientel. In: Framke 1998, S. 114-119, S. 114.

32 Baron, Stanley: Sonia Delaunay. The life of an artist. Paris 1995, S. 31.

würfen von Patchwork-Kleidung produzierte Sonia Delaunay in den darauf folgenden Jahren zahlreiche Stoffe und Gewänder im System der Simultanmalerei, bei denen sie die Bewegung des Körpers nicht nur durch einen körperfreundlichen Schnitt, sondern vor allem durch ein dynamisches Zusammenspiel der Farben zu unterstreichen suchte.

In Italien beschäftigten sich zur gleichen Zeit wie Sonia Delaunay andere Künstler mit Schnitt und Farbgebung der Alltagskleidung, die in ein künstlerisch-politisches Gesamtkonzept integriert wurde.

4.3. Die Futuristen

Zum Kern der italienischen Futuristen gehörten die Künstler Giacoma Balla, Carlo Carrà, Umberto Boccioni, Dino Severini und Luigi Russolo. Sie suchten das Nicht-Konventionelle in der Kunst, wobei sie den Futurismus als „Universelles Lebensprinzip“[33] verstanden, das sich auch durch die Verwendung neuer Materialien ausdrückte.

Der Futurismus propagierte die Verwendung moderner Materialien in der Kunst. Bereits 1912 verlangte Umberto Boccioni in seinem „Manifesto tecnico della scultura futurista“:

> „Distruggere la nobiltà tutta letteraria e tradizionale del marmo e del bronzo. Negare l’esculsività di una materia per la intera costruzione d’un insieme scultorio. Affermare che anche venti materie diverse possono concorrere in una sola opera allo scopo dell’emozione plastica. Ne enumeriamo alcune: vetro, legno, cartone, ferro, cemento, crine, cuoio, stoffa, specchi, luce, elettrica, ecc ecc.“[34]

Textilien wurden dabei also für die Skulptur genutzt, fanden aber vor allem in den Kleiderkreationen der Futuristen umfangreiche Anwendung: Mit dem Entwurf spielerischer Kleidung wollten sie dazu beitragen, eine starke persönliche Ausdruckskraft jedes Trägers inmitten einer dynamischen Gesellschaft zu schaffen.

---

33 Hofmann 1966, S. 298.

34 Frei übersetzt: „Wir wollen die rein literarische und traditionelle Vornehmheit des Marmors und der Bronze zerstören. Wir lehnen die ausschließliche Verwendung eines einzigen Materials für die Gesamtgestaltung des plastischen Komplexes ab. Wir behaupten, dass auch zwanzig verschiedene Materialien in einem einzigen Werk zur Erreichung der bildnerischen Emotion verwendet werden können. Wir zählen nur einige davon auf: Glas, Holz, Pappe, Eisen, Zement, Rosshaar, Leder, Stoff, Spiegel, elektrisches Licht usw. usw.“ Boccioni, Umberto: Gli scritti editi e inediti. Mailand 1971, S. 30.

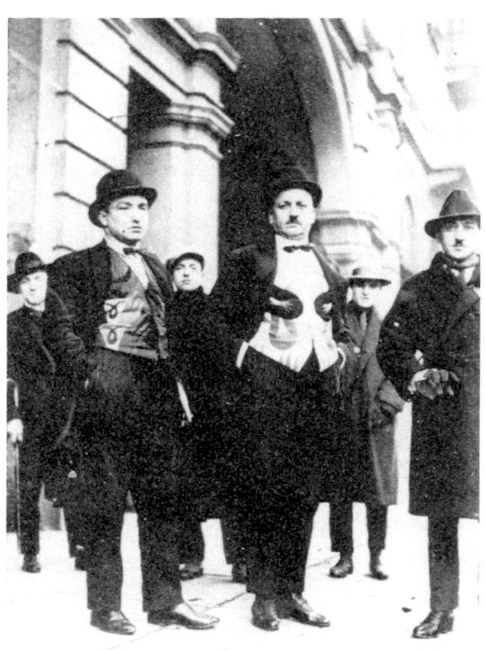

Abbildung 11: Fortunato Depero und F.T. Marinetti in von Depero entworfenen futuristischen Westen, Turin 1924.

Die Wirkung außergewöhnlicher Kleidung testeten die Futuristen zunächst am eigenen Körper. 1911 demonstrierten sie erstmals ihre eigene Kleiderordnung. Picassos Freundin Fernande Olivier berichtet von dem eigenartigen Kleiderstil der Futuristen, die nach Paris gekommen waren, um Picasso kennen zu lernen:

„Boccioni et Severini, à la tête des peintres, avaient inauguré une mode futuriste, qui consistait à porter deux chaussettes de couleur différente mais assorties à leur cravate. Pour qu'on les vît bien au café de l'Ermitage, qui était devenu le siège social du groupe depuis que Picasso habitait boulevard de Clichy, ils tiraient très haut leurs pantalons et découvraient deux jambes, une verte, une rouge, sortant des souliers. Le lendemain, le rouge avait laissé place au jaune et le vert au violet, mais les couleurs en général devaient être des complémentaires. Je pense qu'ils jugeaient cette innovation géniale."[35]

35 Frei übersetzt: „Boccioni und Severini, die führenden Maler, hatten eine futuristische Mode eingeführt, nach der zwei Socken von unterschiedlicher Farbe, jedoch passend zur Krawatte, getragen wurden. Damit diese im Café l'Erimitage, dem Treffpunkt der Gruppe, seit Picasso am Boulevard Clichy wohnte, gut zu sehen waren, zogen sie ihre Hosenbeine weit hoch und zeig-

Die Idee einer futuristischen Kleiderordnung folgte nach diesem Zitat vor allem Aspekten der Farbigkeit, der Asymmetrie, der Dynamik, Vitalität und Veränderbarkeit. Fortunato Depero hatte für sich und seine Künstlerfreunde futuristische Westen entworfen, die weder dem klassischen Schnitt, noch der klassischen, vereinheitlichenden Farbgebung entsprachen, wie eine historische Fotografie aus dem Jahre 1924 zeigt (*Abb. 11*). Das lebendige, dynamische Muster der Westen entsprach nicht der traditionellen Seriosität der Herrenkleidung. Unter ihrem konventionellen schwarzen Anzug trugen die Künstler die Weste als eine Art Mittler zwischen ihrem der bürgerlichen Gesellschaft angepassten äußeren Erscheinungsbild und ihren unkonventionellen revolutionären Ideen. Die Weste sollte außerdem als Erkennungszeichen ihrer Gruppenzugehörigkeit dienen.

Bei ihrer Suche nach einem Zusammenhang zwischen Kunst und Leben[36] gingen die Futuristen jedoch weit über die Kleidung hinaus. Ihr Konzept versuchten sie auf alle Bereiche des täglichen Lebens wie Möbel, Spielwaren u.a. anzuwenden. Diese Veränderung visueller Aspekte des alltäglichen Lebens war Teil eines Programms, das auch soziale und politische Ideen beinhaltete. Mit ihrem umfassenden Konzept vom Aufbau einer neuen, futuristischen Gesellschaft gerieten sie in die Nähe faschistischer Ideologien.

4.3.1. Giacomo Balla

Der italienische Futurist Giacomo Balla hatte seine Forderung nach Veränderung der männlichen Kleidung in seinem am 20.05.1914 in französischer Sprache erschienenen Manifest „le vêtement masculin futuriste" veröffentlicht.[37] Kleidungsstücke waren für ihn Teil der Vision einer futuristischen Gesellschaft, die in allen Lebensbereichen, wie z.B. auch der Architektur, Ausdruck finden sollte.[38]

---

ten, wie zwei Beine, eines grün, eines rot, aus den Schuhen herausragten. Am nächsten Tag hatte das Rot dem Gelb Platz gemacht und das Grün dem Violett, in der Regel sollten die Farben jedoch komplementär sein. Ich denke, dass sie diese Erfindung für genial hielten." Olivier, Fernande: Picasso et ses amis. Paris 1933, S. 212-213.

36 Lista, Giovanni: Die futuristische Mode. In: Framke 1998, S. 28-47, S. 28.

37 Balla, Giacomo: le vêtement masculin futuriste. Manifeste. In: Ausst.-Kat. Mailand 1988: Crispolti, Enrico (curatore): Il Futurismo e la Moda. Mailand (Padiglione d'arte contemporanea) 1988. Mailand 1988, S. 75-78.

38 „Cette joie dynamique de vêtement qui roulera dans les rues bruyantes, entre les grimpantes architectures futuristes, multipliera partout l'étin-

In seinem Manifest kritisierte er, dass die Kleidung seit jeher den menschlichen Körper in Trauer gehüllt habe. Diese Tradition hatte seiner Meinung nach einen direkten Einfluss auf den Träger der Kleidung. „Le corps humain a toujours été attristé par le noir, ou emprisonné de ceintures ou écrasé par des draperies.“[39] Balla forderte daher eine grundsätzliche Veränderung der bisher nur wenigen Schwankungen erlegenen Herrenkleidung in Form und Farbe, wie die Abschaffung von dunklen, neutralen und tristen Farben, von Streifen und Punkten, von Symmetrie des Schnittes und von unnötigen Knöpfen. Die traditionelle Kleidung suchte er durch eine „futuristische“ Kleidung auszutauschen, die dynamisch, asymmetrisch, behände machend, schlicht, bequem, hygienisch, fröhlich, leuchtend, willensstark, fließend, kurzlebig und veränderbar sein sollte.[40] Zur Verwirklichung seiner Ideen nutzte er Mittel wie die Veränderung der Stoffmuster mit Bevorzugung von Dreiecken, Kegeln oder Kreisen. Neutrale Farben ersetzte er durch leuchtende, kräftige Töne. Der Schnitt wurde asymmetrisch, förderte gleichzeitig die Beweglichkeit des Körpers und ermöglichte leichtes An- und Ausziehen. Durch „modificatori“ konnte die Kleidung individuell verändert werden. „Modificatori“ sind kleine Stoffapplikationen aus verschiedenen Materialien in unterschiedlicher Form und Farbe, die sich der Träger je nach Gemütszustand selber anstecken kann. Sie entsprechen ganz der futuristischen Idee von Kleidung, denn diese „soll das persönliche Verhalten beeinflussen und sich gleichzeitig für die gesellschaftliche Kommunikation eignen“[41].

Einerseits sollte die lebendige, farben- und formenfrohe Kleidung also auf den Gemütszustand ihres Trägers einwirken, andererseits konnte dieser die Kleidung aber auch je nach Stimmung verändern und damit sein inneres Empfinden nach außen signalisieren. Mit dem Anstecken der „modificatori“ sollte der Träger Trauer, Motivation, Beschwingtheit oder einfach seine Lebensfreude ausdrücken.

Das erste Kleidungsstück, das Balla gestaltet hatte, war der Herrenanzug. Am Jackett entfernte er den Kragen und das symmetrische Revers und schloss es mit einem großen Dreieck.[42] Die Form des Anzuges wi-

cellement prismatique d'une gigantesque devanture de bijoutier.“ ebd. S. 77.

39 Ebd. S. 75.

40 „dynamiques […] asymétriques […] agilisants […] simples et commodes […] hygiéniques […] joyeux […] illuminants […] volontaires […] volants […] peu durable […] variables […]“ ebd. S. 76.

41 Lista, in: Framke 1998, S. 32.

42 Dieser Anzug, über den Balla in einem Brief von 1912 berichtet, ist nur noch in einer Zeichnung festgehalten. Vgl.: Ausst.-Kat. Lausanne 1992, S. 26.

dersetzte sich der Schnittharmonie. Balla hob mit solch' spitzwinkligen Formen die Unterstreichung der Körperkonturen auf. Weniger als auf die Körperform kam es ihm auf die Unterstreichung der Wirkung der Kleidung durch die Farbe an. Diese Veränderung des traditionellen Männeranzuges wurde als Angriff auf die konservativen Werte und auf die Seriosität des bürgerlichen Mannes verstanden, wie sich anhand einer historischen Fotografie von 1929-30 nachvollziehen lässt, die Balla mit seiner Tochter Luce beim Musizieren zeigt (*Abb. 12*).

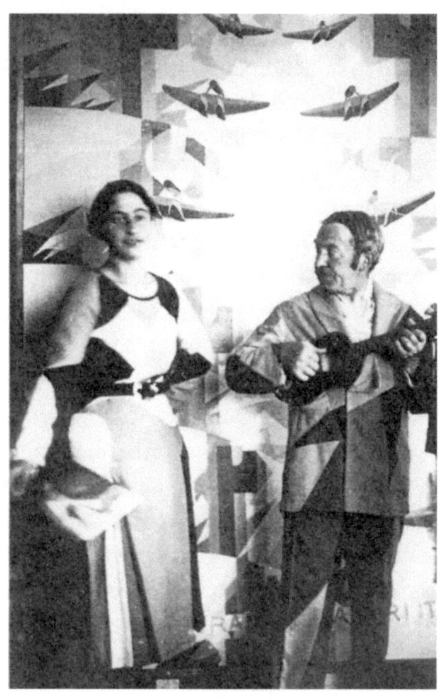

Abbildung 12: Giacomo Balla und seine Tochter in vom Künstler entworfenen futuristischen Kleidungsstücken, 1929-30.

Beide tragen vom Künstler selbst entworfene Kleidung, die die grundsätzlichen Merkmale des futuristischen Konzeptes aufweisen. Asymmetrische Musterung und Farbgebung verändern besonders das bisher so strenge Bild des Mannes als seriösen, gradlinigen, traditionsgebundenen und dezenten Herren zu Gunsten des Ausdrucks von größerer Lebensfreude und Dynamik.

4.3.2. Ernesto Thayaht

Der italienische Künstler Ernesto Michahelles[43] (Künstlername Thayaht) erläuterte in mehreren Manifesten seine Vorstellung von der Erneuerung der Kleidung, wobei er sich ganz besonders der Herrenkleidung annahm, von der er zu Gunsten der freien Körperbewegung jegliches überflüssige Element wie Kragen, Manschetten oder Gürtel entfernte.[44] Dabei war es ihm vor allem wichtig, einen der Anatomie des Körpers angepassten Schnitt zu finden.[45] In seinem Konzept der synthetischen Kleidung, die sich den Ansprüchen des modernen Mannes anpassen sollte, stand die Bequemlichkeit an oberster Stelle. Die synthetische Kleidung „soll folglich jede Bewegung des Körpers mitmachen und die Aktivitäten fördern und erleichtern, statt sie zu behindern. Praktisch anzuziehen, soll sie vor Regen, Kälte und Wind ebenso schützen, wie vor Hitze, Staub und Sonne."[46]

1919 hatte Thayaht einen Anzug entworfen, dem er den Namen „tuta" gab. Eine Fotografie zeigt den Künstler in seiner eigens entworfenen Kleidung (*Abb. 13*). Die *tuta* ist ein einfacher, durchgehender Anzug, ähnlich einem Overall, der vorne zugeknöpft und mit einem Gürtel geschnürt wurde. Außer vier aufgesetzten Taschen besitzt er keinerlei dekorative Elemente. Unter der Jacke wird kein Hemd getragen. Bei der *tuta* handelt es sich jedoch nicht um einen politisch instrumentalisierten Arbeitsanzug, wie ihn russische Konstruktivisten wie Tatlin und Rodtschenko entwarfen, sondern um ein praktisches, hygienisches, einfarbiges Kleidungsstück, vornehmlich für den Frühling.[47] Auch hatte Thayaht im Gegensatz zu Balla seinen Anzug nicht als ein individuell gestaltbares Kunstwerk entworfen, sondern als alltäglich tragbares Kleidungsstück, frei von Ideologie. Der Anzug sollte also weder politische Einheit schaffen noch eine bestimmte soziale Klasse fördern, sondern ausschließlich die futuristische Idee des dynamischen menschlichen Körpers vertreten.

43 Thayaht trat erst spät den Futuristen bei, als er 1929 Marinetti kennenlernte. Vgl.: Fonti, Daniela: Thayaht: the Anomalous Futurist. In: Ausst.-Kat. Trient/Rovereto 2005: Thayaht. Futurista irregolare. Triento/Rovereto (Museo di Arte Moderna a Contemporanea 2005). Mailand 2005, S. 39-54, S. 39.

44 Vgl.: Thayaht, Ernesto; Michahelles, Ruggero: Manifesto per la trasformazione dell'abbigliamento maschile (1932). Dt. Übersetzung in: Ausst.-Kat. Lausanne 1992, S. 122-124.

45 Müller 1999, S. 6.

46 Thayaht/Michahelles (1932), in: Ausst.-Kat. Lausanne 1992, S. 122-124, S. 123.

47 Crispolti, in: Ausst.-Kat. 1988, o.S.

Auch wenn der Gleichheitsgedanke sicherlich eine Rolle gespielt hat, diente der Anzug allein der schlichten und praktischen Verhüllung des sich in Bewegung befindlichen Körpers. Die Veröffentlichung der unterschiedlichen Schnittmuster für ein männliches und ein weibliches Modell machte ihn allen Gesellschaftsschichten zugänglich und erlaubte es jedem Bürger, sich seinen Anzug selber zu schneidern.

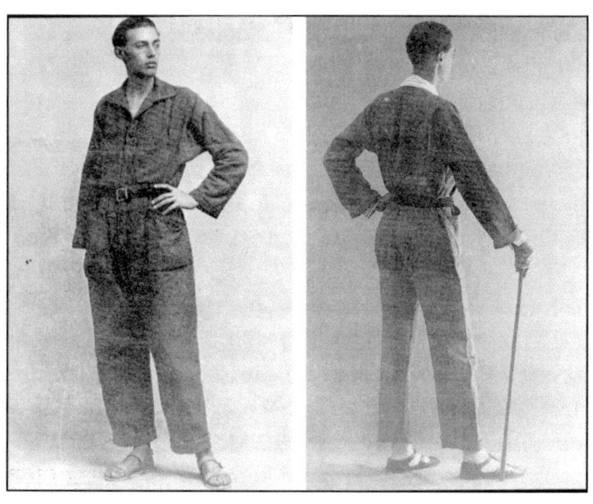

Abbildung 13: Ernesto Thayaht in der von ihm entworfenen „tuta", 1919.

4.4. Die russischen Konstruktivisten

In Russland schloss man sich der von den Futuristen ausgerufenen Verherrlichung des „modernen Lebens" an. Hier wurde nach der Oktoberrevolution von 1917 die Idee der nationalen Selbstbestimmung aufgegriffen und das Individuelle zum Nutzen des Allgemeinen aufgegeben. Kunst sollte dabei zum integrierenden Bestandteil des Lebens werden.

Das neue sozialistische Leben verlangte auch nach organisatorischen Neuerungen. Als offizielles Organ zur Steuerung der Kulturpolitik entstand das Volkskommissariat für Aufklärung, genannt „Narkompros". In einer Erklärung des Arbeiter- und Soldatenrates in Russland heißt es über die künstlerische Produktion des Narkompros 1920: „Der Aufbau eines neuen sozialistischen Lebens kann nicht vollzogen werden ohne gründliche Umgestaltung der existierenden äußeren Formen der alltäglichen

Lebensweise."[48] In diesem Sinne wurden auch die konstruktivistischen Bemühungen um eine passende Kleidung zur Verherrlichung des neuen Sowjet-Reiches gefördert. Im Gegensatz zu den Futuristen, die ihre Entwürfe als Kunst verstanden, schlossen die Konstruktivisten bei ihrem Entwurf jedoch jeglichen künstlerischen Aspekt aus. An Objekten hatten sie ein rein produktivistisches Interesse. In einer der ersten Schriften zum Konstruktivismus formuliert Varvara Stepanova, der Konstruktivismus sei keine künstlerische Orientierung, sondern vor allem eine Methode des Schaffens von Formen.[49] Von der rein funktionellen Produktion der Objekte sollte jedes dekorative Element ausgeschlossen werden.

Auch das Wort „Mode" war in der Zeit nach der Revolution in Russland völlig tabu.[50] Der Ideologie entsprechend wurde jede vergängliche Modeerscheinung unterbunden und nur das getragen, was die Idee des Sozialismus vorantreiben konnte. Die Diskussion um die Mode verknüpfte man mit der Frage nach der Kunst, denn beide wurden als Verkörperung des individuellen Ausdrucks verstanden. Kunst und Mode unterstrichen die Klassenunterschiede und ließen sich nicht mit der Ideologie der Masse vereinbaren. Das Regime hatte die Nützlichkeit als das einzig erstrebenswerte Ziel jeglicher Produktion erklärt und sah es als seine Aufgabe an, das Leben mittels einer Neugestaltung der Objekte zu verändern. Mit ihnen wollte man das menschliche Verhalten im Sinne der neuen Ideologie beeinflussen und das Denken der Massen formen.[51] Eine neue Kleiderordnung sollte helfen, die sozialistische Überzeugung zu verbreiten. Kleidung sollte egalitäre Werte verkörpern und mit einem vereinheitlichenden Stil die soziale Zusammengehörigkeit stärken.[52] Einheitliche Massenkleidung war die prinzipielle Innovation der russischen Konstruktivisten.

Entwürfe dieser Ideologie entsprechender Stoffe und Kleider entstanden am 1920 gegründeten INChUK (staatliches Institut für künstlerische Kultur) in Moskau. Der erste Direktor war Wassily Kandinsky, der aber noch im selben Jahr von Alexander Rodtschenko abgelöst wurde. Im INChUK fanden zahlreiche Kunstschaffende zusammen, die ein radi-

48 Zit nach: Lavrentjew, Alexander: Varvara Stepanova. Ein Leben für den Konstruktivismus. Weingarten 1988, S. 51.

49 Stepanova in einer Konferenz am INChUK, 22.12.1921. Übersetzt in: Lawrentiew 1988, S. 173-175.

50 „In keinem Land wurde die Mode so stark angegriffen, wie im revolutionären Russland." Stern, in: Ausst.-Kat. Lausanne 1992, S. 38.

51 Ebd. S. 38-39.

52 Vgl.: Stern, Radu: Nicht zum Neuen, nicht zum Alten, sondern hin zum Notwendigen. Tatlin und die Frage der Kleidung. In: Framke 1998, S. 54-56.

kal modernes Programm vertraten. Die Aufgabe des Institutes bestand darin, die wissenschaftlichen Grundlagen der Interaktion und der Synthese zwischen den Künsten zu untersuchen.[53] Zu diesem Zwecke wurden die einzelnen Elemente eines Kunstwerkes und deren Organisationsprinzipien Rhythmus, Komposition und Konstruktion analysiert.

Kleider- und Textildesign wurde vornehmlich von vier Konstruktivisten entworfen: Vladimir Tatlin, Varvara Stepanova, Ljubov Popova und Alexander Rodtschenko. Von diesen realisierten lediglich Stepanova und Popova Massenproduktion, Rodtschenko entwarf nur gelegentlich Textil-Design und beschäftigte sich mit dem Entwurf seiner eigenen Arbeitskleidung. Alle vier Konstruktivisten schufen Entwürfe für Theaterkostüme.

4.4.1. Vladimir Tatlin

Von 1922 bis 1925 leitete Vladimir Tatlin in Petrograd (St. Petersburg) die Abteilung für Materialkultur des INChUK, das die Phänomene der räumlichen Künste untersuchte.[54]

In dieser Funktion machte sich Tatlin die Herstellung von Prototypen für Alltagsgegenstände zur Hauptaufgabe und beschäftigte sich dabei auch mit den Entwürfen von Kleidung. Auf diesem Gebiet entwickelte er sich zu einem Verfechter der konstruktivistischen Anti-Mode. Kleidung wurde dabei einzig unter dem Aspekt der Funktionalität ohne jegliche Berücksichtigung der Farbe entworfen. Unter Ausschluss alles Willkürlichen kam es in erster Linie darauf an, bequeme, praktische, strapazierfähige und leicht zu reinigende Kleidung zu tragen. Zwischen 1923 und 1925 produzierte Tatlin einige Kleiderentwürfe.

Die bekanntesten sind ein Mantel und ein einfacher Arbeitsanzug. Der Mantel bestand aus drei Teilen, die je nach Bedarf entsprechend der Abnutzung einzeln ersetzt werden konnten. Dank seines austauschbaren Futters aus Flanell für den Herbst und aus Fell für den Winter konnte er zu allen Jahreszeiten getragen werden. Der Wasser abweisende Stoff garantierte Schutz vor Feuchtigkeit. Der Schnitt ging weit über die Schultern und den Torso und war an den Beinen leicht eingeschlagen, so dass die Wärme nicht entweichen und zwischen Körper und Mantel dennoch frei zirkulieren konnte, was die Hygiene förderte. Außerdem nahm er das Körpervolumen optimal auf, garantierte freie Bewegungen und eine natürliche Haltung. Taschen wurden abhängig von der Länge der Arme angebracht. Tatlin entwarf diesen Mantel für rein praktische An-

53 Lavrentjew 1988, S. 53.

54 Stern 2004, S. 48.

sprüche und orientierte sich dabei an klassischen Arbeitsanzügen. Jegliche dekorativen Elemente und Verzierungen, die die klare Silhouette stören könnten, wurden ebenso ausgeschlossen wie die Berücksichtigung idealisierter Körpermaße.

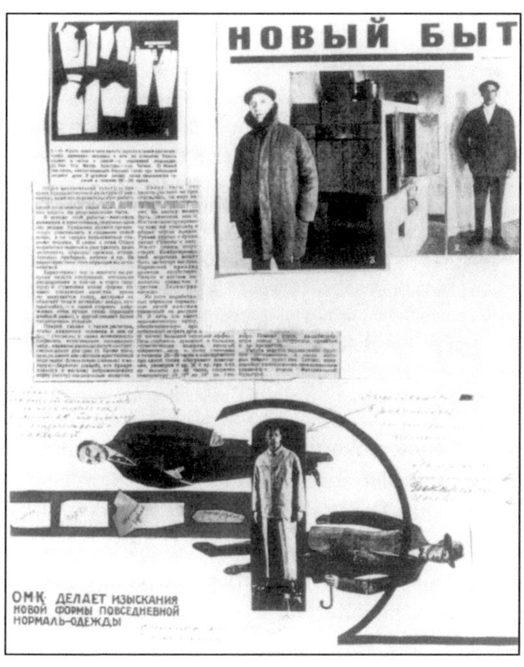

Abbildung 14: Vladimir Tatlin, Neue Lebensweise, 1923-24.

Der Arbeitsanzug bestand aus einer schlicht geschnittenen Hose und einem bis zur Hüfte reichenden Sakko mit kleinem Kragen, ohne jegliches Revers. Er wird zusammen mit dem Mantel auf einer Fotomontage zum Programm „Novi Byt" (neue Lebensweise) vorgestellt (*Abb. 14*). Dabei wird klar, dass die von Tatlin entworfene Kleidung auch einem sozio-kulturellen Programm dienen sollte. Im unteren Teil der Fotomontage findet sich eine Abbildung von Tatlin, der seinen selbst entworfenen Anzug aufrecht stehend, in selbstbewusster Haltung trägt. Dieses Foto überlagert die in die Horizontale gedrehten Fotos zweier elegant gekleideter Herren im traditionellen Anzug mit Hut und Krawatte. Der handschriftliche Text von Tatlin erklärt die Funktion der neuen Kleidung und ihren Nutzen für die Gesellschaft: „This attire is warm, does not restrict movement, satisfies hygienic requirements, and lasts long.“[55] Die Abbildungen der Herren in klassischer Kleidung waren mit folgendem Kommentar versehen: „This attire restricts movements, it is also unhygienic, and they wear it only because they think it is beautiful.“[56] Die Kleiderentwürfe Tatlins enthielten somit eine klare Absage an traditionelle, schöne und unbequeme Kleidung zu Gunsten des Körpergefühls des Trägers von ausschließlich nützlicher und hygienischer Kleidung.

Trotz aller Bemühungen Tatlins, seine Entwürfe in Massenproduktion zu realisieren, sind sie nie industriell produziert worden. Dennoch stehen sie für die Absicht vieler russischer Künstler nach 1917, zu Gunsten der Funktionalität, Bequemlichkeit und Hygiene des Körpers auf jegliches dekorative Element zu verzichteten und sich ausschließlich auf die Schutzfunktion der Kleidung zu beschränken.

4.4.2. Die Stoff- und Kleiderproduktion von Stepanova und Popova

Seit Ende 1923 arbeiteten Warwara Stepanova und Ljubov Popova ein Jahr lang gemeinsam in der ersten staatlichen Textildruckfabrik in Moskau, wo sie mehrere hundert Stoffmodelle entwarfen und dutzende Kleiderentwürfe schufen. Die beiden Künstlerinnen sahen eine enge Verbindung zwischen dem Entwerfen von Stoffen und von Kleidern. So gingen sie bei der Konzeption ihrer Kleider von der Webtechnik aus und gestalteten die Gewänder somit von innen heraus.[57] Dabei lehnten sie das vorrevolutionäre Konzept von Kleidung, bei dem besonders die schöne Form und die Verzierung wichtiger waren als die Freiheit der Körperbewegung, entschieden ab. Ihre Absicht war es, Kleider zu schaffen, die funktionell und körpergerecht geschnitten waren. Sie wurden auf ihren Verwendungszweck hin konstruiert, wobei der ästhetische Aspekt nicht grundsätzlich abgelehnt, sondern lediglich als Nebensache behandelt wurde.

Kleidung wurde nach drei Kategorien in Prozodeschda (Produktionskleidung), Spetsodeschda (Spezialkleidung) und Sportodeschda (Sportkleidung) unterschieden.[58] In ihrem Grundkonzept bestand die Prozo-

55 Zhadova, Larissa Alekseevna: Tatlin, the Organizer of Material into Objects. In: Dies.: Tatlin. New York 1988, 134-154, S. 143.

56 Ebd. S. 143.

57 Noever, Peter (Hg.): Alexander M. Rodtschenko, Warwara F. Stepanova. Die Zukunft ist unser einziges Ziel… München 1991, S. 17.

58 Vgl.: Stepanowa, Warwara: Der Anzug des heutigen Tages – das ist die Produktionskleidung (1923). In: Rübel/Wagner/Wolff 2005, S. 283-285.

deschda aus einem schlichten, einheitlichen Arbeitsanzug mit zahlreichen Taschen, der jedoch den beruflichen Ansprüchen jedes Trägers individuell angepasst sein sollte. Die Spetsodeschda war eine besonders gut schützende Spezialkleidung für bestimmte Berufsgruppen, wie Chirurgen, Feuerwehrleute, Piloten, Arbeiter in Säurefabriken und Polarforscher.[59] Die einzelnen Exemplare passten sich der jeweiligen Werktätigkeit ihres Trägers an. Durch leichte Veränderungen des Schnittes dieser Arbeitsanzüge konnte einer Uniformierung entgangen werden und jeder Träger sich ganz persönlich mit seinem Arbeitsanzug identifizieren. Die dritte Kleiderkategorie war die Sportodeschda. Sie war eine vereinheitlichte, schlichte Sportkleidung ohne Knöpfe, die vor allem dem Formprinzip der Bewegungsfreiheit unterlag. Die einzelnen Ausführungen konnten je nach Sportart variieren. Um die Mannschaften zu unterscheiden, schlug Stepanova die Anbringung von Emblemen oder Farbmustern vor.[60] Die Sportbekleidung hatte als Verkörperung des neuen Menschen mit den positiven Eigenschaften des Sportlers einen beispielhaften Charakter, denn die Begeisterung der Massen für den Sport war in vielen totalitären Regimes wichtig. „Der totalitäre Staat fordert von jedem Bewohner nicht nur seine Seele, sondern auch seinen Körper."[61]

Als Prototypen wurde die neue Sportbekleidung 1922 in Gestalt der Theaterkostüme in Meierholds Revolutionstheater „Tarlekins Tod" vorgestellt,[62] bei dem Varvara Stepanova für Kostüme und Bühnenbild zuständig war. Hier wurde die Idee der Interaktion zwischen dem Auftritt des Schauspielers und den Theaterrequisiten entwickelt. Der einfarbige Stoff der Theaterkostüme wurde je nach Dynamik der jeweiligen Rolle mit verschiedenfarbigen Stoffapplikationen versehen. Durch diese zweifarbige geometrisch-grafische Gestaltung der Kleidung strahlten die Kostüme Dynamik aus. Der weite Schnitt der Kleider sowie die Teilung des Kostüms in Hose, Hemd und ärmellose Jacke erlaubten dem Schauspieler genaue Bewegungen und unterstrichen seine körperliche Ausdruckskraft.

Auf der großen Ausstellung dekorativer Kunst 1925 in Paris waren die Entwürfe Stepanovas und Popovas ebenso vertreten wie die Modelle von Sonia Delaunay. Sie fanden in der Ausstellung zwar großen Anklang, blieben praktisch jedoch ein Laborversuch, der keinen dauerhaften Erfolg hatte.

---

59 Ebd. S. 284.

60 Ebd. S. 244-285.

61 Stern, in: Ausst.-Kat. Lausanne 1992, S. 45.

62 Nach Völker, Angela: Ist die Zukunft ein Ziel? In: Noever 1991, S. 23-32, S. 27.

4.4.3. Rodtschenko/Stepanova

Alexander Rodtschenko leitete das INChUK seit Sommer 1920. Seitdem war er zusammen mit seiner Frau Warwara Stepanova aktiv an den Untersuchungen des INChUK beteiligt. Das Künstlerpaar hatte den gemeinsamen Wunsch, Kunst von ihrem elitären Sockel zu stoßen, zurück ins Leben zu bringen und somit jedermann zugänglich zu machen. Rodtschenko formulierte es folgendermaßen: „Das konstruktive Leben ist die Kunst der Zukunft. Die für das Leben nutzlose Kunst muss im Museum für Altertümer untergebracht werden. Es ist an der Zeit, dass die Kunst zum organischen Bestandteil des Lebens wird.“[63] Mit diesen Vorstellungen trafen die Konstruktivisten genau die Idee, die zur gleichen Zeit von den Futuristen in Italien, dem staatlichen Bauhaus in Weimar und Dessau oder den Wiener Werkstätten vertreten wurde. Allerdings waren die Vorstellungen der Konstruktivisten von einer klassenlosen, ins Leben integrierten Kunst mit anderen moralischen und gesellschaftlichen Forderungen verbunden.[64]

Nach den Ideen der beiden Künstler sollte sich jedoch nicht allein die Kunst, sondern auch der Mensch verändern. Das Konzept vom neuen Menschen konnte zum gewichtigen Teil mittels der Kleidung manifestiert werden:

> „Ein ‚Konstruktivist‘ wäre verpflichtet, eine hochgeschlossene Lederjacke, Lederhandschuhe, Ledermütze und Schutzbrille zu tragen – an den Füßen Ledergamaschen und hohe Schnürschuhe – wie ein Jäger oder Rennfahrer. Zieht er seine Jacke aus, dann kommt darunter nicht der Anzug, sondern der Overall zum Vorschein. Dieser hat unzählige Taschen verschiedenster Form, Riemen und Verschlüsse, Ledereinsätze, betonte Nähte.“[65]

Die russischen Konstruktivisten präsentierten sich so als voll im Leben stehend, als Praktiker ohne jegliches schmückendes Beiwerk. Auch Alexander Rodtschenko zeigte sich im selbst entworfenen, in Schnitt und Material äußerst sparsamen Arbeitsanzug, den seine Frau genäht hatte (*Abb. 15*). Der Overall war in der Taille geschnürt und mit auffälligen

63 Rodtschenko am 22. Februar 1921 in einem Vortrag an der Abteilung für Malerei des Wchutemas über die Disziplin Konstruktion. Zit. aus: Karginow, German: Rodschenko. Budapest 1979, S. 91.

64 Völker, in: Noever 1991, S. 23-32, S. 25.

65 Lavrentjew, Alexander: Design für sich – Design für alle: Konstruktivismus und Design des Alltags. In: Hornbostel, Wilhelm; Kopanski, Karlheinz W.; Rudi, Thomas (Hg.): Russische Avantgarde 1910-1934. Mit voller Kraft. Hamburg 2001, S. 137-146, S. 137.

großen Taschen versehen, in denen allerlei Gegenstände für den alltäglichen Gebrauch verstaut werden konnten. Die Struktur des Overalls wurde durch starke Nähte oder die Knopfleiste am Oberkörper betont. Gerade diese Elemente strukturierten die Kleidung nach Meinung Stepanovas: „Zur Erläuterung: dem Anzug keine Verzierung hinzufügen, sondern die Nähte, die für den Schnitt gebraucht werden, verleihen dem Anzug seine Form."[66] Vor allem das Praktische war ein wichtiges Ziel im Entwurf des idealen Arbeitsanzuges.

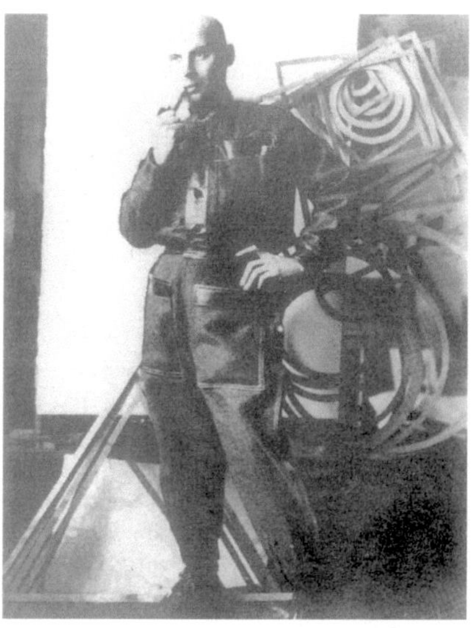

Abbildung 15: Alexander Rodtschenko in seinem Arbeitsanzug, 1922.

Auch wenn bei allen Entwürfen der russischen Konstruktivisten die Funktionalität und Körperfreundlichkeit im Mittelpunkt standen, unterschieden sich die Ideen der Künstler doch im Einzelnen. Vladimir Tatlin entwarf einheitliche Gewänder, die sich im Schnitt nicht veränderten, unter allen Lebensumständen und von jedermann getragen werden sollten. Dasselbe Gewand konnte sowohl als Arbeits- als auch als Zeremonienkleid dienen. Popova, Stepanova und Rodtschenko achteten dagegen auf Variation der Modelle entsprechend der Arbeitsbedingungen des Trägers. Sie gingen dabei sowohl auf seine berufsspezifischen Bedürfnisse als auch auf seine individuellen Körpermaße wie Größe und Armlänge ein.

Auch in der inneren Konzeption der Kleidung lassen sich Unterschiede erkennen: Tatlin präsentierte den Körper in seinen Kleidern als

66 Vgl.: Stepanowa, in: Rübel/Wagner/Wolff 2005, S. 283-285, S. 284.

geschlossenen Block. Als schützende Hülle garantierte seine Kleidung vor allem Bewegungsfreiheit, Wärme und Hygiene. Dabei lehnte er jeglichen Eingriff in die Silhouette ab. Rodtschenko und Stepanova zeigen in ihren Kleiderentwürfen dagegen ein silhouettenhaftes Bild des Körpers, indem sie einzelne Körperpartien wie Taille oder Knöchel hervorhoben. Außerdem betonten sie Taschen, Nähte und Knopfleisten, mit denen sie die Kleider strukturierten.

Das Körperbild der russischen Konstruktivisten war funktionell und produktivistisch. Mit dem Wunsch, neben der Kleidung auch den Körper zu egalisieren, indem man ihn in weite, farblose Kleidung hüllte, wurden individuelle oder erotische Aspekte weitestgehend eliminiert. Schmückende Elemente wurden zu Gunsten der Funktionalität der Kleidung abgelehnt, denn sie hatte allein der Stärkung der Produktivität des Körpers zu dienen.[67] Mit dem Verzicht des Ausdrucks persönlicher Individualität durch Kleidung schlossen die russischen Konstruktivisten auch jegliche sexuelle Individualität aus.

4.5. L'objet surréaliste - der verhüllte Ausdruck verdrängter Wünsche[68]

Im Gegensatz zu den russischen Konstruktivisten vertraten die Surrealisten in Frankreich ein völlig entgegengesetztes Programm. Sie näherten sich dem Thema des Körpers nicht über den Entwurf von Kleidung, sondern über banale Objekte aus dem Alltagsgebrauch. Dabei griffen sie auf die Innovationen von Marcel Duchamp zurück, der zu Beginn des 20. Jahrhunderts, anknüpfend an die Erkenntnisse des Kubismus, Gegenstände von ihrer ursprünglichen Funktion befreit hatte. Er ging von der Erkenntnis aus, dass Gebrauchsobjekte neben einer zweckmäßigen auch eine zweckfreie Wirklichkeitsschicht haben, also multivalent sind. Formen und Linien finden sich in jedem von seiner Funktion befreiten Objekt und lassen sich im Kunstwerk verwenden. Indem Duchamp seinen berühmten „Flaschentrockner" (1914) im Museum ausstellte, versetzte er

67 Zum Körperbegriff in der russischen Avantgarde vgl.: Misler, Nicoletta: abendkleid und overall: der körper der avantgarde. In: Ausst.-Kat. Berlin 1999: amazonen der avantgarde. Alexandra Exter, Natalja Gontscharowa, Ljubom Popwa, Olga Rosanowa, Warwara Stepanowa und Nadeschda Udalzowa. Berlin (Deutsche Guggenheim 1999), London (Royal Academy Of Arts 1999/2000), Venedig (Peggy Guggenheim Collection 2000), New York (Solomon R. Guggenheim Museum 2000). New York 1999, S. 95-106.

68 Schwarz, Arturo: Man Ray. München 1980, S. 154.

das Objekt in einen anderen Bedeutungszustand, losgelöst von seiner ursprünglichen Funktion. Seiner Erfindung des „objet tout fait" gab Duchamp kurz darauf den Namen „Ready-made".

An Marcel Duchamps Ready-mades anknüpfend, hatten die Surrealisten das „objet surréaliste" als eines der wichtigsten Elemente ihres Sprachgebrauchs zum Kultobjekt erhoben. Dabei handelte es sich um ein gefundenes oder selbst angefertigtes, aus mehreren heterogenen Elementen zusammengestelltes Objekt. André Breton, der geistige Anführer der Surrealisten, definierte surrealistische Objekte folgendermaßen: „Les objets ainsi rassemblés ont ceci de commun qu'ils dérivent et parviennent à différer des objets qui nous entourent par simple mutation de rôle."[69] Sie entstanden aus den Phantasien, Inspirationen und Träumen der Künstler, für die sie eine persönliche oder symbolische Bedeutung hatten und folgten weder einer ästhetischen Absicht noch einer logischen Konzeption. Mit ihren Objekten drückten die surrealistischen Künstler den Willen aus, die Gewohnheit der Sehklischees aufzubrechen und eine Ebene des Non-rationalen zu erreichen. André Breton formulierte im „Second manifeste du surréalisme":

„Rappelons que l'idée du surréalisme tend simplement à la récupération totale de notre force psychique par un moyen qui n'est autre que la descente vertigineuse en nous, l'illumination systématique des lieux cachés et l'obscurcissement progressif des autres lieux, la promenade perpétuelle en plein zone interdite et que son activité ne court aucune chance sérieuse de prendre fin tant que l'homme parviendra à distinguer un animal d'une flamme ou d'une pierre."[70]

Die zwei grundlegenden Orte, die es nach Breton zu erhellen gilt, sind dabei die von Friedrich Nietzsche bezeichneten „getrennten Kunstwelten

69 Frei übersetzt: „Die so gesammelten Objekte haben eines gemeinsam, dass sie von den uns umgebenden Objekten herstammen, sich aber von ihnen unterscheiden einfach durch Änderung ihrer Rolle." Breton, André: Crise de l'objet. In: Cahiers d'art, 11, 1936, 1-2, S. 21-25, S. 25.

70 Frei übersetzt: „Verweisen wir noch einmal darauf, dass der Surrealismus einfach danach strebt, unser gesamtes psychologisches Vermögen zurück zu gewinnen auf einem Wege, der nichts anderes ist, als der schwindelnde Abstieg in uns selbst, die systematische Erhellung verborgener Orte und die progressive Verfinsterung anderer, ein ständiges Wandeln auf streng verbotenem Terrain; dass seine Tätigkeit nicht die mindeste Aussicht hat, an sein Ziel zu gelangen, solange der Mensch noch ein Tier von einer Flamme oder einem Stein zu unterscheiden mag." Breton, André: Second manifeste du surréalisme (1930). In: Ders.: Manifestes du surréalisme. Montreuil 1962, S. 147-226, S. 167-168.

des Traumes und des Rausches",[71] die „Duplizität des Apollinischen und des Dionysischen"[72].

Als Vorläufer surrealistischer Objekte entstanden zur Zeit des New York Dada einige Ready-mades von Marcel Duchamp und Man Ray, die bereits die intensive Beschäftigung mit Gegenständen aus der Welt der Kleidung zeigen: Anlässlich des 50. Jahrestages des Ready-mades ließ Marcel Duchamp 1964 eine limitierte Auflage seiner wichtigsten Ready-mades nachproduzieren. Eines der Objekte ist ein Kleiderhaken, den Duchamp als unterstütztes Ready-made[73] auf dem Boden befestigt. Unter dem Namen „Trébuchet" (Stolperer) drohte dieser, die ihm nahe kommenden Personen zu Fall zu bringen. Ein weiteres, zum gleichen Anlass dupliziertes Ready-made war ein an der Decke befestigter Huthalter.

Die Prototypen dieser Werke aus Utensilien aus dem Umkreis der Kleidung waren ursprünglich in der gleichen Zeit entstanden, in der auch Man Ray mit Materialien aus der Kleiderindustrie arbeitete (1917). Anders als sein Freund Marcel Duchamp, der Alltagsgegenstände unverändert als Ready-mades ausstellte, nutzte Man Ray für seine Objekte jedoch immer mindestens zwei Gegenstände, die im Alltagsleben keinerlei Verbindung hatten. Dabei bediente er sich, ohne hierarchische Werteinteilung, sowohl traditioneller Materialien wie Holz oder Bronze als auch ‚kunstfremder' Materialien wie Plastik oder Pappe. Mit besonderer Vorliebe aber schien er Materialien zu nutzen, die in ihrer ursprünglichen Funktion in Beziehung zur Kleidung standen. In seinen frühen objets trouvés oder unterstützten objets trouvés verwendet er Kleiderständer, Wäscheklammern, Kleiderbügel oder Bügeleisen, als seien sie Zeugen seines Interesses für den menschlichen Körper und seine Hüllen. Seine Arbeit „Woman" von 1918 besteht aus zwei Parabolspiegeln, welche die Form eines weiblichen Beckens annehmen und sechs an einer Glasplatte festgeklemmten Wäscheklammern, die man so als weibliches Rückgrat erkennt. Zusammen mit seinem Gegenstück, dem Objekt „Man" (1918) steht es als Ur-Objekt des Schaffens Man Rays. Die Verwendung von Wäscheklammern als Verbildlichung des stabilisierenden Teils des weiblichen Körpers, das Rückgrat, kann man sowohl als Anspielung auf Kleidung und Eitelkeit als auch auf die traditionelle Aufgabe der Frau, die Hausarbeit, verstehen.[74]

---

71 Nietzsche, Friedrich: Die Geburt der Tragödie aus dem Geiste der Musik. Stuttgart 1952, S. 19.

72 Ebd. S. 19.

73 Als unterstütztes Ready-made bezeichnet man Objekte, die durch den Eingriff des Künstlers in geringster Weise verändert wurden.

74 Zur Besprechung der beiden Arbeiten vgl.: Schwarz 1980, S. 166-167.

Ein weiteres Werk, das mit der Welt der Kleidung in Verbindung steht, ist das 1920 entstandene Ready-made „Obstruction“. In dem Mobile sind 127 Kleiderbügel nach dem System der Verdoppelung in sieben Reihen untereinander gehängt: An jeden Bügel wurden jeweils links und rechts ein weiterer Bügel eingehängt, so dass die siebte Reihe allein aus 64 Kleiderbügeln bestand.

Ein anderes Beispiel für den Umgang mit Gegenständen aus dem Bereich der Kleidung entstand nach Man Rays Übersiedlung nach Frankreich. Der Künstler war am 14. Juli 1921 nach Paris gekommen und hatte im selben Jahr seine Arbeit: „cadeau“ (1921) (*Abb. 16*) geschaffen.

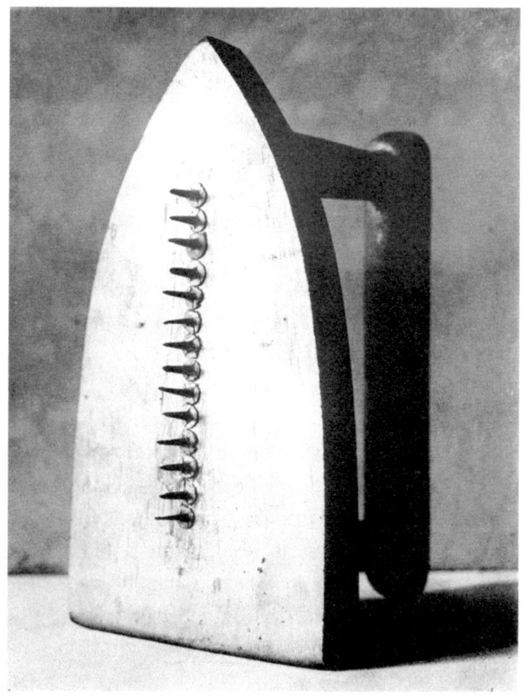

Abbildung 16: Man Ray, Cadeau, 1921.

Das heute nicht mehr erhaltene Original, das bei Man Rays erster Pariser Ausstellung in der Librairie Six gezeigt wurde, bestand aus einem Bügeleisen, auf dessen Bügelfläche elf Polsternägel befestigt waren. Seiner ursprünglichen Funktion beraubt, diente es nicht mehr der Pflege von Kleidung, sondern konnte nur zu seiner Zerstörung beitragen. Die spitzen Nägel auf seiner Bügelfläche würden bei traditioneller Benutzung des Eisens die Kleidung zerreißen und dadurch den Blick auf den Körper ermöglichen. Solche Phantasien von dem entblößten Körper sind dem

Surrealismus eigen: So malte Salvador Dali 1936 sein „night and day clothes of the body", auf dessen linker Hälfte er ein Kleid darstellt, das auf der rechten Hälfte über Schulter-, Brust- und Schampartie wie eine Jalousie aufgerollt ist und nun die Sicht auf einen dahinter erscheinenden weiblichen Körper freigibt. Diese Arbeit spielte auch mit der Metapher der Kleidung als Grenze zwischen Innen und Außen, zwischen Träger und seiner Umwelt.

In der Objektkunst näherten sich die Surrealisten dem weiblichen Körper gern mit Hilfe weicher Materialien, Textilien oder Kleidern. Das erste Beispiel dieser, später unter der Bezeichnung „soft sculptures" gruppierten Objekte aus weichen Materialien, war wohl das „pliant de voyage" (1916) von Marcel Duchamp. Es bestand aus einer weichen Schreibmaschinenhülle auf einem Stab. Auf die Frage, warum er eine Schreibmaschinenhülle als Ready-made benutzt hatte, antwortete Duchamp 1953: „I thought it would be a good idea to introduce softness in the Readymade – in other words not altogether hardness – porcelain or iron, or things like that – why not use something flexible as a new shape – changing shape, so that's why the typewriter cover came into existence."[75]

Bereits diesem ersten soft Ready-made gab Duchamp selbst eine Interpretation, die den weiblichen Körper ins Spiel bringt, indem er es mit einem Frauenrock verglich und empfahl, es bei Ausstellungen erhöht aufzustellen, um dem Betrachter die Sicht auf das, was sich darunter verberge, zu ermöglichen.[76] Herbert Molderings hat dargelegt, wie auffallend häufig Marcel Duchamp als Ready-mades Hüllen zum Überziehen benutzte, wie die beiden Topflappen „Couple of Laundress's Aprons", die 1959 entstanden und ein männliches und ein weibliches Geschlecht darstellen oder die Serie der Westen, die er 1958-59 signierte.[77] Nutzte Duchamp also bereits 1918 weiches Material für seine Ready-mades und brachte er es gleichsam in Zusammenhang mit dem weiblichen Körper, lässt sich bei den surrealistischen Künstlern der Gebrauch weicher Materialien erst zu Beginn der 30er Jahre beobachten.

In der Zeitschrift „le surréalisme au service de la révolution" veröffentlichte Yves Tanguy 1931 den Entwurf eines kleinen Objektes aus

75 Marcel Duchamp in einem unveröffentlichten Interview mit Harriet, Sidney und Caroll Janis 1953. Vgl.: d'Harncourt, Anne; McShine, Kynaston (Hg.): Marcel Duchamp. New York 1973, S. 281.

76 Vgl.: Schwarz, Arturo: The complete works of Marcel Duchamp. New York 1969, S. 240.

77 Molderings, Herbert: Marcel Duchamp. Parawissenschaft, das Ephemere und der Skeptizismus. Frankfurt a.M./Paris 1983, S. 62-63. – Zu einer genaueren Untersuchung der Duchampschen Weste vgl. Kap. 6.

rosarotem Plüsch für den Handgebrauch.[78] Kurt Seligmann entwarf 1936 eine mit Federn umkleidete Suppenschüssel, Maurice Henry umhüllte in „Hommage à Paganini“ 1936 eine Geige mit Verbandszeug. Meret Oppenheim nutzte in ihrem berühmten „déjeuner en fourrure“ von 1936 Pelz, mit dem sie eine Tasse, eine Untertasse und einen Löffel bekleidete. Dieses Objekt spielt nicht nur allein auf Nacktheit und sexuelle Reize an, sondern wurde auch als „Flirt mit der Mode“ verstanden.[79] Mit diesen Arbeiten zeigten die Künstler, wie man ursprünglich harte Materialien durch die Beigabe weicher Stoffe in ihrer Funktion und Wirkung verändern konnte. Salvador Dali, dessen Arbeiten, wie die fließenden Uhren, einen ausgeprägten Hang zu weichen Objekten erkennen lassen, schrieb 1936 zu diesem Thema in der surrealistischen Zeitschrift „Minotaure“ einen Essay „première loi morphologique sur les poils dans les structures molles“ („Erstes morphologisches Gesetz von der Behaarung weicher Skulpturen“).[80]

Die Verweichlichung von Objekten diente ebenso der oben genannten Annäherung an das Apollinische, an die Traumwelt, wie an die Weiblichkeit, für die Weichheit ein zentrales Attribut ist. Den freudschen Zusammenhang zwischen Phantasie und Sexualität brachten die Surrealisten mit ihrer Kunst deutlich zum Ausdruck.[81] Ihr oberstes Gebot war das Lustprinzip.[82] Bei der Darstellung sexueller Phantasien wurde aber auch vor ‚Hässlichkeit‘ oder Verbotsüberschreitungen nicht Halt gemacht, wozu auch die Darstellung des brutalen Umgangs mit dem weiblichen Körper gehörte. Als Zeuge sexueller Phantasien der Künstler wurde er häufig als Opfer von Gewalttaten oder Folterungen dargestellt. Er wurde verschnürt, eingewickelt, als Tisch oder Sitzhocker benutzt, in Käfige gesperrt oder gar zerstückelt. In diesem Umgang mit Weiblichkeit wur-

78 Le Surréalisme au service de la révolution, 3, Dez. 1931, S. 27.

79 „Cet objet est à la fois un sous-produit du flirt de certains surréalistes avec la haute couture, dans une société qui se souciait beaucoup de la rentabilité du scandale, et le témoignage de l'imagination d'une jeune artiste en quête de son identité artistique an sein du surréalisme dans les années trente.“ Chadwick, Whitney: Les femmes dans le mouvement surréaliste. Paris 1986, S. 122.

80 Dali, Salvador: Première loi morphologique sur les poils dans les structures molles. In: Minotaure. Revue artistique et littéraire, 3, 1936, 9, S. 60-61.

81 Vgl.: Kranzfelder, Ivo: Zur Utopie eines ästhetischen Hedonismus oder die Ambivalenz des Lustprinzips. Surrealismus und neue Modefotografie. München 1993, S. 41-46.

82 Vgl.: Breton, André: Recherches sur la sexualité. Part d'objectivité, déterminations individuelles, degré de conscience. In: La révolution surréaliste, 4, März 1928, 11, S. 32-40.

den dem Körper der Frau meist textile Materialien als Attribut beigegeben. Sie galten als Insignien der Weiblichkeit, mit deren Hilfe ein Mysterienkult um die Frau betrieben wurde.

4.5.1. Verhüllung und Körper

„Draped Cloth – gauzy, torn or frayed, thickly olded or stretched out – surely becomes one of Surrealism's most potent signs that we are at the threshold of an altered consciousness, at the moment when the world of reality fuses imperceptibly with unconscious fears and desire to reveal the surreal.“[83]

Oft fanden die Surrealisten die Inspiration für ihre Objekte in der Literatur. Vergessene oder tabuisierte Werke wie die des Marquis de Sade, aber auch Schriften der französischen Romantiker wie Pétrus Borel, Louis Bertrand und Gérard de Nerval fanden großen Anklang bei den Künstlern. In dieser Literatur entdeckten sie einen Aufstand gegen das Erklärbare, gegen normative Psychologie und den Gebrauchswert.[84] Eine herausragende Rolle spielten jedoch die Schriften des Isidore Ducasse (1847-1870), der unter dem Pseudonym Compte de Lautréamont verschiedener Werke, wie „Chants de Maldoror“ oder „Poésie“ verfasste. In seiner Definition der Schönheit: „schön, wie die zufällige Begegnung einer Nähmaschine und eines Regenschirms auf einem Seziertisch“ hatte er mehrere nicht zusammengehörige Realitäten zusammengefügt. Dieses Prinzip entsprach der Entstehung des „objet surréaliste“, in dem Objekte aus verschiedenen Gebieten aneinandergefügt wurden. Lautréamonts Begegnung von Regenschirm und Nähmaschine wurde unter den Surrealisten eine psycho-sexuelle Interpretation gegeben, in der die Männlichkeit in Form des Regenschirms (als schützendes, abwehrendes Objekt) der Weiblichkeit in Form einer Nähmaschine (als klassisches Werkzeug der Frau) gegenübersteht. André Breton äußerte sich zu dieser Interpretation der Bildsprache Lautréamonts:

„Le parapluie ne peut ici présenter que l'homme, la machine à coudre que la femme (ainsi, du reste, que la plupart des machines, avec la seule aggravation

83 Whitney Chadwick in einem Gespräch mit Mildred Constantine, 1989. In: Constantine/Reuter 1997, S. 31.

84 Ausst.-Kat. Paris 2002: Spiess, Werner (commissaire général): La révolution surréaliste. Paris (Centre Pompidou 2002). Paris 2002, S. 17.

que celle-ci est fréquemment utilisée, comme on sait, par la femme à des fins onanistes) et la table de dissection que le lit [...] Le contraste entre l'acte sexuel immédiat et le tableau d'une extrême dispersion qui en est fait par Lautréamont, provoque seul ici le saisissement du lecteur."[85]

Neben vielen anderen Künstlern setzte Man Ray das Sprachbild: „Schön, wie die zufällige Begegnung einer Nähmaschine und eines Regenschirms auf einem Seziertisch" in seiner heute verlorenen Arbeit „Hommage à Lautréamont" von 1933 bildlich um.[86] In Anknüpfung an Lautréamonts Definition der Schönheit zeigte der Amerikaner Joseph Cornell in seiner Collage „untitled" von 1931 die Nähmaschine als ureigenes Attribut der Weiblichkeit. Jedoch sah der Künstler sie nicht nur als ein Instrument, das Kleidung schafft, sondern auch als eines, aus dessen Frucht die Frau entsteht.[87]

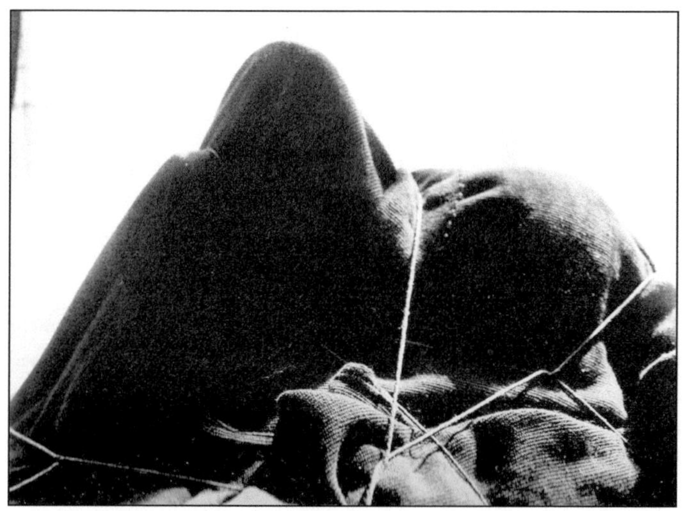

Abbildung 17: Man Ray, L'Enigme d'Isidore Ducasse, 1920.

In seiner 1920 entstandenen und heute verlorenen Arbeit „L'Enigme d'Isidore Ducasse" (*Abb. 17*) präsentierte Man Ray ein mit Stoff und Bindfaden verschnürtes Paket auf einem Tisch. Dieses als „Rätsel des Isidore Ducasse" bezeichnete Werk war nicht nur eines der ersten surrealistischen Objekte überhaupt, sondern wohl auch eines der ersten Objekte

85 Breton, André: L'objet fantôme. In: Le Surréalisme au service de la révolution, 3, Dez 1931, S. 20-22, S. 21.

86 Die Arbeit bestand aus Tisch, Nähmaschine und Regenschirm.

87 Richard 1987, S. 12.

des 20. Jahrhunderts, in denen die Verhüllung eine wesentliche Rolle spielte.[88] Das Bündel hatte eine weiche, organische Form und ließ, obwohl sein wahrer Inhalt geheim gehalten wurde, leicht an die Verpackung eines Menschen denken.

Das im Titel bezeichnete „Geheimnis“ wurde auch als das Geheimnis um den Menschen Ducasse verstanden, über dessen Identität und vor allem über dessen mysteriösen Tod nur sehr wenig bekannt ist. „Man Rays Objekt, dieses amorphe und verschnürte Tuchbündel, spielt zweifellos auf die Tatsache an, dass man von Lautréamont kein einziges authentisches Portrait und nur vage Beschreibungen seines Äußeren kennt.“[89] Ein weiteres offenes Geheimnis stellte der Inhalt des verschnürten Paketes dar, bei dem es sich um eine Nähmaschine handelte.[90]

Weiß man um die Bedeutung der Nähmaschine im Sprachgebrauch des Isidore Ducasse, liegt es auf der Hand, das Objekt Man Rays als die symbolische Verpackung einer Frau zu verstehen. Das organische Paket symbolisiert den mit Stoff verdeckten und verschnürten Körper einer Frau, an dem Man Ray sadistische Phantasien auszuüben scheint.[91] Eine 16 Jahre später entstandene Arbeit Man Rays unterstützt diese These: Die „Venus restaurée“ (1936) (*Abb. 18*), ein weiblicher Torso aus Gips, der lediglich mit Schnüren umschlungen ist, lässt sich als Fortsetzung des „L’Enigme d’Isidore Ducasse“ lesen.[92] Der zuvor noch durch Stoff verdeckte weibliche Körper ist hier vollkommen freigelegt, jedoch durch die Schnüre weiterhin als Objekt sadistischer Begierde definiert. Das Rätsel

---

88 Vgl.: Rotzler, Willy (Hg.): Objekt-Kunst. Von Duchamp bis zur Gegenwart. Köln 1975, S. 73.

89 Ebd. S. 73.

90 Arturo Schwarz: „Man Ray wrapped a sewing machine in an army blanket and tied it up to produce a vaguely anthropomorphic shape.“ Schwarz, Arturo: Man Ray, the Wizard of Light. In: Ausst.-Kat. Birmingham 1980: Man Ray: Photographs and Objects. Birmingham (Museum of Art 1980), Columbia (Museum of Art 1980), Columbus (Museum of Art 1980), Chattanooga (Hunter Museum of Art 1980). Birmingham 1980, S. 1-14, S. 7.

91 Von einem latent sadistischen Umgang mit Frauen wissen wir durch Man Rays Biografie, in der er eine Auseinandersetzung mit Adon Lacroix wie folgt schildert: „[...] je retirait ma ceinture et mis à la fouetter. En tombant, elle se recroquevilla sur elle-même et gémit. Je lui fouettai le dos encore plusieurs fois, puis je m’arrêtai pour lui dire d’expliquer les rayures à Luis.“ Man Ray: Autoportrait. Traduit de l’américain par Anne Guérin. Paris 1964, S. 95. - Besonders Man Rays intensive Beschäftigung mit den Schriften des Marquis de Sade hat ihn später seine sadistischen Phantasien ausleben lassen.

92 Vgl.: Schwarz 1980, S. 198.

wurde aufgelöst: Es handelt sich tatsächlich um eine nackte, gefesselte Frau.

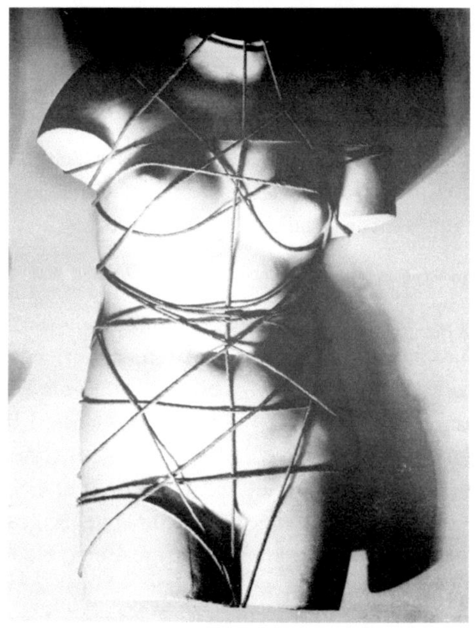

Abbildung 18: Man Ray, Venus restaurée, 1936.

Die frühe Arbeit Man Rays zeigt, wie man im Surrealismus mit textilen Materialien einen Mysterienkult um den weiblichen Körper inszenierte. Textilien waren ein Mittel, geheime Wünsche und Träume darzustellen. Die Kunst ermöglichte es, Dinge auszudrücken, die außerhalb der Kunstwelt unmöglich waren. Man Ray äußerte sich gegenüber Arturo Schwarz zu seiner Arbeit: „I was interested in Lautréamont because a new world was revealed to me, the world I was looking for, a world of complete freedom. Lautréamont gave me the stimulus to do things I was not supposed to do.“[93]

Im Vergleich mit dem Verpackungskünstler Christo verkündete Man Ray: „Christo is transparent, I am not, I am mysterious“[94] und unterstreicht dabei das besondere Anliegen der surrealistischen Künstler. Die

93 Man Ray in einem Gespräch mit Arturo Schwarz. Zit. in: Schwarz, Arturo: Man Ray, the Wizard of Light. In: Ausst.-Kat. Birmingham 1980, S. 1-14, S. 7.

94 Man Ray in einem Gespräch mit Arturo Schwarz. In: ebd. S. 7.

durch Verhüllung hervorgerufene Isolation des Objektes verstärkt eben seinen mysteriösen Charakter, den die Surrealisten so anziehend fanden.

Die mysteriöse Seite dieser surrealistischen Objekte wird durch ihre Nähe zu Fetischen ethnologischer Kunst, wie beispielsweise zu Werken afrikanischer oder ozeanischer Kleinkunst verstärkt. Bereits 1936 hatte die Galerie Charles Ratton in der Ausstellung „exposition surréaliste d'objets“ Kunstwerke eben solcher Provenienz zusammen mit zeitgenössischen surrealistischen Arbeiten ausgestellt. Tatsächlich kommen die Surrealisten durch die Weichheit ihrer textilen Objekte der ursprünglichen Funktion von Textilien nahe, die oft auch kultischen und religiösen Zwecken und der Konservierung des menschlichen Körpers dienen.

Neben der Verhüllung alltäglicher Gegenstände war für die Surrealisten jedoch vor allem das Spiel des Verhüllens und Enthüllens des menschlichen Körpers (bzw. des imaginierten, künstlichen Körpers) von besonderem Interesse, bei dem sie Textilien auch oft als Fetische nutzten. Als exemplarisch kann dabei das 1938 entstandene „L'Ultra-Meuble“ von Kurt Seligmann bezeichnet werden. Es ist ein Sitzhocker, dessen Beine wie Damenbeine geformt und mit Strümpfen und Schuhen bekleidet waren. „Je zwei Beine bilden ein zusammengehöriges Paar, so dass der Eindruck einer Sitzenden entsteht, die ihre Beine bis übers Knie zur Schau stellt.“[95] Der Sitz an sich war mit einer Satin-Drapperie bekleidet, was den ohnehin schon fetischistischen Eindruck dieses Gebrauchs-Objektes noch verstärkte. Das 1938 auf der Exposition internationale du Surréalisme in Paris gezeigte Objekt entspricht dem von André Breton entworfenen Konzept des objet surréaliste als „objet insolite aperçu en rêve“,[96] das durch erotische Phantasien des Künstlers entstand.

André Breton beschäftigte sich selber mit dem Thema des Verhüllens des weiblichen Körpers und ließ 1939 sein „cadavre exquit“ herstellen, ein Tabernakel, das auf vier Frauenbeinen aufgebaut ist, die quasi aufrecht gehen.

Am weitesten jedoch ging der Berliner Hans Bellmer in seiner Beschäftigung mit dem nackten Körper und seiner Be- bzw. Entkleidung. Er besuchte Paris im Jahre 1936 und stellte dort auf der „exposition surréaliste d'objets“ in der Galerie Charles Ratton seine bizarren Puppenfiguren aus. Bereits 1934 hatte Bellmer Abbildungen seiner Puppen in der Winterausgabe der Zeitschrift „Minotaure“ auf einer Doppelseite abbilden können.[97] Sie waren oft in einzelne Körperteile zerlegt und weckten sadistisch-fetischistische Assoziationen. Zum Großteil unbekleidet, wer-

95 Rotzler 1975, S. 77.

96 Breton, André: Rêve-Objets. In: Cahiers d'art, 10, 1935, 5-6, S. 125.

97 Vgl.: Bellmer, Hans: Poupée. Variations sur le montage d'une mineure articulée. In: Minotaure. Revue artistique et littéraire, 2, 1934, 6, S. 30-31.

den die Puppen jedoch oft in Verbindung mit Dessous, Rüschen und Spitze dargestellt, die sexuellen Phantasien und das Verlangen nach Entkleiden anregten. Das Verdecken geringer Körperpartien verstärkt die ‚erotische' Wirkung der Puppen.

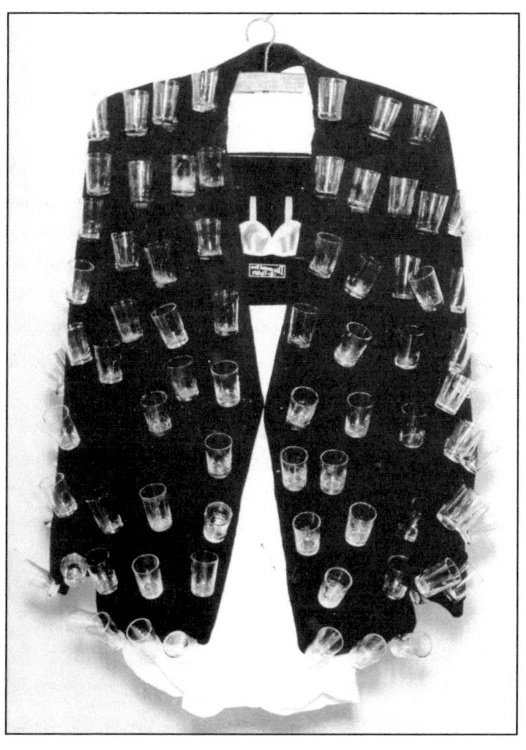

Abbildung 19: Salvador Dali, veston aphrodisiaque, um 1936.

Auf der gleichen Ausstellung wurde ein für die Geschichte der Kleidung in der Kunst äußerst wichtiges Objekt, die „veston aphrodisiaque" (*Abb. 19*) von Salvador Dali gezeigt.[98] Die Arbeit besteht aus einer Smokingweste, an der mit Pfefferminzlikör gefüllte Gläser befestigt waren. Sie hing auf einem Kleiderbügel über einem weißen Hemd, an dem eine Werbung für Damen-BHs angebracht war. Die Beschreibung im „dictionnaire abregé du surréalisme" von 1938 lautet: „Veston aphrodisiaque – machine à penser composé par Salvador Dali. Veston de smoking recouvert de verres à liqueur contenant du Pippermint. Il a l'avantage

98 Die gleiche Arbeit wurde 1939 in der Auslage des Kaufhauses „Bonwit Teller" in der Fifth Avenue in New York gezeigt, ein Anzeichen für den stark kommerziellen Charakter dieses Werkes.

arithmétique des combinaisons et jeux de nombres paranoïaques – critiques susceptibles d'être évoqués par la situation anthropomorphe des verres."[99]

Der Name der Arbeit entstand aufgrund der anscheinend aphrodisischen Wirkung des Pfefferminzlikörs. Während Marina Scheede der Meinung ist, die Jacke sei nicht zum Tragen konzipiert, sondern sollte den Betrachter durch ihre bloßen Existenz mitreißen und inspirieren,[100] äußerte sich Dali selbst zur Frage, wie dieses Kleidungsstück getragen werden soll: „Il peut être porté pendant certaines promenades très nocturnes, dans des très puissantes machines roulant très lentement (pour ne pas renverser le liquide des verres), pendant certaines nuits très calmes et de très grand compromis sentimental."[101] Die systematisch gleichmäßige Anbringung des aphrodisischen Likörs auf der Jacke soll nach Finkenstein auf dessen Träger wohl erotische Stimuli frei- und dessen Kontrolle außer Kraft setzen.[102] Dalis Konzept der Jacke war es wohl, sich durch die aphrodisische Wirkung des Likörs erotischen Inspirationen hingeben zu können.

Aus den genannten Beispielen geht hervor, wie Surrealisten Kleidung und Textilien vor allem in Verbindung mit der Darstellung des weiblichen Körpers mit Verweis auf seine erotische Komponente nutzten, um damit Irrationalität, Träume und Phantasien auszudrücken. Zu diesem Zwecke bedienten sie sich der Schaufensterpuppen, die, zwischen Objekt und Mensch changierend, äußerst ambivalente Eindrücke vermitteln. Sie waren der Inbegriff sexueller Anziehungskraft mit dem Hauptziel, Begehren zu wecken.

Eine der wichtigsten Manifestationen des Umgangs mit dem weiblichen Körper mit Hilfe von Textilien fand in Paris bei der „Exposition Internationale du Surréalisme" 1938 statt, der letzten Surrealistenausstellung vor dem zweiten Weltkrieg. Hier fanden sich nicht nur fast vollstän-

---

99 In: Dictionnaire abrégé du Surréalisme. Galerie des Beaux Arts. Paris 1938, S. 29.

100 Schneede, Marina: Kleider, die der Mode spotten. In: Art. Das Kunstmagazin, Okt. 1986, 10, S. 20-40.

101 Frei übersetzt: „Sie kann bei bestimmten sehr nächtlichen Spaziergängen, in sehr starken, sehr langsam rollenden Maschinen (damit die Flüssigkeit in den Gläsern nicht vergossen wird), während bestimmter sehr ruhiger Nächte und bei sehr großen Gefühlskompromissen getragen werden." Dali, Salvador: Analyse du veston aphrodisiaque de Salvador Dali. In: Cahiers d'art 11, 1936, 1-2, S. 57.

102 Finkelstein, Haim: Methodology of paranoiac mechanism. In: Ders.: Salvador Dali's art and writing, 1927-1942. The metamorphoses of narcissus. Cambridge 1996, S. 217-222, S. 221.

dig entkleidete Schaufensterpuppen, sondern auch zerstückelte Teile der Puppen, wie vereinzelte Arme und Beine.

4.5.2. Die Schaufensterpuppen der „Exposition Internationale du Surréalisme“ von 1938

Die „Exposition Internationale du Surréalisme“ wurde vom 17. Januar bis 24. Februar 1938 in der Galerie des Beaux Arts in der rue du Faubourg St. Honoré in Paris gezeigt. Diese Galerie war eine angesehene und etablierte Institution, in deren weitläufigen Räumen nur kurz vorher noch eine Ausstellung von EL Greco gezeigt worden war. Die Wahl des Ausstellungsortes sowie Konzept und Ausführung der Schau liefen darauf hinaus, die vornehmlich bürgerlichen Besucher zu provozieren und die kapitalistischen Grundwerte zu kritisieren. Die Verwendung der Schaufensterpuppen und ihre bizarre, provozierende ‚Kleidung‘ waren dabei zentrale Mittel.

Die beiden Organisatoren der Ausstellung, André Breton und Paul Eluard, hatten sich vom künstlerischen Leiter der Galerie, Raymont Cogniat, völlig freie Hand für die Gestaltung der Schau geben lassen. An der Ausstellung nahmen die wichtigsten surrealistischen Künstler teil: Hans Arp, Salvador Dali, Marcel Duchamp, Oscar Dominguez, Max Ernst, Espinoza, Maurice Henry, Marcel Jean, (Leo Malet ersetzt durch) Wolfgang Paalen, André Masson, Joan Miró, Sonia Mossé, Man Ray, Kurt Seligmann, Yves Tanguy. Die Wirkung der Ausstellung ist zu großen Teilen der Inszenierung von Schaufensterpuppen zu verdanken. Die Puppen waren beim „maison PLEM“ für einen begrenzten Zeitraum gemietet und aufgrund ihrer weiblichen Formen und ihrer sexuellen Reize von den Künstlern ausgewählt worden. Der Zeitzeuge Georges Hugnet berichtet, welche Qualitäten die Puppen im Gegensatz zu vorher gemieteten, jedoch u.a. wegen ihrer schlecht geschnittenen Anatomie abgelehnten Puppen hatten:

„Ces beautées emportèrent tous les autres suffrages: elles incarnaient, en un songe de carton, l’Eternel Féminin. Auprès de ces sveltes stars, aux chevelures en étincelles, aux yeux abrités de longs cils recourbés et soyeux, aux seins menus et bien pommés, aux reins de levrette, devant leurs tranquille impudeur, les artistes surréalistes, qui s’étaient vus attribuer le soin de les idéaliser en matérialisant leur désir, se sentaient tous l’âme de Pygmalion.“[103]

103 Hugnet, Georges: Pleins et Déliés. Souvenirs et témoignages 1926-1972. Paris 1972, S. 323-345, S. 329.

Dies zeigt bereits, wie wichtig den Surrealisten die sexuelle Wirkung dieser Puppen war, die einem bestimmten weiblichen Ideal zu entsprechen hatten.

Bei der Ausstellung wurden die Besucher bereits im Vorhof der Galerie mit den ersten Schaufensterpuppen konfrontiert. In Anspielung an den Schönheitsbegriff des Compte de Lautréamont hatte Salvador Dali auf dem Rücksitz seines „Regentaxis" neben einer Nähmaschine eine lächelnde Blondinen-Puppe installiert, die von Salatblättern, Weinranken und 200 lebenden Schnecken umgeben war und unaufhaltsam von Sprühregen benässt wurde. Sie war mit einem tief dekolletierten Abendkleid bekleidet.[104] Die männliche „Fahrer"-Puppe trug eine Schutzbrille und Haifischzähne im Gesicht.

Die Gestaltung des Hauptausstellungsraums steigerte den bereits im Vorhof vermittelten bizarren Eindruck der Galerie. Der Raum war von Marcel Duchamp in eine immense, gewölbte Grotte verwandelt worden, in der von der Decke aus 1200 Kohlesäcken kontinuierlich Kohlenstaub auf die Zuschauer rieselte. Paalen hatte den Boden außerdem mit verwelkten Blättern und Unrat bedeckt. Ein künstlicher Tümpel mit Seerosen und Schilf schmückte den Raum. In den Ecken standen vier riesige, prunkvolle, mit Steppdecken aus Satin bedeckte Betten. In der Mitte des Raumes thronte auf einer kleinen Erhöhung eine Kohlenheizung aus Blech. Drehtüren dienten als Befestigungsort für die Bilder der Surrealisten. Das elektrische Licht war ausgeschaltet und die Gemälde, lediglich als Hintergrund genutzt,[105] konnten nur mit Hilfe von Taschenlampen, die von Man Ray am Eingang an die Zuschauer verteilt worden waren, betrachtet werden.

Der Geruchssinn wurde durch gebrühten Kaffee angeregt, dessen Duft sich durch den ganzen Ausstellungsraum zog. Als Hintergrundgeräusch wurden hysterische Stimmen abgespielt, die aus einem nicht sichtbaren Phonographen kamen. Den Ausstellungsräumen war also die klinische Atmosphäre einer Kunstgalerie völlig genommen worden. Sie waren in Erlebnisräume umgestaltet, in denen mit fast allen Sinnen empfunden werden konnte.

---

104 Abadie, Daniel: L'Exposition internationale du surréalisme, 1938. In: Ausst.-Kat. Paris 1981: Hulten, Pontus (Commissaire général): Paris, Paris: créations en France, 1937-1957, arts plastiques, littérature, théâtre, cinéma, vie quotidienne et environnement, archives sonores et visuelles, photographie. Paris (Centre Georges Pompidou 1981). Paris 1981, S. 72-74, S. 72.

105 „les tableaux [...] n'avaient qu'un rôle secondaire. Ils n'étaient qu'un élément du décor et n'avaient, en fait, pas besoin d'être vus." Ebd. S. 72.

Die Hauptrolle spielten dabei die auf dem langen Eingangskorridor, der „rue Surréaliste“, aufgestellten Schaufensterpuppen. Sie stellten nach Daniel Abadie den Höchstpunkt der Recherchen zum „objet surréaliste“ dar.[106] Anstelle von Beschriftungen bezeichneten echte oder fiktive Pariser Straßennamenschilder wie „rue faible“, „rue des diables“ oder „rue de la transfusion-de-sang“ das Thema der Puppen. Mit den Straßennamen versetzten die Künstler die Puppen an einen Ort zwischen Kunstgalerie und Straße. Letztere kann sowohl als Schauplatz kollektiver Aktion verstanden werden[107] als auch als Betätigungsort von Prostituierten. Mit eben solchen wurden die Puppen von den völlig entrüsteten Besuchern verglichen, die es versäumten, „die Objekte im Zusammenhang mit den fortgesetzten Fragen des Surrealismus nach Kunstgegenstand und Gebrauch, Kunstinstitution und Avantgarde zu sehen.“[108] Die einzelnen Puppen waren von den Künstlern mit den unterschiedlichsten Accessoires ausgestattet worden, die neue sexuelle oder soziale Rollen der künstlichen Frau symbolisieren sollten.[109] Dazu berichtet Hugnet:

> „A date de ce jour, on put voir les heureux possesseurs de mannequins – il devait, je crois, y en avoir seize – arriver, munis de mystérieux petits ou grands paquets, hommages à leurs bien-aimées, contenant les cadeaux les plus disparates: pinces à linge, cloche à perruque, vampire, poignard, lampes diverses, panier, feuillage, robe de deuil, couvre-plats, scarabée, siphon, filet de pêche, bouteille de menthe glaciale […] et, flanqués de leur femme ou de leur petite ami, manier le fil et l'aiguille. Costumiers de l'extraordinaire et couturier de l'érotisme entraient alors en transes.“[110]

Die Objekte waren meist auf Flohmärkten oder Haushaltsgeschäften gefundene Gebrauchsgegenstände, die scheinbar wahllos am Körper der Puppen befestigt wurden. Besondere Aufmerksamkeit galt jedoch dem Genitalbereich der Puppen, der herausragend geschmückt, verziert und verhüllt wurde. Die Bekleidung der Puppen verlief dabei keineswegs

---

106 Ebd. S. 74.

107 Filipovic, Elena: Abwesende Kunstobjekte. Mannequins und die „Exposition Internationale du Surréalisme“ von 1938. In: Ausst.-Kat. Düsseldorf 1999: Müller-Tamm, Pia; Sykora, Katharina (Hg.): Puppen, Körper, Automaten. Phantasmen der Moderne. Düsseldorf (Kunstsammlung Nordrhein-Westfalen 1999). Köln 1999, S. 200-215, S. 212.

108 Ebd. S. 212.

109 Lehmann, Ulrich: Entkleiden und Verleiben/Verkleiden und Entleiben. Das Mannequin im Surrealismus. In: Ausst.-Kat. Wolfsburg 1999: Avantgarderobe. Kunst und Mode im 20. Jahrhundert. Wolfsburg (Kunstmuseum 1999). Wolfsburg 1999, S. 12-16, S. 12.

110 Hugnet 1972, S. 329.

willkürlich, sondern wurde von Beginn an von André Breton kontrolliert und gezügelt.

Neben den verschiedensten Materialien verwendeten die Surrealisten bei der Bekleidung dieser Puppen auch Textilien, die in erster Linie dazu dienten, durch die Verhüllung des Körpers dessen Erotik in Szene zu setzen. Die Verhüllung wurde äußerst sparsam eingesetzt, so dass nur geringe Teile des Körpers verdeckt wurden. Während Man Ray seine Puppe ganz ohne Bekleidung ausstellte („Je laissai mon mannequin nu, avec des larmes de verre sur le visage et des bulles de savon en verre dans les cheveux“[111]), nutzten andere Künstler die Kleidungsstücke zum Spiel mit der Verhüllung und Enthüllung des weiblichen Körpers:

Max Ernst zeigte eine schwarz gekleidete „Witwe“, deren „gefallener Mann“, ausgestopfte Männerkleidung mit dem Abguss eines antiken Kopfes, zu ihren Füßen lag. Die Puppe trug einen weiten, schwarzen Umhang, der Schultern, Hals und Kopf verdeckte. Die Trauerkleidung wurde durch einen Schleier auf dem Gesicht verdeutlicht. Die mit schwarzen Seidenstrümpfen bekleideten Beine und das Geschlecht der Puppe jedoch waren entblößt, so dass ein starker Kontrast zwischen der keuschen Gesichtsverhüllung und der freizügigen Exposition ihrer Weiblichkeit entstand. Max Ernst spielte hier mit der Erotik des Verhüllens, indem er den Körper der Puppe in ein weites Gewand hüllte, das die Körperform nicht mehr erkennen ließ, das Geschlecht der Puppe jedoch den Blicken der Zuschauer offen legte. Einen ähnlichen Ansatz hatte Espinoza, der seine unbekleidete Puppe ebenfalls mit einem schwarzen Umhang schmückte, der an Hals und Taille befestigt und um das linke Bein der Puppe gewickelt war. Der hier jedoch fast unverhüllte Körper dieser Puppe war den Blicken der Betrachter ausgeliefert. Kurt Seligmann bekleidete seine Puppe mit einem weißen Schleier, der Körper, Kopf und einen Teil des Gesichtes bedeckte. Der Kopf war außerdem mit einem Kranz aus Stechpalmblättern, einem Straußenei und einem alten Dolch verziert.[112] Die Gewandung mit weißem Umhang und Palmkranz hatte äußerst antikisierende Züge.

Marcel Duchamp verwandelte seine Puppe mittels eigener Kleidung in eine Hermaphrodite (*Abb. 20*). Sie trug einen Herrenhut, Hemd, Krawatte, Weste, Sakko und Schuhe. In der Brusttasche steckte anstelle des Taschentuchs eine kleine elektrische Lampe. Nur die Hose fehlte ihr, so dass auch hier der Genitalbereich exponiert wurde und die auf dem Schamhügel der Puppe signierte Unterschrift Duchamps Pseudonym „Rrose Sélavy“ zu erkennen war.

111 Man Ray: Objets de mon affection. Paris 1983, S. 149.

112 Zur Beschreibung der Puppe vgl.: Hauser, Stephan E.: Kurt Seligmann 1900-1962. Leben und Werk. Basel 1997, S. 131-138, S. 134.

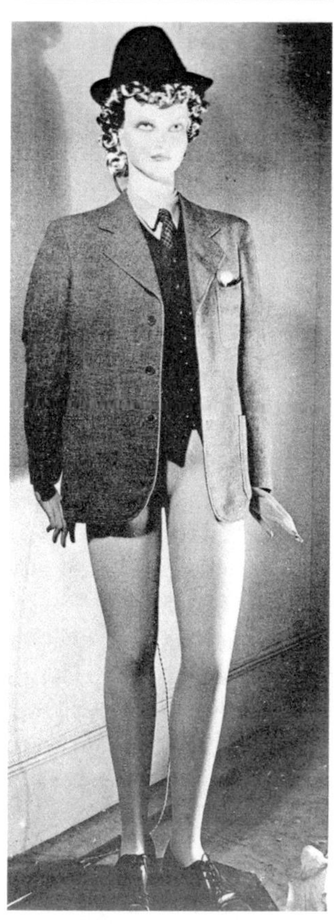

Wie bei früheren Beispielen surrealistischer Objekte, bei denen Textilien genutzt wurden, werden bei den bekleideten Schaufensterpuppen surrealistische Träumereien und Phantasien ausgedrückt. Der hier als Simulacrum der Frau geformte Körper wird verhüllt oder freigelegt und mit allerhand erotischen Symbolen besetzt. Der Ausdruck des Apollinischen und Dionysischen wird hier besonders deutlich, da es sich nicht mehr um die Verhüllung alltäglicher Gegenstände handelt, denen von den Surrealisten eine Verbindung zum weiblichen Körper zugesprochen wurde. Hier wurde das Idealbild für Weiblichkeit, die ursprünglich so keusche, für weibliche Schönheit und käufliche Werte konzipierte Schaufensterpuppe zum Träger sexueller Phantasien. Sie schockierte dabei umso mehr, da sie entweder fast unbekleidet war oder ihre sexuellen Reize so deutlich unterstrichen wurden.

Abbildung 20: Marcel Duchamp, Rrose Sélavy, 1938.

Der Puppenkörper und seine Bekleidung wurden zudem von der Surrealistengruppe auch als Ausgangspunkt für die Hinterfragung von Klassenrollen genutzt. Die Nutzung der Puppe als Inbegriff der industriell gebrauchsfertigen Frau drückte überdeutlich Kritik an der kapitalistischen Klassengesellschaft aus. Indem sie entkleidet und nur auf weibliche Reize konzentriert ausgestellt wurde, konnte die Puppe, ursprünglich Symbol für Luxus, Schönheit und konformen Geschmack, als Mittel zur Kritik an der spätkapitalistischen Dekadenz dienen.[113] Die besondere Wirkung der Schaufensterpuppen wurde durch den starken Kontrast zu den Besuchern der Ausstellung verstärkt. Das bürgerliche Publikum zeigte sich zur Eröffnung der Ausstellung, durch die Bemerkung der Einladungskarte mit der Bitte um „Abendgarderobe“ zusätzlich moti-

113 Lehmann 1999, S. 14.

viert, „mit allen Insignien seiner Klasse“[114]. Dabei war den Surrealisten diese Inszenierung von Klassenrollen sehr bewusst, ja sie provozierten sie sogar[115] und stellten die leicht bekleideten Mannequins mit vielseitigen sexuellen Anspielungen dem bürgerlichen Publikum gegenüber. Die Schaufensterpuppe galt den Surrealisten dabei sowohl als Mittel des ungenierten Kults der Frau als Objekt des Begehrens als auch zur Kritik an der kapitalistischen Gebrauchskultur.[116]

Die Anspielungen der Surrealisten auf Kleidung spiegeln ihr ambivalentes Verhältnis zur Mode wider. Einerseits lehnten sie Kleidung als Ausdruck von Klassenrollen ab, andererseits nahmen sie Einflüsse aus der Mode auf und arbeiteten teilweise gar für die Branche. Ivo Kranzfelder spricht dabei von einer „Konkurrenzsituation“, in der die Surrealisten versuchten, sich gegen den billigen Kommerzialismus der Modemacher abzugrenzen.[117] Diese Haltung manifestierten sie auch in ihrer eigenen Kleidung, die (etwa mit Ausnahme von Salvador Dali) eher altmodisch war. Diese Tatsache war mit der Überzeugung verbunden, dass die „aus der Mode gekommenen Kleider und Anzüge den Schlüssel zu jenen Traumlandschaften [hatten], in denen die Wirklichkeit einzig bestehen konnte“[118]. Somit musste die Mode erst reifen, um „eine kraftvolle künstlerische Gärung zu bewirken“[119]. Da sich die Surrealisten also nicht auf Kleidung als kommerzielle Ware, sondern als kulturelle Aussage konzentrierten, galt ihr Augenmerk dem Ursprünglichen, nämlich der Person an sich.

4.5.3. Surrealismus im Austausch mit der Mode

Die „Exposition Internationale du Surréalisme“ verdeutlicht, wie kritisch die Surrealisten der Welt der Mode gegenüberstanden. Bereits 1921 hatte Man Ray begonnen, für die Modebranche zu arbeiten und für den Couturier Paul Poiret Aufnahmen seiner Modelle zu machen. 1925 bekam er den Auftrag, für die Augustausgabe der „Vogue“ die Pariser Luxuswarenmesse „Exposition internationale des arts décoratifs et industriels modernes“ zu fotografieren, auf der die neuesten Entwürfe industrieller

114 Filipovic 1999, S. 205.

115 „Gerade die Bourgeoisie, gegen die sich die Bewegung lange Zeit abgegrenzt hatte, beabsichtigten die Surrealisten ihrem temporären ‚Musée angoissé‘ auszusetzen.“ Ebd. S. 206.

116 Ebd. S. 208-209.

117 Kranzfelder 1993, S. 65.

118 Lehmann 1999, S. 14.

119 Ebd. S. 14.

und dekorativer Künste aus zahlreichen Ländern präsentiert wurden. Die großen Pariser Modemacher wie Madeleine Vionnet und Paul Poiret zeigten hier ihre neuesten Kreationen und nutzten für deren Präsentation zwei Meter große Puppen. Man Ray fotografierte sie in all ihrer weiblichen Anmut und ihrem Luxus. Kurz darauf ließ sich Man Ray, schon damals Chronist der surrealistischen und dadaistischen Tätigkeit, von seinen Künstlerfreunden dazu überreden, eine seiner Fotografien des Modesalons für das Titelblatt der Zeitschrift „la révolution surréaliste" freizugeben. Die Zeitschrift erschien im Juli 1925 mit der Fotografie einer Schaufensterpuppe von Paul Poiret, die in einem Kleid aus Seidenchiffon am Fuße einer Freitreppe stand.[120] Das Foto ist mit dem Ausspruch „et guerre au travail" („und Krieg (in) der Arbeit") beschriftet. Die gleiche Fotografie desselben Objektes in einem anderen Kontext veröffentlicht, verändert ihre Aussage grundsätzlich: Ursprünglich als Verkörperung idealer Schönheit und größten Luxus' konzipiert, wurde die Puppe zu einem Spottobjekt der modernen Gesellschaft und zum Symbol kapitalistischer Dekadenz und Bequemlichkeit.[121]

Trotz der anhaltenden Kritik an der Modeindustrie kam es unter den Surrealisten immer wieder zur Zusammenarbeit mit der Modebranche. So schuf Salvador Dali für die italienische Modemacherin Elsa Schiaparelli unterschiedliche Stoffe und Modelle wie eine Telefon-Tasche, ein Abendkleid, das mit Hummer und Petersilie verziert war oder das Flammenkleid von 1937. Außerdem kreierte er um 1937 einen Schuh-Hut, für den er bereits 1932 fotografische Studien gemacht hatte: Eine historische Fotografie zeigt den Künstler mit dem Schuh seiner Frau Gala auf dem Kopf und einem weiteren auf seiner Schulter.[122]

Die Surrealisten beeinflussten die Mode in starkem Maße. Angeregt durch die Surrealistenausstellung von 1938 stellte Elsa Schiaparelli Schaufensterpuppen unbekleidet in die Vitrine ihrer Boutique und hängte die Kleider daneben auf eine Wäscheleine. Außerdem entwarf sie unter dem Einfluss der Surrealisten Hüte in Schuhform oder Knöpfe in Form von Lippen oder Schlössern. Von Jean Cocteau ließ sie sich zu Applikationsstickereien mit Trompe-l'œil-Effekt inspirieren, Jean Hugo schuf für

120 Vgl.: La révolution surréaliste, 1, Juli 1925, 4.

121 „Selbst dem ungeschulten Auge mußte klar werden, daß das Mannequin in diesem Zusammenhang von der Ikone flüchtiger Schönheit zur Verkörperung bohèmehafter Satire geworden war. In diesem Foto stellt die versachlichte, idealisierte Weiblichkeit nicht mehr die Inkorporation der Mode dar, noch wurde sie zum wie auch immer gearteten Kunstwerk, sondern zum Bestandteil einer weit umfassenderen Kritik des modernen Lebens." Lehmann 1999, S. 14.

122 Vgl.: Richard 1987, S. 110.

sie Skulpturen-Knöpfe, Elsa Triolet und Louis Aragon entwarfen ein Collier aus Aspirin-Tabletten.[123]

Man Rays Umgang mit seinen Fotografien von Schaufensterpuppen verdeutlicht die Einstellung der Surrealisten gegenüber Kleidung und Mode. Sie waren nicht an der Kleidung als Modeerscheinung interessiert, ja lehnten exklusive Mode sogar ab. Was sie jedoch mehr interessierte, war die Beziehung der Textilien zum Körper. Textilien wurden als Vermittler benutzt, mit deren Hilfe der Körper thematisiert und inszeniert wurde. Sie dienten als Medium für den erotischen Umgang mit dem Körper und unterstützten die Darstellung geheimer Phantasien und Träume der Surrealisten.

4.6. Zwischenbilanz

Aus den hier behandelten Beispielen geht hervor, dass die künstlerische Beschäftigung mit Kleidung zu Beginn des 20. Jahrhunderts zunächst die formale und dekorative Veränderung der Kleidung als Gebrauchsobjekt betraf.

Mit dem deklarierten Ziel, dem Körper eine ihm angemessene, körperfreundliche und bequeme Hülle zu verleihen, veränderten Künstler des europäischen Jugendstils zunächst die Damenmode. Mit der Befreiung des Körpers vom Diktat der Kleidung suchten sie die Beschäftigung mit Kleiderentwürfen als Teil ihres Aufgabenbereiches zu etablieren und in das Konzept des Gesamtkunstwerkes zu integrieren. Für verschiedene Anlässe wurden unterschiedliche, funktional angepasste Modelle konzipiert (van de Velde). Das Gefühl von körperlicher Bequemlichkeit erreichten die Künstler dabei in erster Linie über den Schnitt, der den Formen des Körpers entsprechend entworfen wurde. Auch der Künstler selber trug nun seine eigens entworfene Kleidung zur sinnbildlichen Betonung seiner körperlichen Freiheit und persönlichen Unabhängigkeit (Gustav Klimt).

Neben formalen Veränderungen des Schnittes ging es den Künstlern aber auch um die ästhetische Wirkung der Kleidung, zu deren Unterstützung sie dekorative Elemente benutzten, die sie in ihrer Malerei entwickelt hatten. Sonja Delaunay übertrug die in ihrer Malerei untersuchte Lehre des Farbkontrastes auf von ihr entworfene Kleidung. Kompositorische Elemente wie Farbkombinationen und Muster sollten die beim Tanz erlebte Dynamik ausdrücken und auch dem psychischen Wohlbefinden der Trägers dienen.

123 Vgl.: Koch-Mertens 2000, Bd. 2, S. 106.

Die Künstler des Futurismus veränderten Kleidung neben anderen Gegenständen des alltäglichen Lebens zur Kennzeichnung ihrer Gruppenidentität. Weniger die körperliche Bequemlichkeit, als vielmehr die starke Musterung, die bunte Farbgebung und der asymmetrische Schnitt der Kleidung sollten auf das Körpergefühl ihres Trägers einwirken. Auch dem Betrachter der Kleidung wurde visuell der Eindruck einer körperlichen und damit auch gedanklichen Dynamik seines Gegenübers vermittelt.

Künstler des russischen Konstruktivismus ordneten die Kleidung, die keinerlei spezifisch künstlerischer Elemente mehr bedurfte, einer rein körperlichen Zweckgebundenheit unter. Ihr Schnitt ermöglichte volle Bewegungsfreiheit, Wärme und Hygiene. Wie der Körper diente auch sie ausschließlich den Faktoren Funktionalität und Produktivität. Die Funktionalität der einheitlichen Kleidung war aber gleichzeitig auch Ausdruck politischer Überzeugungen.

Mit dem Surrealismus wurden Objekte nun unverändert als Materialien in die Kunst integriert. Sie dienten nicht mehr einem funktionalen, sondern einzig einem spirituellen Zweck. Deshalb wurden sie ihrer Funktion als Gebrauchsobjekt beraubt.

Mit Hilfe von Textilien beschäftigten sich die Surrealisten mit dem Körper in einer abstrakten Weise. Textilien in ihrer Weichheit galten einzig als Attribut der Frau. Sie dienten der Darstellung des Unbewussten sowie erotischer Träumereien und Phantasien und dem Mysterienkult um den weiblichen Körper.

Konnte dieser einführende Befund zeigen, dass und wie sich Künstler seit Beginn des 20. Jahrhunderts der textilen Kleidung angenommen haben, so gilt es im Folgenden zu untersuchen, wie Künstler der zweiten Hälfte des 20. Jahrhunderts mit Kleidung und dem von ihr umgebenen Körper umgehen.

5. Kleidung als zweite Haut

Textile Kleidung ist dem menschlichen Körper so nah, dass man sie gar als seine „zweite Haut" bezeichnet. Bis ins späte 18. Jahrhundert wurde die Haut noch als durchlässige, poröse Hülle verstanden, von der man glaubte, ihre Schutzschicht könne durch den Kontakt mit Wasser zerstört werden und den Körper für Krankheiten anfällig machen.[1] Dieses Verständnis ihrer Eigenschaften änderte sich im Laufe der Geschichte, bis die Haut allmählich zur zentralen Metapher der Abgrenzung wurde.[2] Demnach wurde Haut als „Grenze des Selbst",[3] als schützende Hülle verstanden, in der der Mensch gefangen ist. Wegen dieser strengen Angrenzung und Isolierung zwischen dem Menschen und seiner Umgebung wurde auch die Unerkennbarkeit des anderen Selbst ‚hinter' seiner Haut thematisiert.

Nach dem heutigen Verständnis der Haut umschließt diese den menschlichen Körper und dient zunächst als begrenzender Schutz vor der Außenwelt, vor Kälte, Feuchtigkeit, Verletzungen und Krankheiten. Neben ihrer Funktion als schützende, umgrenzende Hülle erlaubt die Haut gleichzeitig den Informationsaustausch zwischen Individuum und Außenwelt. Über den Tastsinn gibt sie Schmerz, Lust, das Empfinden von Kälte und Wärme an das Subjekt weiter.[4] Ein Außenstehender kann über die Haut des Anderen ebenso verschiedene Rückschlüsse auf den in

1 Blöcker, Susanne: Die Lust des Lebens: Die Kunst der Verführung. In: Ausst.-Kat. Bonn 2000: Zehnder, Frank Günter; Schäfke, Werner (Hg.): Der Riss im Himmel. Clemens August und seine Epoche. Bonn, Brühl, Köln, Jülich, Miel (2000). Köln 2000, S. 117.

2 Benthien, Claudia: Die Tiefe der Oberfläche. Zur Kulturgeschichte der Körpergrenze. In: Geissmar-Brandi, Christoph u.a. (Hg.): Gesichter der Haut. Frankfurt a.M./Basel 2002, S. 45-61, S. 48.

3 Schneede, Marina: Mit Haut und Haaren. Der Körper in der zeitgenössischen Kunst. Köln 2002, S. 55.

4 Vgl.: Ermacora, Beate: Doppelte Haut. In: Ausst.-Kat. Kiel 1996: Doppelte Haut. Kiel (Kunsthalle 1996). Kiel 1996, S. 7-15, S. 7.

dieser Haut steckenden Menschen ziehen. Die Haut ist somit ein Medium, das ein Grenzgeschehen in beide Richtungen erlaubt.[5]

Heute hat Kleidung nicht nur die ursprünglich körpereigenen Funktionen der Grenzbildung und des Schutzes, sondern auch die Vermittlung zwischen Individuum und Gemeinschaft übernommen. Kleidung ist anstelle von Haut das Medium geworden, über das die Menschen einander wahrnehmen. „Im Grenzbereich zwischen dem eigenen Selbst und den anderen ist sie eine Schnittstelle zwischen den Einzelnen und der Gesellschaft, der Ort der Begegnung zwischen der privaten und der öffentlichen Sphäre."[6]

Der Gebrauch textiler Kleidung in der Kunst stand seit den 60er Jahren häufig in Zusammenhang mit dem eigenen Körper des Künstlers, der ihm verstärkt als Material diente. Wie Valie Export in ihrem Selbstportrait mit der Tätowierung eines Strumpfhalters auf ihrem Oberschenkel vor allem die sexuelle Bedeutung von Kleidung thematisiert und dabei den Übergang zwischen Haut und Kleidung verwischt, erlauben auch die Körperarbeiten von Marina Abramovic, Orlan oder Gina Pane einen veränderten Blick auf den menschlichen Körper.

Anhand exemplarischer Beispiele ausgewählter Arbeiten von Yoko Ono, Robert Gober und Alba D'Urbano soll im Folgenden gezeigt werden, wie Künstler in der zweiten Hälfte des 20. Jahrhunderts textile Kleidung als Erweiterung des Körpers und Repräsentanten des Selbst thematisieren. Die ausgewählten Arbeiten stammen sowohl aus unterschiedlichen Genres (Performance, Objekt, Installation) als auch aus verschiedenen Perioden (60er, 80er, 90er Jahre) und sind allein aufgrund dieser Tatsache schon gegensätzlich. Mit dieser Auswahl soll die Bandbreite des künstlerischen Umgangs mit der Kleidung als zweite Haut aufgezeigt werden.

5.1. Yoko Ono

Die 1933 in Japan geborene Künstlerin Yoko Ono gehörte in den späten 50er Jahren zu den Gründungsmitgliedern der New Yorker Fluxus-Gruppe, in der sie mit Künstlern wie John Cage oder George Maciunas zusammenarbeitete. Deren erklärtes Ziel war es, die traditionellen Formen der Kunst aufzubrechen und Kunst dem Leben näher zu bringen. Als

5 Vgl.: Pazzini, Karl-Josef: Haut. In: Benthien, Claudia; Wulf, Christoph: Körperteile. Eine kulturelle Anatomie. Reinbeck bei Hamburg 2001, S. 153-173, S. 158.

6 Entwistle, Joanne; Wilson, Elisabeth: Der bekleidete Körper. In: Ausst.-Kat. Wolfsburg 1999, S. 21-24, S. 22.

eine der ersten Künstler trat Ono offensiv für die Aktivierung des Betrachters und dessen Teilnahme an der Konstituierung des Werkes ein. Seit den frühen 60er Jahren arbeitet sie mit den unterschiedlichsten Medien wie Gedichten, Musik, Filmen, Objekten oder Performances. In ihren ersten zwei- und dreidimensionalen Arbeiten, die sie „instruction paintings" nennt, fordert sie die Betrachter durch schriftliche Anweisungen auf, sich an dem schöpferischen Akt zu beteiligen.

Das „painting to bc stepped on" (1960), das im Juli 1961 in der AG Gallery in New York gezeigt wurde,[7] verlangt nach einem aktiven körperlichen Austausch zwischen Besucher und Material. Ein auf dem Boden ausgelegtes Stück Leinwand soll durch die Fußabdrücke der darauf tretenden Betrachter als Kunstwerk vollendet werden.[8] Der Ausstellungsbesucher wird somit direkt in den Entstehungsprozess der Arbeit einbezogen, er kann sie durch eigenen körperlichen Einsatz verändern und darauf seine Spuren hinterlassen. Die Arbeit fordert eine veränderte Haltung des Rezipienten gegenüber der Kunst, deren Aura des Unberührbaren zerstört werden soll.

In anderen Arbeiten fordert Ono den Betrachter dazu auf, die Werke ausschließlich in seinem Kopf zu entwerfen. Mit ihrem „painting to be constructed in your head" (1962) instruiert sie den Betrachter, drei Bilder anzuschauen, um sie dann in der Erinnerung zu einem zusammen zu fügen.[9] In diesen und ähnlichen Arbeiten sucht Ono nach einem veränderten Umgang mit der Kunst, in die der Betrachter direkt und aktiv involviert ist.

Ono bedient sich auch textiler Materialien, mit deren Hilfe sie Alltagsgegenstände verhüllt oder durch das Publikum verhüllen lässt, ihnen somit eine weiche und veränderte äußere Form gibt und deren Grenzen erweitert. Dabei hinterfragt sie zugleich die Aussagekraft der äußeren Form und experimentiert mit ihrer Veränderbarkeit durch das weiche Material.

---

7 Vgl. zu dieser Ausstellung: Hendrick, Jon (Hg.): Yoko Ono. Paintings and drawings, July 17-30, 1961. Preview July 16, Sunday. Budapest 1993.

8 Yoko Ono in der Instruktion zu der Arbeit: „Leave a piece of canvas or finished painting on the floor or in the street" (Winter 1960). Ono, Yoko: Grapefruit. New York 1964/1970, o.S.

9 Onos Anleitung zu „Painting to be constructed in your head": „Observe three paintings carefully. Mix them well in your head." (Spring 1962). Ebd. o.S.

5.1.1. Cut Piece

Als eine der ersten weiblichen Künstlerinnen der 60er und 70er Jahre gibt Ono in der Performance[10] ihren bekleideten Körper nicht allein als geschlechtlich, sondern auch als kulturell bestimmt zu erkennen. In ihrer wohl bekanntesten Performance „cut piece" untersucht sie die Beziehung von Körper und Kleidung und hinterfragt dabei letztere in ihrer Funktion als schützende, den Körper begrenzende Hülle.

Die Arbeit „cut piece" wurde von Yoko Ono erstmals im Juli 1964 in der Yamaichi Concert Hall in Kyoto gezeigt, im August desselben Jahres im Sogetsu Art Center in Tokio, 1965 in der Carnegie Hall in New York, dann im September 1966 auf dem Destruction in Arts Symposium (DIAS) in London[11]. Wie das „Painting to be stepped on" setzt die Arbeit die Mitwirkung des Publikums voraus, durch dessen Handeln die Arbeit erst entsteht.

Wie bereits bei ihren Objekten entwarf Ono ihre frühen Performances zunächst in Form geschriebener „scripts", die in knappen und einfachen Worten den Ablauf beschrieben. Die knappe Wortwahl entsprach dabei Onos Konzept, einen geistigen Zustand vollkommener Entspannung zu erzeugen, der auch für die Ausführung der Arbeiten bedeutend war. Ono beschrieb die Arbeit „cut piece" mit folgenden Worten: „Performer sits on stage with pair of scissors placed in front of him. It is announced that members of the audience may come on stage – one at a time – to cut a small piece of the performer's clothing to take with them. Performer remains motionless throughout the piece. Piece ends at the performer's option."[12]

10 Ihre Performances nennt Ono „events", denn im Unterschied zu happenings sind sie keine „assimilation of all the other arts as Happening seems to be, but an extrication from the various sensory perceptions. It is not a ‚get togetherness' as most happenings are, but a dealing with oneself. Also it has no script as happenings do, though it has something that starts it moving – the closest word for it may be a ‚wish' or ‚hope'." Yoko Ono aus dem Ausstellungskatalog der Indica Gallery, London (Nov. 1966). Zit. aus: Ausst.-Kat. London 1990: Hendricks, Jon (Hg.): Yoko Ono. In Facing. London (Riverside Studios 1990). London 1990, o.S.

11 Vgl.: Stiles, Kristine: The Destruction in Art Symposium (DIAS): The Radical Cultural Project of Event-Structured Art (Dissertation University of California). Berkeley 1987.

12 So die Version für einen einzigen Performer. In einer zweiten Version für die Zuschauer heißt es: „It is announced that members of the audience may cut each others clothing. The audience may cut as long as they want." Zit. aus: Haskell, Barbara; Hanhardt, John G.: Yoko Ono. Arias and objects. Salk Lake City 1991, S. 92.

Dabei kniete die Künstlerin in traditioneller japanischer weiblicher Haltung (in Japan *seiza* genannt) auf der Bühne nieder und legte eine Schere vor sich. Die Teilnehmer aus dem Publikum wurden aufgefordert, nacheinander jeweils ein Stück Stoff aus Onos Kleidung zu schneiden, bis die Künstlerin fast völlig nackt war. Während ihr die beste Kleidung Stück für Stück von der Haut geschnitten wurde, blieb sie emotionslos und stumm auf der Bühne sitzen. Dabei lieferte sie sich dem Publikum fast völlig aus und nahm auch das Risiko körperlicher Gewalt auf sich, verharrte jedoch selbst in meditativer Ruhe. Ono berichtet von dem gewalttätigen Potential in dieser Arbeit, als sie die erste Performance 1964 in Kyoto beschreibt: „One person came on the stage [...] He took the pair of scissors and made a motion to stab me. He raised his hand, with the scissors in it, and I thought he was going to stab me. But the hand was just raised there and was totally still. He was standing still [...] with the scissors [...] threatening me."[13]

Auch für das Publikum war die potentielle Gefahr der Performance deutlich zu spüren. So schrieb ein Augenzeuge in New York 1965: „As one by one men and women snipped off more and more of her suit and underclothing the tension mounted [...] An adolescent boy came up and amputated her bra, by which point most of the audience were possessed by fear and anxiety and realized they were trapped by the piece."[14]

Die große emotionale Wirkung der Arbeit ergab sich demnach sowohl aus dem Risiko einer körperlichen Verletzung, als auch aus dem sexuellen Reiz der Entblößung der Künstlerin. Yoko Ono beschreibt die Interaktion zwischen Publikum und Performer mit folgenden Worten: „People went on cutting the parts they do not like of me finally there was only the stone remained of me that was in me but they were still not satisfied and wanted to know what it's like in the stone."[15]

Das Zerschneiden der Kleidung stellt zunächst eine offene Aggression gegen den Körper dar. Aufgrund seiner engen Verbindung mit der Kleidung kommt die Beschädigung dieser als Schutzschicht fungierenden Außengrenze des Körpers einer physischen Verletzung gleich. Dieser sowohl physische als auch psychische Schutz der Kleidung wird in „cut piece" durch das Publikum durchbrochen.

Die Konfrontation der Gewalt des Betrachters mit dem entblößten Körper der stoischen Künstlerin wurde zunächst als Sinnbild männlicher Aggression aufgenommen und die vermeintlich weibliche Eigenschaft der Passivität einem angeblich männlichen Voyeurismus gegenüberge-

13 Ebd. S. 91.

14 Ebd. S. 91.

15 Ono zit. in: Drexler, Rosalyn: Mellow yellow is the color of my true love's grapefruit. In: The Village Voice, 07.10.1971, S. 20/24, S. 20.

stellt. Daher wurde die Arbeit in ihrer Rezeption der 90er Jahre meist als proto-feministisch interpretiert. In fast jedem Kommentar zu der Arbeit wird von körperlicher Aggression oder sexueller Unterordnung der Frau gesprochen.[16]

Die Arbeit jedoch allein als universelles Symbol für den entblößten, ausgenutzten weiblichen Körper zu interpretieren, wäre zu einseitig. Denn neben dem Diskurs über Passivität und Aggression, Darstellung von Stärke im sadomasochistischen Austausch[17] bietet sie durch die Geste des freiwilligen Opfers der äußeren Schutzhülle die Möglichkeit einer Erweiterung enger persönlicher Körpergrenzen hin zu einem sozialen Körper. Dazu darf Onos Arbeit aber nicht allein vor ihrem primär feministischen Hintergrund, sondern muss auch im Hinblick auf die persönliche Geschichte, Kultur und Religion der Künstlerin betrachtet werden.

„Cut piece" ist die Arbeit einer im zweiten Weltkrieg in Japan aufgewachsenen Künstlerin, die vor den Bombenangriffen auf Tokio mit ihrer Familie auf das Land flüchtete, wo sie Armut und Hunger erlebte. Bilder der Opfer der Atombombenangriffe auf Hiroshima und Nagasaki in zerfetzten Kleidern wurden nach einer anfänglichen amerikanischen Pressezensur erst mit Ende der 50er Jahre in den USA veröffentlicht.

---

16 „It is difficult to think of an early work of art that so acutely pinpoints (at the very point when modern feminist activism was just emerging) the political question of women's physical vulnerability as mediated by regimes of vision." Crow, Thomas: The rise of the Sixties. American and European Art in the Era of Dissent. New York 1996, S. 133.

17 Z.B. Kristine Stiles: „Ono's Performance […] brought the theme of physical and emotional pain into the actual interplay of human intersubjectivity. The performance opens itself to a number of interpretations. It may be read as a discourse of passivity and aggression, on the presentation of the self as a victim connected to the reciprocity between abuse and self-denigration, or on the relinquishment of power required in the sado-masochistic exchange. It vividly demonstrates, as well, the potential for objectification on the ‚other' in the militarization of feeling that dislocates compassion from acts of brutality. It also comments on the condition of art and becomes that denouncement of the relationship between exhibitionism and scopic desires that disrobes the imagined self-referential edifice of art and reveals it to be an interactive exchange between beholder and object. Cut piece visualizes and enacts the responsibility that viewers must take in aesthetic experience." Stiles, Kristine: Between Water and Stone. Fluxus Performance: A Metaphysics of Acts. In: Ausst.-Kat. Minneapolis 1993: In the spirit of Fluxus. Minneapolis (Walker Art Center 1993), New York (Whitney Museum of American Art 1993), Chicago (Museum of Contemporary Art 1993-94), San Francisco (Museum of Modern Art 1994), Barcelona (Fundació Tàpies 1994/95). New York 1993, S. 64-99, S. 81.

Nun wurden auch durch Bombenangriffe zerrissene Kleider in Friedensmuseen der USA ausgestellt.[18] Verbunden mit den persönlichen Erfahrungen der Künstlerin müssen sie einen entscheidenden Einfluss auf die Entstehung der Arbeit „cut piece" gehabt haben. Im Zuge der allgemeinen Proteste gegen den ausbrechenden Vietnamkrieg kann sie auch als Kritik gegen die Kriegspolitik der USA verstanden werden.

Auch Einflüsse des Buddhismus, mit dem Ono aufwuchs, spielen für die Aussage der Arbeit eine bedeutende Rolle. So wie der Legende nach Buddha einem Löwen sein Leben schenkt, als dieser danach verlangt, ist die Geste des Schenkens im Buddhismus von zentraler Bedeutung. „I asked myself, as an artist, how much am I willing to give? Why not do an act of total giving – not specify what to give or what part to give – in cut piece the audience can cut wherever they want. So it was a piece that was a symbol of total giving."[19] Auch Ono folgte, wie diesem Zitat zu entnehmen ist, mit der Arbeit „cut piece" der buddhistischen Tradition des Schenkens, indem sie mit der Kleidung ihr wertvollstes Kleid opferte: „In those days clothes were very important to me because I had so few. But when I performed cut piece I always made sure to wear my best suit. It was the total offering, you know, so that you wanted to wear the best suit for it. I lost my best suit every time I performed the piece."[20]

Mit der Opferung ihrer eigenen Kleidung verwirklicht Ono die Idee des Gebens, indem sie dem Publikum die ausgeschnittenen Teile ihrer Kleidung als Geschenk anbietet. Mit dieser Geste wird die Kleidung, die zunächst die Grenze zwischen Individuum und Außenwelt zieht, als Verbindung zwischen diesen beiden genutzt. Die strikte Trennung zwischen dem Selbst und seiner Umgebung wird aufgehoben. Der individuelle wird zu einem sozialen Körper.

Die Zerstörung der Kleidung darf also nicht allein als Hinweis auf die Verletzlichkeit des (weiblichen) Körpers verstanden werden. Ono hebt das gewohnte Machtverhältnis auf, indem sie sich nicht als Opfer darstellt, sondern als Gebende eine Gemeinschaft mit dem aggressions-

---

18 Vgl.: Bryan-Wilson, Julia: Remembering Yoko Ono's Cut Piece. In: Oxford Art Journal, 26, 2003, 1, S. 99-123.

19 Yoko On in einem Interview mit Ina Blom. In: Ono, Yoko: Homage to Nora. Oslo 1992, S. 9-25, S. 24. Zit. aus: Concannon, Kevin Christopher: Yoko Ono's ‚cut piece' (1964): a reconsideration (Master's thesis, Virginia). Virginia 1998, S. 16.

20 Yoko On in einem Interview mit Ina Blom. In: Ono, Yoko: Homage to Nora. Oslo 1992, S. 9-25, S. 23-25. Zit. aus: Concannon, Kevin Christopher: Yoko Ono's cut piece: critical reception, 1997. Presented at: the Third Annual Performance Studies Conference, Atlanta, April 11, 1997. URL (07.07.2005): http://webcast.gatech.edu/papers/arch/Concannon.html

bereiten Publikum einzugehen versucht. Die passive Haltung der Künstlerin, die an meditative Übungen des Zen-Buddhismus erinnert, lenkt im Gegenzug die Aufmerksamkeit auf das Bewusstsein des aktiven Publikums.

Das Zerschneiden der Kleidung und das anschließende Geschenk sind Onos Mittel für eine veränderte Kommunikation zwischen den Teilnehmern, bei der die Performerin ihre Angst vor dem Publikum und der Betrachter seine Aggression gegen die Künstlerin durch Verantwortung zügeln müssen.

Yoko Ono verändert den Umgang mit dem Medium Kleidung, indem sie die Begrenzung von Haut und Kleid als physisches und psychisches Phänomen zu Gunsten einer Gemeinsamkeit aufhebt, in der eine geistige Verbindung zwischen den Menschen entsteht.

Die Interaktion der Arbeit ist daher auch als pazifistisches Manifest zu verstehen, das zu einer friedlichen Verbindung zwischen den Individuen, zum gegenseitigen Vertrauen und zur Verantwortung aufruft. In einem Kommentar zu der Arbeit äußerte sich Ono später, sie wolle, dass die Teilehmer „start to see things beyond the shapes […] (to) hear the kind of sounds that you hear in silence […] to feel the environment and tension in people's vibrations […] the sound of fear and of darkness […] (and) of togetherness based on alientation."[21] Diese Einheit mit dem ihr fremden Publikum erreicht Ono durch Opfern und Schenken ihrer Kleidung. Für diese Gemeinschaft gibt sie einen wertvollen Teil ihres Selbst preis.

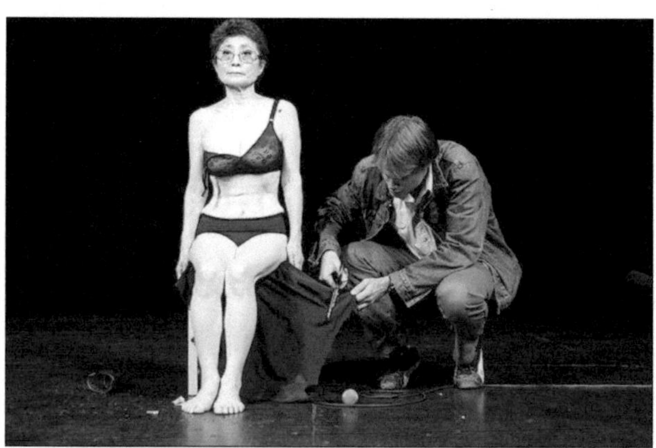

Abbildung 21: Yoko Ono, cut piece, performance im Théâtre du Ranelagh, Paris, 15.09.2003.

21 Zit. aus: Munroe, Alexandra; Hendricks, Jon: Yes Yoko Ono. New York 2000, S. 28.

In ihrer bisher letzten Performance des „cut piece" (*Abb. 21*), 2003, anlässlich ihrer Ausstellung im Musée d'Art Moderne de la Ville de Paris, suchte Ono diese Erweiterung der Körpergrenzen zu Gunsten eines Zusammengehörigkeitsgefühls noch über das anwesende Publikum hinaus auszudehnen. In der Ankündigung ihrer Performance schrieb sie in einer Annonce in der französischen Zeitschrift *Le Monde* vom 12. September 2003:

„[...] Cut piece exprime mon espoir de paix pour le monde. Aujourd'hui est un jour particulier pour moi. Comme chaque jour. Et je suis décidée à goûter chaque instant. C'est bouleversé et en colère que j'ai accompli pour la première fois cette performance en 1964. Cette fois-ci, je le fais par amour pour vous, moi et le monde. Venez découper un morceau de mes vêtements, là où vous le souhaitez, un morceau pas plus grand qu'une carte postale, et envoyez-le à celui ou celle que vous aimez. Mon cœur est la cicatrice de mon esprit. À bientôt. Y.O."[22]

Dieses Statement erklärt nicht nur Onos persönliche emotionale Veränderung im Laufe der vergangenen vierzig Jahre, in denen ihre Wut auf die politischen Verhältnisse einer Liebe zur Welt gewichen ist. Es zeigt auch, wie durch die Aufforderung der Teilnehmer, die abgeschnittenen Kleiderfetzen an ihre Freunde weiter zu geben, sogar Abwesende in die Performance und damit in die Gemeinschaft mit einbezogen werden. Der Kleiderfetzen wird somit zum Medium für ein Beziehungsgeflecht und Vertrauensverhältnis zwischen der Künstlerin und dem anwesenden und sogar dem abwesenden Publikum.

Onos Arbeit ist damit ein frühes Beispiel für den Umgang mit textiler Kleidung als Grenze, die durch die provozierte Interaktion mit dem Betrachter überschritten wird und über den einzelnen Körper hinaus eine aktive Kommunikation zwischen dem Individuum und seiner Umgebung verlangt.

Ein zweites Beispiel für den Umgang mit Kleidung als zweite Haut des Menschen sind die Werke des amerikanischen Künstlers Robert Go-

22 Frei übersetzt: „Cut piece drückt meine Hoffnung auf Frieden für die Welt aus. Heute ist ein besonderer Tag für mich. Wie jeder Tag. Und ich bin entschlossen, jeden Augenblick auszukosten. Erschüttert und wütend habe ich diese Performance 1964 das erste Mal durchgeführt. Dieses Mal tue ich es aus Liebe zu Ihnen, mir und der Welt. Kommen und zerschneiden Sie ein Stück meiner Kleidung, da wo Sie es wünschen, ein Stück, das nicht größer ist als eine Postkarte, und schicken Sie es an den oder die, die Sie lieben. Mein Herz ist die Narbe meines Geistes. Bis bald, Y.O."

ber, die jedoch ein anderes Gender, einen anderen Ort und eine andere kulturelle Kodierung betreffen.

Gober zeigt mit seinen Körperrepliken einen fragmentarischen, zerstückelten Körper, wie er verstärkt seit dem Kubismus und Surrealismus (vgl. Puppen von Hans Bellmer) und vor allem seit der zweiten Hälfte des 20. Jahrhunderts in der Kunst anzutreffen ist. Auch wenn er die Kleidung nicht unmittelbar in ihrer Funktion als zweite Haut thematisiert, so ist sie für ihn doch wesentliches Medium zur Darstellung des gesellschaftlichen und privaten Lebens und des menschlichen Körpers in der Krise.

5.2. Robert Gober

Seit Ende der 70er Jahre kreiert der 1954 im US-Bundesstaat Connecticut geborene Bildhauer Robert Gober Nachbildungen realistischer Alltagsobjekte aus dem häuslichen Bereich. Waschbecken oder Möbelstücke wie Sessel, Hundekörbchen, Betten oder Laufställe werden außerhalb ihres funktionalen Umfeldes präsentiert und lassen durch die Art ihrer Verfremdung die Abwesenheit des Menschen in verunsichernder Weise spürbar werden.

Vor dem Hintergrund seiner Kindheit in einer ländlichen Kleinstadt der USA der 50er Jahre, in dem häusliche Idylle und traditionelle Rollen- und Geschlechterbilder die Gesellschaft beherrschten, sowie seiner persönlichen Erfahrungen als Homosexueller, setzt sich Gober in seinen Arbeiten vor allem mit der Krise des menschlichen Körpers auseinander.

Während seine frühen Arbeiten (Waschbecken, Krabbelställe usw.) keinen unmittelbaren Bezug zum menschlichen Körper erkennen ließen, zeigte er 1989 in seiner Einzelausstellung in der Paula Cooper Gallery in New York mit seinem „wedding gown" erstmals ein Kleidungsstück. Mit dem nach seinen eigenen Maßen gefertigten Hochzeitskleid repräsentierte er den fehlenden menschlichen Körper direkt durch die Kleidung und hinterfragte dabei kritisch gesellschaftliche Konventionen.

Nach dieser Ausstellung begann Gober mit der Arbeit an seinen Repliken bekleideter menschlicher Beine, die er als Fragmente ausstellte. „In one way it made sense because for years the work was about absence of the body and all of the objects were objects that were waiting for the body to complete them: the sinks, the beds, the playpens. So in a natural way it made sense that in order to grow and change the thing that was missing was the body itself."[23] In den Beinobjekten wird der menschliche Körper mit der dazugehörigen Kleidung erstmals unmittelbar als Replik plastisch dargestellt.

Im Wesentlichen lassen sich diese Werke in „singular legs", die nur ein einziges männliches Bein (vom Fuß bis zur Wade, bzw. Oberschenkel) zeigen, und in die 1990-1993 entstandenen Unterkörperobjekte (die Darstellung von den Füßen bis zur Hüfte) unterscheiden.[24]

Der Anstoß für seine Arbeit an Körperrepliken basiert auf einer persönlichen Erfahrung, wie der Künstler selbst berichtet:

„I'd gone to Bern and to the Natural History Museum there and was surprised that there were no humans depicted in the dioramas, and suddenly this seemed a wide-open area to me – to do natural history dioramas about contemporary human beings. Then I was in this tiny little plane sitting next to this handsome businessman, and his trousers were pulled above his socks, and I was transfixed in this moment by his leg. I came home knowing that I wanted to make a sculpture of that part of the leg. I didn't know how far up I'd go on the leg or [...] what it would be made out when I started."[25]

Dieses Erlebnis zeugt von der intimen Atmosphäre einer zwiespältigen Situation, in der zwei Ebenen aufeinander treffen: der Businessmann, der sich vor allem durch die korrekte Kleidung als solcher identifizieren lässt und der gleichzeitig erotisierte Blick auf sein leicht entblößtes Bein. Die beschriebene Reaktion des Künstlers auf diesen Anblick greift bereits die private, intime und ungewöhnliche Stimmung der folgenden Darstellung der Beinobjekte voraus.

23 Robert Gober in einem Gespräch mit Alexander Braun, New York, 23.-24.03.1994. Vgl.: Braun, Alexander: Robert Gober. Werke von 1978 bis heute. Nürnberg 2003, S. 194.

24 Zum Unterschied in der Interpretierbarkeit der beiden Gruppen vgl.: Braun 2003, S. 236-238.

25 Robert Gober in einem Gespräch mit Richard Flood am 15.01.1993. In: Ausst.-Kat. Minneapolis 1999: Robert Gober. Sculpture + drawing. Minneapolis (Walker Art Center 1999), Malmö (Rooseum Center for Contemporary Art 1999/2000), Washington, D.C. (Hirschhorn Museum and Sculpture Garden 2000), San Fransicso (San Francisco Museum 2000). Minneapolis 1999, S. 125-128, S. 125-126.

5.2.1. Untitled leg

Gobers erste Beinreplik „Untitled leg“[26] (1989-90) (*Abb. 22*) ist eine Kopie des in Gips gegossenen rechten Unterbeins des Künstlers vom Fuß bis zur Wade. Sie ist mit einer die Haut imitierenden Wachsschicht bedeckt, in die in aufwendiger Handarbeit echte Haare eingefügt wurden, so dass sie äußerst realistisch wirkt. Die Replik ist mit getragenen und abgenutzten Kleidungsstücken des Künstlers bekleidet. Die dunkle Hose aus festem Stoff wurde am Saum nach außen umgenäht, die knöchellange graue Rippsocke ordentlich nach oben gezogen und der abgelaufene braune Lederschuh in einer Schleife geschnürt. Zwischen Socke und Hose bleibt, wie in der Beschreibung seines Erlebnisses im Flugzeug, nur ein Fragment der nachgebildeten Haut sichtbar, wodurch das Beinobjekt seine äußerst lebendige Wirkung erhält.

Aus dem Stil der Kleidung lassen sich nur wenige Indizien über ihren Träger entnehmen. Sie entspricht der neutralen westlichen Mode. Der Schuh stammt von dem New Yorker Herrenausstatter Brooks Brothers[27] und ist, bevor er Teil des Kunstobjektes wurde, vom Künstler selbst getragen worden.[28] Die handgefertigten Schuhe stehen für einen soliden, konservativen, qualitätsorientierten Geschmack der gehobenen Mittelklasse. „It’s not at all that it looks expensive, in fact they don’t, it had a very generic, quality.“[29] Auch bei Hose und Socke handelt es sich nicht um spezifische oder für eine Gruppenidentität aussagekräftige Typkleidung, sondern um klassische Standardmodelle, die nicht Individualität, sondern Neutralität ausdrücken. Die Schuhe sind stark abgelaufen und verschlissen und von den Spuren der alltäglichen Wege ihres Trägers gezeichnet. Sie zeugen von einer gelebten Geschichte der Großstadt. Die Socken sind verwaschen und verblichen, auch sie sind bereits etliche Male getragen worden. Die Hose ist leicht zerknittert.

Neben der Kleidung entschied sich Gober auch mit dem Bein für die Darstellung eines unspezifischen, wenig aussagekräftigen Körperteils, denn es ist eines der weniger beachteten Teile des männlichen Körpers. Anders als an anderen Teilen des Körpers, wie dem Gesicht oder den

26 „Untitled leg“ wurde erstmals 1990 im Rahmen Gobers Einzelausstellung im Museum Boymans van Beuningen in Rotterdam gezeigt.

27 Braun 2003, S. 200; Braun 2003, Fußnote 302, S. 394.

28 Für spätere Beinrepliken bat Gober auch Freunde und Assistenten darum, seine Schuhe „abzulaufen“, wenn sich Engpässe ergaben. So wurden die meisten von Gobers Schuhen von einer Frau Namens Elsa Sue eingelaufen. Braun 2003, Fußnote 302, S. 394.

29 Robert Gober in einem Gespräch mit Alexander Braun, New York, 23.-24.03.1994. Vgl.: Braun 2003, S. 201.

Händen, lassen sich am Bein kaum charakterliche Eigenschaften ablesen. Es dient in erster Linie als Fortbewegungsmittel. Bis auf den durch die Haut repräsentierten Tastsinn schließt das Bein alle anderen Sinneswahrnehmungen aus.

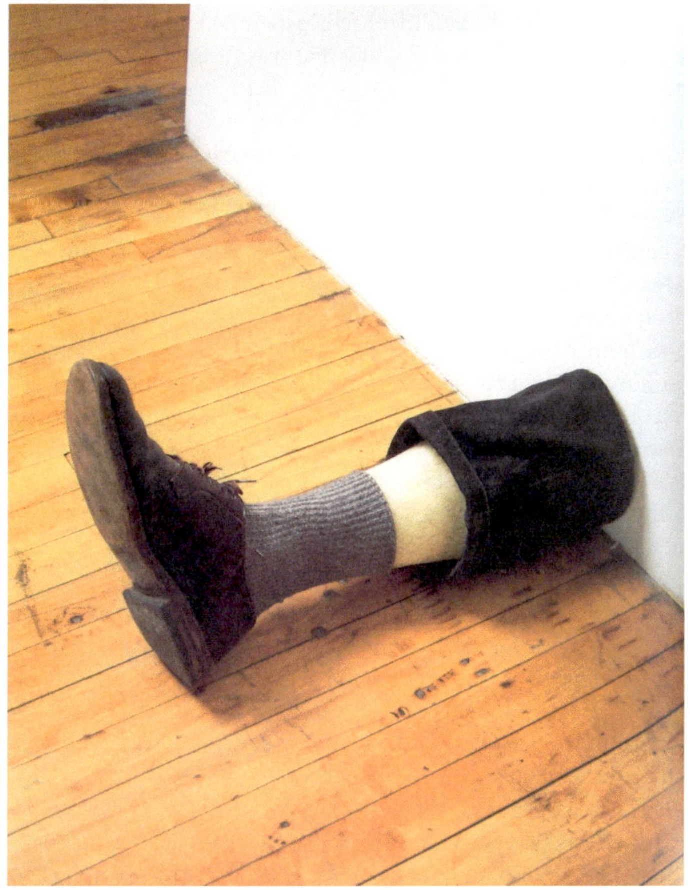

Abbildung 22: Robert Gober, untitled leg, 1989-90.

Wie die Kleidung ist auch die Gestalt dieses Beins mit dem nachgebildeten Hautfragment neutral und ohne besondere Merkmale wie Fettleibigkeit, Narben, Entstellungen oder außergewöhnlich ausgeprägte oder fehlende Behaarung. So lässt sich das Bein zwar als Körperfragment eines normal gewachsenen weißen Mannes mittleren Alters identifizieren, darüber hinaus gibt es jedoch keine Indizien über den Körper oder gar die Identität des Mannes.

Während Gober die ersten Gips-Repliken noch seiner eigenen Körperform nachempfunden hatte, schaffte er in den nachfolgenden Arbeiten nur noch Abgüsse von Menschen aus seinem persönlichen Umfeld, um die Interpretation zu umgehen, es handele sich um Körperfetischismus. „I did it first from my own leg. But all the questions that people asked me had to do with fetish. It didn't feel fetishistic to me so than I cast it from other people and used other clothing that wasn't mine. It was never important to me that it is my leg, it was just that I was used to taking what was around, so I used it.“[30] So stellt Gober mit seinen Arbeiten kein Selbstportrait dar, sondern versucht, mit der bekleideten Beinreplik Allgemeingültigkeit zu schaffen, mit der sich eine möglichst große Gruppe von Menschen identifizieren kann. Die Tatsache, dass durch die Kleidung keinerlei Rückschlüsse auf den Gesamtkörper des hier repräsentierten Menschen gezogen werden können, wird durch die Darstellung des Beins als eines relativ ‚neutralen' Teils des Körpers noch verstärkt.

Das Bein wird jeweils im Ausstellungsraum kurz über dem Fußboden in horizontaler Lage an der Wand angebracht. Jegliche Verbindung zu einem denkbaren restlichen Körper fehlt. Daher muss jeder Versuch des Betrachters, den ‚Inhaber' des Beines näher kennen zu lernen, über das Bein auf dessen Integrität zu stoßen, scheitern.

Nähert sich der Betrachter dieser realitätsgetreuen Nachbildung des männlichen Unterbeins, springt ihm zunächst die stark abgelaufene Schuhsohle ins Auge. Diese ungewöhnliche Präsentation des Teils der Körperbekleidung, den man üblicherweise nicht sehen kann, wirkt äußerst befremdlich. Durch das sichtbare Stück der nackten Haut wird der Besucher Zeuge einer intimen Szene. Gewöhnlich ist dieser Teil des männlichen Beins nur selten (beim Sport, am Strand oder in sommerlicher Freizeitkleidung) den Blicken Außenstehender ausgesetzt. Männer achten meist darauf, das Ende der Beine bis zur Hose durch Socken zu verdecken, so dass kein Blick auf die Haut möglich ist.[31] Dieser angedeutete Hinweis von (verstohlener) Nacktheit zwischen Socke und Hosensaum hat eine stärkere Wirkung als die plumpe Darstellung eines nachgebildeten nackten Körperteils. Doch drängt diese im Museumsraum offensichtlich deplazierte Nacktheit die Frage auf, warum das Bein ohne jegliches Indiz für den zugehörigen Körper in dieser Position am Boden liegt und lässt Hilflosigkeit erahnen.

Die Szenerie irritiert nicht allein wegen der intimen Darstellung der unter der Kleidung hervortretenden Haut, sondern auch durch die waagerechte Präsentation des Beins, das in ‚Liegestellung' aus der Wand he-

30 Gespräch zwischen Robert Gober und Alexander Braun, New York 23.-24.1994. Vgl.: Braun 2003, S. 200.

31 Vgl.: Braun 2003, S. 203.

rauszukommen scheint. Die Inszenierung provoziert die Befürchtung eines Unfalls, eines gewalttätigen Aktes oder einer Krankheit, bei dem der scheinbar durch die Wand verdeckte Körper die Kontrolle verloren, bzw. seine eigene Schwäche ihn umgeworfen hat. Auch weckt die Inszenierung den Eindruck, das Bein sei in Höhe der Wade von der Wand zerschnitten worden und lässt gar an eine Amputation denken.[32]

Erinnerungen an Amputationen gibt auch Gober als eine der Inspirationsquellen seiner Beinrepliken an: „I remember that my mother, before she had children, used to work as a nurse in an operation room, and she used to entertain us as kids by telling stories about the hospital. One of her first operations was an amputation, and they cut off a leg and handed it to her."[33] Das Zitat zeigt, wie Anekdoten aus der Kindheit des Künstlers auf die Entstehung seiner Arbeit Einfluss nehmen. Aber auch andere persönliche Erfahrungen und Erlebnisse lassen sich für das Verständnis seiner Arbeiten heranziehen.

Vor allem sein Einsatz gegen die Unterdrückung Homosexueller in Amerika und gegen die AIDS-Epidemie, aber auch die gesellschaftliche und politische Situation in Amerika spielen in seiner Arbeit eine wichtige Rolle. Wie sehr die Krankheit das Leben am Ende der 80er Jahre in amerikanischen Großstädten beeinflusste, lässt sich mit einem Statement des Künstlers skizzieren:

> „I looked at the three of us. Less than a month ago this girl's brother died of AIDS. Nancy had spent the weekend at a funeral in New Jersey. I had just buried Dan. And the extraordinary thing about this was that there was nothing extra ordinary about it at all. If people aren't themselves sick, they know someone who is, or they are struggling to assimilate the loss of someone who was. For me, death has temporarily overtaken life in New York City."[34]

Diese im Jahr der Entstehung seines „untitled leg" getroffene Aussage des Künstlers benennt eines der Hauptprobleme seines nahen Umfeldes.

Das Gefühl einer Krisensituation kommt auch bei der Betrachtung seiner Beinrepliken auf. Durch die bewusst gewählte Konventionalität der Kleidung, die realitätsgetreue Imitation der menschlichen Haut sowie

---

32 „Es deutet als Perversion einer Amputation auf einen Akt aggressiver Verstümmelung, als habe die Wand als Fallbeil die Extremitäten vom Rumpf, das Äußere vom Inneren getrennt; das Bein steht nicht, es liegt endgültig." Puvogel, Renate: Robert Gober. In: Kunstforum International, 111, Jan./Feb. 1991, S. 254-271, S. 271.

33 Inidana, Gary: Success. Gobert Gober. In: Interview, 20, May 1990, 5, S. 72.

34 Gober, Robert: Cumulus from America. In: Parkett, 19, 1989, S. 169-173, S. 169.

wegen der Durchschnittlichkeit der gewählten Körperfragmente kann sich jeder Betrachter selbst betroffen fühlen. Die Arbeit spricht alle Gesellschaftsschichten, Klassen und Gruppierungen an und erlaubt somit eine sehr offene Rezeption. Das am Boden liegende Köperfragment wird zum Symbol des Körpers in der Krise, ohne jedoch explizit auf den an AIDS erkrankten Körper anzuspielen. Die zerstückelten Körperfragmente wecken auch Erinnerungen an Kriegsopfer. „Die Verunsicherung angesichts des physischen Verfalls des menschlichen Organismus und der mit Aids einhergehenden Diskriminierungstendenz ließ den Körper als Experimentierfeld oder als identitätsstiftende Größe verschwinden"[35] schreibt Frank Wagner in seiner Analyse des Körperbilds im Zeitalter von AIDS. Zwar verschwand der Körper in Gobers Arbeit nicht, aber mit seiner Fragmentierung ging auch die Kleidung in ihrer Funktion als identitätsstiftende Entität verloren. Die Kleidung an Gobers Arbeiten kann so auch als Hinweis auf die Hilflosigkeit unserer heutigen Gesellschaft gegenüber Krankheit, Krieg oder Tod verstanden werden. Sie umgibt zwar den Körper noch, bietet ihm aber weder Schutz noch begrenzenden Rahmen oder sichere Hülle. Sie ist mit dem Körper Opfer seiner Fragmentierung geworden.

In der Kleidung selbst drückt sich diese Bedrohung durch ihre Form und Inszenierung aus. Die Schuhsohle an Gobers „untitled leg" ist stark abgelaufen, die Schnürsenkel sind zerfetzt und verschlissen, die Socke verwaschen und die Hose zu kurz. Die Kleidung umgibt den Körper nicht mehr vollständig, sondern gibt den Blick frei auf die schutzlose Haut. Das freigelegte Körperfragment ist nicht mehr vor Regen, Wind, Umwelteinflüssen und Krankheiten geschützt, sondern in seiner Nacktheit den Blicken anderer ausgeliefert.

Während Gober, ebenso wie Yoko Ono, die Kleidung nicht mehr als körperliche Umgrenzung proklamiert, nimmt die junge Künstlerin Alba D'Urbano darauf unmittelbar Bezug. D'Urbano thematisiert mit ihren Kleidern die Frage nach der Repräsentationsmöglichkeit des Menschen durch seine äußere Hülle und hinterfragt die Grenzen zwischen Außen und Innen, Körper und Geist, Mensch und Umwelt.

35 Wagner, Frank: Die Rückkehr zum Sentimentalen. Gedanken zum Körperbild und seiner Veränderung im Zeitalter von Aids. In: Ausst.-Kat. Linz 1994: Andere Körper – Different Bodies. Linz (Offenes Kulturhaus 1994). Wien 1994, S. 26-35, S. 28.

5.3. Alba D'Urbano

Die 1955 in Italien geborene Künstlerin Alba D'Urbano beschäftigt sich in ihren Arbeiten mit der ästhetisch bestimmten körperlichen Erfahrung und der Beziehung zur digitalen Welt. In ihrem Projekt „Hautnah“ (1994), das nicht nur im Titel auf die verlorene Beziehung zum größten menschlichen Sinnesorgan hinweist, arbeitet sie mit der Verschiebung der Körpergrenzen und thematisiert das Verhältnis zwischen Äußerlichkeit und Innerlichkeit.

5.3.1. Hautnah

Mit Hilfe des Begriffspaares Haut/Kleid dokumentiert D'Urbano in ihrer Arbeit „Hautnah“ (*Abb. 23*) die heutige Beziehung des Menschen zu seinem Körper. Dabei konzentriert sie sich auf die Haut als äußerste Grenze des Menschen und ihre zweidimensionale Reproduktion durch die Fotografie. In einem digitalen Prozess hat sie Fotografien ihres nackten Körpers am Computer bearbeitet, verformt, ausgeschnitten und anschließend auf einen Stoffuntergrund gedruckt, der dann zu einem engen Overall geschneidert wurde. „‚Hautnah‘ ist eine Hommage an den vergessenen und gleichzeitig zelebrierten Körper, entmaterialisiert und transformiert in die Botschaft von sich selbst und als zweidimensionales Bild in unserer Informationsgesellschaft obsessiv und ikonisch wiederholt.“[36]

„Hautnah“ richtet sich gegen ein Körperverständnis der 90er Jahre, bei dem die natürliche Beziehung zum Körper immer mehr verloren gegangen ist. Der Körper wird nicht mehr als sicheres Faktum, sondern als entmaterialisiert und vergessen erlebt. D'Urbano holt diese aufgehobene Beziehung scheinbar wieder zurück, indem sie die Haut plakativ zum Motiv ihrer Kleiderkreationen macht und somit an den darunter liegenden Körper erinnert. Dabei wurden die Grenzen zwischen der ersten und der ‚zweiten‘ Haut aufgehoben und das Abbild der Haut als Kleidung nach außen getragen. Dieses ist jedoch medial so verwandelt, dass es zum Symbol des Verlustes jeglicher Beziehung zum Körper wurde: „Durch diesen Arbeitsprozess und durch die Verwendung des elektronischen Mittels ist der Körper eine virtuelle Entität geworden, eine Datenlandschaft, eine digitale Abstraktion.“[37] Haut wird nicht in ihrer tatsächlichen Realität, sondern nur noch als ihr eigenes Abbild dargestellt. Die

36 D'Urbano, Alba: Das Projekt: Hautnah. In: Kunstforum International, 132, Nov. 1995-Jan. 1996, S. 90-93, S. 92.

37 Ebd. S. 93.

Kleidung zeigt einen ihr untergeordneten Körper, dessen natürliche Maße und Rundungen in die Formen des Schnittes gezwungen wurden. Der durch die Haut symbolisierte eigene Körper kann digitalisiert, verkleinert oder vergrößert und somit den Idealmaßen angepasst werden.

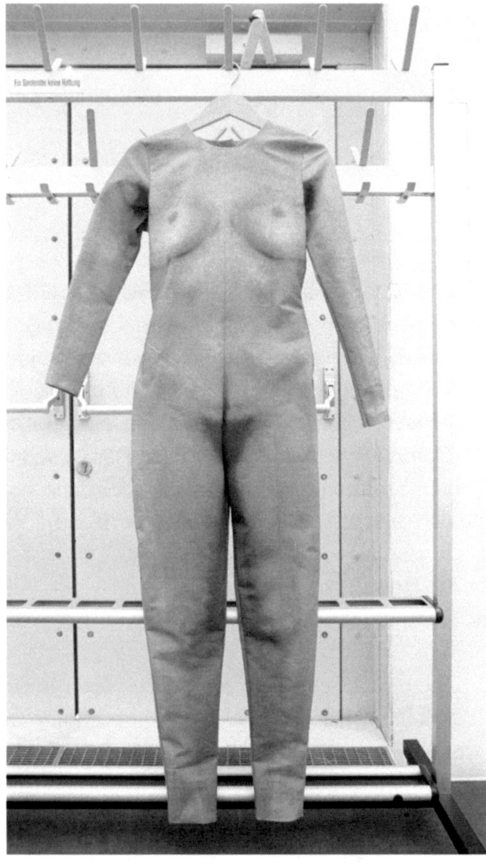

Abbildung 23: Alba D'Urbano, Hautnah, 1994-1995

Wie in der modernen Welt die Kommunikation ohne direkte menschliche Kontakte weitgehend über neue Medien wie Telefon, Fax, Fernseher erfolgt, übernimmt Kleidung bei Alba D'Urbano als Übermittler eines fiktiven Abbildes der Haut anstelle der Sinne die Funktion eines Kommunikationsmittels.

Der Umgang mit Kleidung, der sich auch als Kritik an den Wahrnehmungsmechanismen der heutigen Gesellschaft verstehen lässt, drückt sich ebenfalls in der Arbeit „Il sarto immortale" (der unsterbliche Schneider) (1995-97) (*Abb. Titelbild*) aus, einer Fortsetzung der Arbeit

„Hautnah". Hier wurden nach der gleichen Technik verschiedene Kleidungsmodelle wie Hosen, Kleider, Blusen oder Röcke geschaffen, wie eine Modekollektion präsentiert und auf großen Plakaten an Litfasssäulen abgebildet. D'Urbano zeigt mit diesen Kleiderkreationen das Bild eines Körpers, der den modischen Zwängen angepasst ist und dem die Beziehung zu seinen Sinnen fehlt. Sie zeichnet damit ein Bild der modernen Konsumwelt, in der Kleidung die ursprünglich von der Haut vertretene Repräsentationsfunktion des Körpers übernommen hat.

5.4. Befund

Der künstlerische Umgang mit textiler Kleidung als zweite Haut und Stellvertreter des Menschen lässt ein gewandeltes Verständnis des Körpers erkennen, der nicht mehr nur als feststehende Entität durch klare Grenzen definiert und von der Außenwelt getrennt werden kann. Die in Kunstobjekten verwendete Kleidung fungiert somit als Vermittler des Körperbildes in der modernen Gesellschaft. Die ursprüngliche Funktion der Kleidung als Barriere zur Außenwelt, die den Körper vor äußeren Einflüssen schützt und noch bei Künstlern wie Henry van de Velde und der Wiener Werkstätte vor allem als die körperliche Bewegungsfreiheit garantierende schützende Hülle verstanden wurde, wird von den untersuchten Künstlern erweitert oder ganz aufgehoben. Kleidung dient nun nicht mehr nur als Grenze zwischen dem Einzelnen und seiner Umwelt, sondern stellt das Kommunikationsmittel dar für einen aktiven Austausch zwischen Innen und Außen, zwischen Individuum und Gesellschaft, zwischen Kunstwerk und Rezipienten. Kleidung wurde damit weniger als äußere Visitenkarte, Repräsentation des Körpers und der Persönlichkeit des Trägers, denn vielmehr als Symbol für den Verlust der körperlichen Integrität und Individualität genutzt. Mit ihrer Hilfe werden gesellschaftliche, soziale oder persönliche Anliegen der Künstler thematisiert. Obwohl individuell verschieden, ist sie Ausdruck einer Krisensituation, auf welche die hier genannten Künstler am Beispiel des (eigenen) Körpers hinweisen.

Indem sie ihren bekleideten Körper zum Gegenstand des Werkes macht, kommuniziert Yoko Ono mit ihrer Umwelt und thematisiert dabei im Austausch mit dem Publikum gesellschaftliche und persönliche Gefahren. Mit der Aufforderung zum Zerschneiden ihrer Kleidung und ihrer stoischen Reaktion auf eine solche Aggression zeigt sie in ihrer Performance einen möglichen Ausweg aus der gesellschaftlichen Krisensituation der 60er Jahre. Die Kleidung fungiert dabei als Mittler zwischen dem Individuum und seiner Umwelt, zwischen privatem und sozialem Körper.

Robert Gober thematisiert mit seinen bekleideten Körperfragmenten gesellschaftliche Probleme der 80er Jahre. Seine Beinobjekte sind Ausdruck allgemeiner Hilflosigkeit und bezeugen durch ihre Fragmentierung[38] den Verlust und die Unmöglichkeit eines Schutzes vor äußerlichen Einflüssen. Die Beschäftigung der Künstler der 60er Jahre und ihren Einsatz gegen den Vietnamkrieg bringt Gober mit den aktuellen Problemen seiner Zeit in Verbindung: „In that way the Aids-epidemic forced people to begin to express themselves in different ways [...] It's probably the first time since Vietnam where, I mean, people were so frustrated and didn't know what to do but they would just go into the streets and start screaming, you know, or they would stop traffic [...] to make people pay attention."[39]

Alba D'Urbano dokumentiert durch bearbeitete Fotografien ihrer eigenen Haut einen der Mode untergeordneten menschlichen Körper der 90er Jahre. In ihren Arbeiten steht Kleidung nicht für eine feste Begrenzung des Körpers, sondern wird als Kommunikationsmittel genutzt, das einen Körper zeigt, der nicht mehr als feste Entität besteht, sondern nur noch als sein digitalisiertes Abbild.

In der über Kleidung hergestellten Kommunikation zwischen Kunstwerk und Betrachter, Mensch und Umwelt werden somit zeitlich und gesellschaftlich unterschiedliche individuelle und persönliche Anliegen der Künstler vermittelt. Sie sind Ausdruck eines veränderten Körperverständnisses, in dem Kleidung als zweite Haut nicht mehr allein als begrenzende Hülle verstanden wird, sondern als Möglichkeit einer experimentellen Erweiterung der Körpergrenzen.

---

38 Vgl.: Ullrich, Jessica: Zur Aktualität des Fragmentmotivs. In: Dies.: Wächserne Körper. Zeitgenössische Wachsplastik im kulturhistorischen Kontext. Berlin 2003, S. 43-47.

39 Robert Gober in einem Gespräch mit Alexander Braun am 23./24.03.1995. In: Braun 2003, S. 275.

6. Kleidung als Ausdruck persönlicher, sozialer und kollektiver Identität

Die Komplexität der menschlichen Identität wird in der zeitgenössischen Kunst häufig in Zusammenhang mit dem Körper zum Thema künstlerischer Auseinandersetzung. Dies ist besonders seit Ende der 60er Jahre der Fall, als sich neben den tradierten Kunstrichtungen zahlreiche neue künstlerische Strategien wie Performance, Body Art und Transvestismus entwickelten, die Körper von Künstler und Rezipienten integrierten und versuchten, Kunst und Leben zu verbinden. In den 70er Jahren wurde der Kunst gar ein „Hang zum Individuellen, zum Persönlichen und eben zur Person des Künstlers"[1] zugeschrieben, wobei dieser durch die Beobachtung des eigenen Körpers und seiner Umgebung die Veränderungen der Gesellschaft nachzuvollziehen suchte. Der Körper als scheinbarer Ort des „Ich" wurde zum Symbol für persönliche und soziale Identität. Mit ihm trat auch die Kleidung, der im Alltagsleben die Aufgabe zukommt, die Identitätsvorstellungen ihres Trägers zu unterstreichen, in den Mittelpunkt der Untersuchung über die Tatsächlichkeit einer festen und stabilen Identität.

Die künstlerischen Untersuchungen entwickelten sich parallel zu einer seit den 60er Jahren verstärkten wissenschaftlichen Diskussion um Identität.[2] In der Soziologie unterscheidet man nach Goffman zwischen persönlicher und sozialer Identität. Mit persönlicher Identität bezeichnet er die Unverwechselbarkeit des Individuums: „Mit ‚persönlicher Identität' meine ich die einzigartige organische Kontinuität, die jedem Individuum zugeschrieben wird und die auf sich unterscheidende Merkmale wie z.B. Name und äußere Erscheinung gründet und durch Kenntnisse hinsichtlich seiner Biografie und seiner sozialen Eigenschaften ergänzt wird – Kenntnisse, die um seine unterscheidenden Merkmale zentriert

---

1 Lippert, Werner: Das Selbstportrait als Bildtypus. In: Kunstforum International, 14, 3. Quartal 1975, S. 99-124, S. 99.

2 Identitätstheorien von Goffman (vgl. Goffman 1974); Krappmann (vgl. Krappmann 1969); Erikson (Vgl. Erikson 1966).

sind."[3] Als soziale Identität versteht Goffman alle durch die jeweilige Rollenerwartung abverlangten Verhaltensstrukturen: „Mit ‚sozialer Identität' meine ich die umfassenden sozialen Kategorien (und die wie Kategorien funktionierenden Organisationen und Gruppen), zu denen ein Individuum gehören bzw. als zu denen gehörig es angesehen werden kann: Altersstufe, Geschlecht, Schicht usw."[4]

Persönliche und soziale Identität bestimmen die Ich-Identität. Daneben charakterisiert die kollektive oder kulturelle Identität (Wir-Identität), ausgebildet durch Sozialisation[5] und Enkulturation,[6] Gruppen, die durch gemeinsame Merkmale gekennzeichnet sind. Kollektives Identitätsbewusstsein entsteht durch Gruppenwerte und Normen, durch Rollenerwartungen und Verpflichtungen, wobei kulturelle Merkmale wie Blutsverwandtschaft, Religion, Sprache und Geschichte die Bildung einer kollektiven Identität am stärksten bestimmen.[7]

Kleidung fungiert als Ausdruck sowohl persönlicher und sozialer als auch kollektiver Identität. Einige Kleidungsstücke, wie Tauf- oder Hochzeitskleidung, spielen eine herausgehobene Rolle innerhalb der sozialen Identität eines Menschen.

Am Beispiel der Hochzeitskleidung soll das Phänomen des über Kleidung vermittelten Ausdrucks von Identität in der Kunst vorab erläutert werden: Zur Hochzeit von Paul Matisse mit Sarah Barret am 27. Dezember 1958 schenkte Marcel Duchamp seinem Stiefsohn eine Weste aus grüner Wolle. „Waistcoat" (*Abb. 24*) wird von fünf Knöpfen geschlossen, auf denen spiegelverkehrt die Buchstaben SALLY, der Spitzname von Sarah Barret, zu lesen sind. Die Weste ist die zweite von insgesamt vier unterschiedlichen Exemplaren, von denen auch die erste und

3 Goffman 1974, S. 256.

4 Ebd. S. 255-256.

5 Unter Sozialisation versteht man heute nicht allein die Prägung durch Sozialisationsinstanzen, wie Familie, das soziale Umfeld, Schule, Universität usw. Das neuere Verständnis von Sozialisation geht über das Geprägt Werden in der Jugendzeit hinaus und berücksichtigt ein eigenes Eingreifen des Individuums: „Die neuere Forschung zeigt, dass Menschen in allen Lebensabschnitten sich auf eine individuelle Weise mit ihrer sozialen und räumlichen Umwelt auseinandersetzen und durch eigenes aktives Handeln auf sie einwirken." Brockhaus Enzyklopädie in vierundzwanzig Bänden. Bd. 20 (SCI-SQ). 19. Aufl. Mannheim 1993, S. 534.

6 Enkulturation ist das Hineinwachsen des Einzelnen in die Kultur der ihn umgebenden Gesellschaft.

7 Bevers, Dr. A.M.: Identität. In: Reinhold, Gerd (Hg.): Soziologie-Lexikon. 3. Aufl. München/Wien 1997, S. 276-279, S. 278.

die vierte Fassung durch die Beschriftung der Knöpfe eine Beziehung zwischen zwei Eheleuten herstellen.[8]

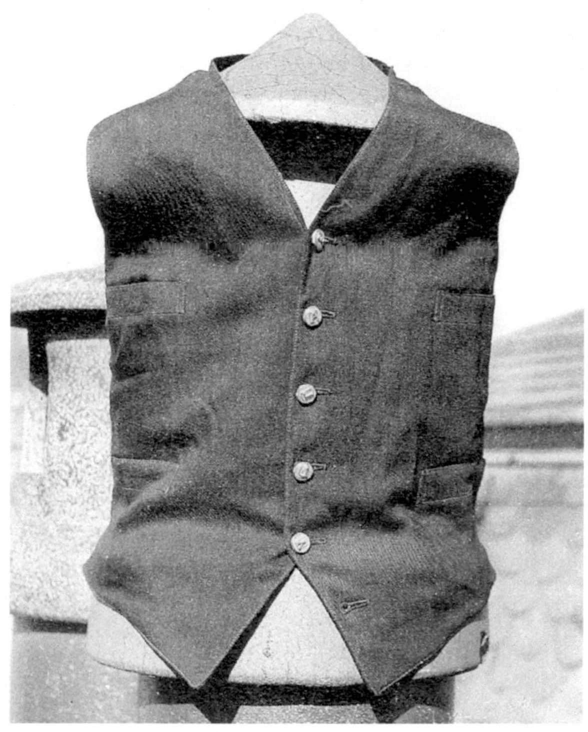

Abbildung 24: Marcel Duchamp, Waistcoat, 1958.

Der Vorname der Braut ist auf den Knöpfen der Weste von Paul Matisse nur richtig zu lesen, wenn ihr Träger sich im Spiegel anschaut. Paul Matisse beschreibt die Bedeutung dieses Kleidungsstückes: „Worn, however, by myself, it becomes the work of art which we all recognise and value. It is, therefore, unique in Marcel's work as a piece which requires a person, indeed a specific individual, to be present; when I put it on, I become, as it were, a Duchamp Readymade, selfregulated."[9]

8 Auf der ersten Version, einem Geschenk Marcel Duchamps an seine Frau, sind auf den Knöpfen die Buchstaben ihres Vornamens TEENY eingraviert. Die vierte Fassung, ein Geschenk an Duchamps Freund Julius Isaacs, trägt Knöpfe mit den Buchstaben des Vornamens dessen Frau BETTY.

9 Paul Matisse in einem Brief an Arturo Schwarz vom 9. Nov. 1964. Zit. aus: Schwarz, Arturo: The complete works of Marcel Duchamp. Vol. 2: The

Die Weste verlangt also nach dem spezifischen Träger Paul Matisse als Bräutigam und ist somit, wie er selbst anmerkte, ein Übergang von „die Braut von ihren Junggesellen nackt entblößt – sogar“ zu „der Bräutigam, bekleidet von Marcel Duchamp – sogar“[10]. Die Weste entspricht nicht mehr, wie die männischen Gussformen auf Marcel Duchamps großem Glas, der „Idee einer von der Leere erzeugten oder ‚aufgeblähten‘ menschlichen Form“[11], in der der Körper absent ist, sondern sie setzt die Präsenz eines spezifischen Trägers voraus. Durch dessen Körper wird sie von innen heraus geformt und geprägt. Über die skulpturalen Eigenschaften von Kleidung notierte Duchamp:

„Moules en plis. ex. type – pantalon porté et très marqué de plis. (Donnant une expression sculpturale de l'individu qui l'a porté.) Le fait de porter le pantalon, le port du pantalon est comparable à l'exécution manuelle d'une sculpture originale avec en plus, en renversement technique: en portant le pantalon la jambe travaille comme la main du sculpteur et produit un moule (au lieu d'un moulage) et un moule en étoffe qui s'exprime en plis.“[12]

Didi-Huberman hinterfragt in seiner Untersuchung des Abdrucks bei Marcel Duchamp, ob in Werken wie der Weste nun „der Körper die Kleidung formt oder umgekehrt, ob der Stoff eine Haut ist oder umgekehrt, ob die Kleidung das Geschlecht ausmacht, oder umgekehrt […].“[13] Es stellt sich also die Frage, ob man den Abguss nicht ebenso umdrehen und die „Falten in den Körper einprägen“[14] kann.

Die Weste von Paul Matisse dient hier zunächst als Umgrenzung seines Körpers. Mittels der Knöpfe mit den Buchstaben des Vornamens der Braut umschließt und definiert sie ihn. Auch wenn sich die Weste nicht

plates, critical catalogue raisonné, the bibliographies. 3. Aufl. New York 1997, S. 808.

10 Paul Matisse in einem Brief an Arturo Schwarz vom 9. November 1964. Zit. aus: ebd. S. 808.

11 Didi-Huberman, Georges: Ähnlichkeit und Berührung. Archäologie, Anachronismus und Modernität des Abdrucks. Köln 1999, S. 126.

12 „Faltige Gußformen. Beispieltyp – eine getragene Hose, von vielen Falten gezeichnet. (Gibt dem Menschen, der sie trägt, einen skulpturalen Ausdruck). Die Hose zu tragen, das Tragen der Hose ist mit der manuellen Ausführung einer Original-Skulptur vergleichbar. Und dazu eine technische Umkehrung: wenn man die Hose trägt, arbeitet das Bein so wie die Hand des Bildhauers und erzeugt eine Gußform (statt einen Abguß), eine Gußform aus Stoff, die sich in Falten ausdrückt.“ Duchamp, Marcel: Notes. Hg. von Pontus Hulten und Paul Matisse. Paris 1980, Nr. 44.

13 Didi-Huberman 1999, S. 153.

14 Ebd. S. 155.

materiell auf dem Körper einschreibt, so identifiziert sie Paul Matisse dennoch in seiner Rolle als Bräutigam und stellt gleichzeitig seine persönliche Beziehung zu seiner künftigen Frau heraus. Sie ist somit ein „definite statement on matrimony"[15] und definiert den Bräutigam sowohl in seiner persönlichen als auch in seiner sozialen Identität.

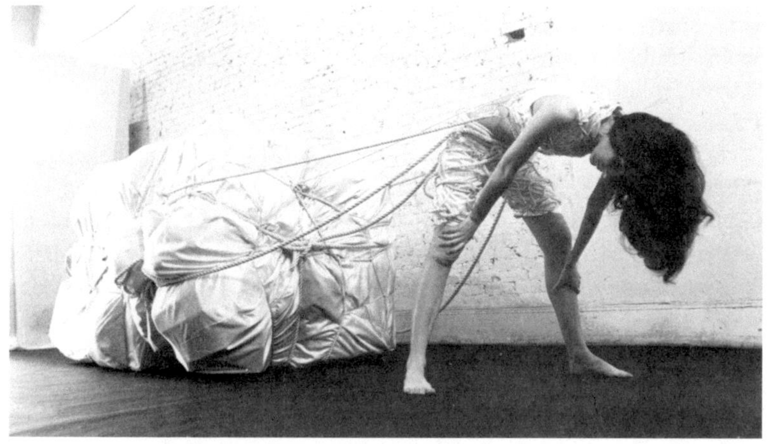

Abbildung 25: Christo, Wedding dress, 1967.

Nach Marcel Duchamp haben sich später zahlreiche Künstler vor allem mit dem Brautkleid in seinem traditionellen Verständnis als Symbol für Reinheit und Weiblichkeit und Ausdruck einer sozialen Identität beschäftigt. Das Brautkleid symbolisiert als rituelles Kleidungsstück den Übergang vom Mädchen zur Ehefrau und vermittelt den Wechsel einer sozialen Identität und eines persönlichen Status.

In dem „wedding dress" (*Abb. 25*), das Christo 1967 für eine Ausstellung in Philadelphia entwarf,[16] ist die knapp bekleidete Frau mit dicken Tauen an ein schweres, in weißer Seide verpacktes Paket gefesselt. Christo zeigt in dieser Arbeit, wie die knapp bekleidete Braut zwar vestimentäre Freiheiten genießt, die gesellschaftlichen Verpflichtungen als Ehefrau aber wie eine schwere Last hinter sich herschleppt. Christos Verpackung von Gegenständen wie Objekten verändert zunächst die Blickweise des Betrachters. Durch das „wedding dress" ist die Frau in ihrer Rolle als künftige Ehefrau identifiziert. Die verhüllte Last wirkt hier direkt auf ihren Körper. Durch die Seide des leichten Gewandes hindurch

15 Paul Matisse in einem Brief an Arturo Schwarz vom 9. November 1964. Zit. nach: Schwarz 1997, S. 808.

16 Für die Eröffnung der „fashion show", Museum of Merchandise, The Art Council, Philadelphia, 12.04.1967.

hinterlassen die Taue Spuren auf ihrer Haut. So schreibt sich der mit der Hochzeit verbundene Freiheitsentzug als Abdruck in ihre Haut ein. Das Kleid symbolisiert die aus der Hochzeit folgende Veränderung der sozialen Identität seiner Trägerin.

Während Christo die Braut noch in ihrer körperlichen Präsenz zeigt, verzichteten die Künstler der 80er und 90er Jahre bewusst darauf.[17] Robert Gober,[18] Janet Nolan[19] und in Frankreich Marie-Ange Guilleminot,[20] Sophie Calle[21] oder Gotscho[22] haben das Brautkleid meist ohne seinen Träger gezeigt und dabei auch auf ein verändertes Verständnis sozialer Identität hingewiesen.

Mit der Absenz des Körpers werden seit den 80er Jahren bevorzugte Thematiken wie Gender, Minoritäten-Konflikt oder Globalisierung veranschaulicht und dabei ein Mangel verdeutlicht, wie das fast völlige Fehlen der Frauen in der Geschichte[23] oder die vielen Opfer der AIDS-Epidemie. Auch Rosemarie Trockel gibt das historische Auslassen der Frau als Quelle für ihr Interesse an der Absenz an, auf die sie vor allem in ihren Strick-Arbeiten wie den Masken hinweist. „The masks, for example, consists not only of what they say, but also of what they exculde. They have absence as their subject."[24]

Neben der geschlechtspezifischen Identitätsklärung, die im Kapitel 7 untersucht werden soll, wird im Folgenden anhand der Arbeiten der französischen Künstlerinnen Orlan und Annette Messager untersucht, wie Künstler seit den 60er Jahren über die Kleidung Identität hinterfragen und welcher Stellenwert dabei dem Körper zukommt.

Messager widmete sich zu Beginn ihrer künstlerischen Tätigkeit der Rolle der Frau in der Gesellschaft zwar meist mit autobiografischem Hintergrund, in ihren späteren Arbeiten erkundet sie mit Kleidung jedoch auch den allgemein menschlichen Sozialisationsprozess.[25]

---

17 Die Ausstellung „Empty dress" widmete sich 1993 diesem Phänomen. Vgl.: Ausst.-Kat. New York 1993.

18 „wedding gown" (1990)

19 „the pregnant bride" (1992)

20 „La robe de mariée" (1994)

21 „the wedding dress" (1988)

22 „wedding" (1992)

23 Felshin, Nina: Empty Dress: clothing as Surrogate in Recent Art. In: Ausst.-Kat. New York 1993, S. 7-14, S. 8.

24 Rosemarie Trockel, in: Koether, Jutta: Interview mit Rosemarie Trockel. In: Flash Art, 134, Mai 1987, S. 40-42, S. 40.

25 Vor allem in ihren frühen fotografischen Arbeiten wie „Les enfants aux yeux rayés" (1971/72), „Les tortures volontaires" (1972), „Le Portrait des amants" (1977).

Die Arbeiten von Orlan sind dagegen vielmehr auf die multiple persönliche Identität der Künstlerin bezogen und ohne ihren Körper nicht denkbar. Orlan hinterfragt Identität sowohl auf persönlicher als auch auf gesellschaftlicher Ebene, indem sie ihren eigenen Körper in unterschiedlichen Rollen sozialer Identität inszeniert.

6.1. Orlan

Die französische Künstlerin Orlan,[26] die 1947 in Saint-Étienne geboren wurde, bedient sich seit Anfang der 60er Jahre ihres eigenen Körpers als künstlerisches Material, das sie in ihren frühen Arbeiten zunächst durch Verkleidung und seit den 90er Jahren sogar durch chirurgische Eingriffe transformiert.

In ihren Performances kommen ihre „draps de trousseau“, die Bettlaken ihrer Aussteuer, zum Einsatz, die sie im Alter von 16 Jahren von ihrer Mutter für die Mitgift erhalten hat. Über Jahrzehnte hinweg setzt Orlan diese in immer veränderten Formen als Körperhülle ein. Mit ihnen untersucht sie den Status des weiblichen Körpers,[27] hinterfragt ihre eigene Rolle innerhalb geschlechtlicher, gesellschaftlicher, christlicher, kultureller Strukturen und sucht nach veränderten Möglichkeiten der Darstellung ihrer Identität.

Weiße Laken begleiten den Menschen während seines ganzen Sozialisationsprozesses, von der Geburt bis zu seinem Tode (Totentuch). Sie verweisen auf das Privat- und Intimleben des Menschen, auf Traum und Sexualität. Das Weiß der Laken steht als Symbol für Reinheit und jungfräuliche Unschuld. Die Bettlaken der Aussteuer sind traditionell ein rollenspezifisches weibliches Material. Sie stehen als Metapher für das patriarchalische System, symbolisieren den gesellschaftlichen Übergang von der Tochter zur Ehefrau ebenso wie häusliche Werte und Pflichten. Sie vermitteln somit ein soziales Identitätsbewusstsein, das sich auf familiäre Rollenerwartungen und einen sozialen Status bezieht. Die „Mitgift“ verkörpert als Teil ererbter Riten und Bräuche ein starkes kulturelles Erbe.

---

26 Ihren Künstlernamen gab sich Orlan im Jahre 1962.

27 „Mon travail a toujours interrogé le statut du corps féminin, via les pressions sociales, que ce soit au présent; et dans le passé ou j'ai pointé certaines de ses inscriptions dans l'histoire de l'art.“ Vgl.: Orlan. Conférence. In: McCorquadale, Duncan (Hg.): Ceci est mon corps...Ceci est mon logiciel...This is my body...This is my Software...London 1996, S. 81-93, S. 84.

6.1.1. MesuRage

Eine der frühesten Interventionen, bei denen Orlan ihre Bettlaken nutzte, sind die seit 1974 begonnenen „mesuRages“ (*Abb. 26*). In diesen Performances vermaß Orlan mit ihrem Körper öffentliche Gebäude. Dabei trug sie über ihrer Alltagskleidung ein Gewand aus den Laken ihrer Aussteuer. Orlan berichtet über diese quasi wissenschaftlichen Messungen:

„J'enfile une robe de drap, toujours la même. Je mesure le lieu à l'aide de mon corps en m'allongeant au sol et en traçant un trait à la craie derrière ma tête. Je comptabilise avec un ou deux témoins le nombre d'Orlan-Corps contenu dans cet espace. – Je fais constat – Je quête l'eau – Je ôte ma robe, je la lave en public – Je fais des prélèvements de cette eau sale – prélèvements qui seront ensuite étiquetés, numérotés, cachetés à la cire – Je présente dans les galeries ces prélèvements, les constats, les photos ou la bande vidéo concrétisant ce travail.“[28]

Bei ihren Aktionen werden überlieferte Maßstäbe verändert. Die Länge eines Raumes wird nicht mehr mit Fragmenten des menschlichen Körpers wie Elle oder Fuß, sondern in ganzen Orlan-Körper-Einheiten gemessen. Damit macht die Künstlerin sich selbst zum Maß aller Dinge (Protagoras).

Zwischen 1974 und 1983 vermaß Orlan Gebäude, Straßen und Plätze in Frankreich, Italien, Belgien und New York, die als besondere Kulturorte gelten oder eine starke christliche Tradition haben, wie den Sankt-Petersplatz in Rom (1974), das Centre Georges Pompidou in Paris (2. Dez. 1977, anlässlich der Eröffnung des Museums) oder das Guggenheim Museum in New York (1983).[29]

---

28 Frei übersetzt: „Ich streife ein Kleid aus Laken über, immer dasselbe. Ich messe den Ort mit Hilfe meines Körpers, indem ich mich auf den Boden lege und einen Kreidestrich hinter meinem Kopf ziehe. Ich erfasse mit ein oder zwei Zeugen die Anzahl der Orlan-Körper in diesem Raum. – Ich mache ein Protokoll – Ich sammele das Wasser – Ich lege mein Kleid ab, ich wasche es in der Öffentlichkeit – Ich mache Entnahmen dieses schmutzigen Wassers – Entnahmen, die anschließend etikettiert, nummeriert, mit Wachs versiegelt werden – Ich präsentiere diese Entnahmen, die Protokolle, die Fotos oder das Video-Band, das diese Arbeit veranschaulicht, in Galerien.“ Orlan in: Place, Stéphane (Hg.): Orlan de l'art charnel au baiser de l'artiste. Paris 1997, S. 27.

29 In ihrer ersten MesuRages 1976 in der rue de Chateuabriand in Nizza trägt sie über ihrer alltäglichen Kleidung ein grob geschnittenes Gewand aus weißem Leinen, ohne Arme, das an beiden Seiten in einem Schlitz geöffnet ist und an der Taille mit einem breiten Gürtel geschnürt wird. Die späteren

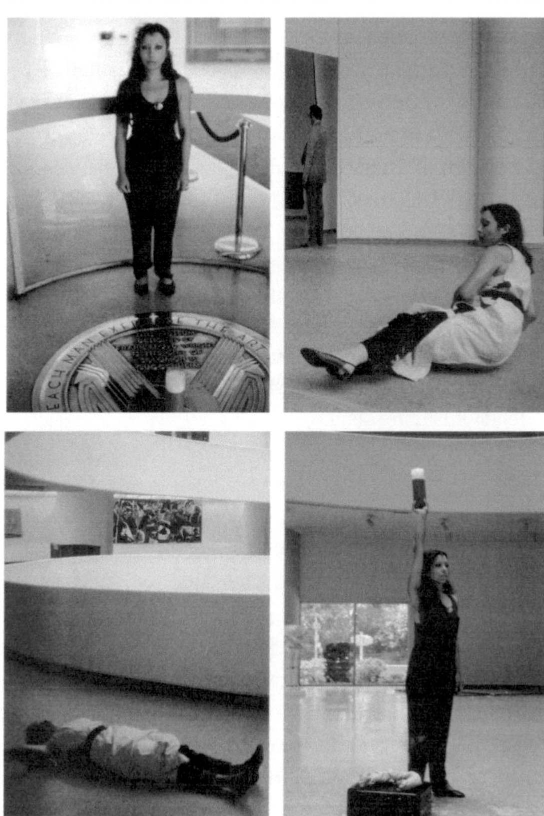

Abbildung 26: Orlan, MesuRage, Performance im Solomon R. Guggenheim Museum, New York, 1983.

Orlans Anliegen besteht also nicht in der Untersuchung allgemeiner räumlicher Dimensionen, sondern ganz spezieller kulturell und christlich geprägter urbaner Orte. Ihnen stellt Orlan ihren eigenen, bekleideten und somit sozialisierten Körper gegenüber. Das über die Alltagskleidung gezogene Gewand aus Laken dient dabei als Vermittlerinstanz zwischen den beiden Dimensionen, die auf ihm zusammentreffen. Entsprechend dem von Anzieu entwickelten Begriffs des „Haut-Ich" nutzt Orlan das Gewand als Filter der Beziehungen zwischen sich und ihrem Umraum.

MesuRages werden in einem anderen Gewand durchgeführt, bestehend aus einem vorderen und einem hinteren Stoffstück, die sowohl an den Schultern, als auch an den Seiten mittels schmaler Stoffstücke zusammengeknöpft werden können. Dieses Gewand wurde außerdem von einem schwarzen Gürtel eng an den Körper geschnürt.

Anzieu versteht „Haut“ nicht allein als eine organische, sondern ebenfalls als eine imaginäre originäre Gegebenheit. Das „Haut-Ich“ ist phantasmatische Wirklichkeit,[30] ein Netzwerk, das die Individualität des Menschen schützt und dessen Kommunikation mit der Außenwelt filtert.[31] Anzieus Haut-Ich fungiert somit ähnlich wie die Kleidung selbst als Kommunikationsmedium. Auch Orlan spricht von den Laken als Katalysator:

> „Wenn ich mich mit dem Raum messe, oder mit den Mythen, oder mit den eigenen Grenzen, und wenn ich als Katalysator die Betttücher meiner Aussteuer einsetze, dann geht es um den reinen Ausdruck, um die direkte Mitteilungsmöglichkeit. Nicht das Feministische, das manche Beobachter in einer solchen Demonstration gesehen haben wollen, steht im Vordergrund, sondern der größere, übergreifende Zusammenhang.“[32]

Auf ihnen bleiben am Ende der Performance sowohl der Schweiß der Künstlerin als auch der Schmutz des ausgemessenen Ortes zurück. Diese Spuren der Begegnung werden nach der Performance in einer rituellen Handlung aus dem Gewand ausgewaschen und das Wasser anschließend zusammen mit dem Lakengewand wie eine Reliquie ausgestellt. Mit dem Wasser als Essenz der Begegnung lässt sich die Suche nach klaren Bezugspunkten und einer Beziehung zwischen dem Körper der Künstlerin und dem öffentlichen kulturellen Raum symbolisieren. Die Präsentation von Gewand und Wasser gibt der Performance einen stark rituellen Charakter. Wie bei einer Heiligenverehrung wird das Gewand als eine Art Reliquie, als Manifest von Wissen ausgestellt. Diese Verbindung ist von der Künstlerin, die sich bereits seit 1971 den Titel „Sainte Orlan“ zulegt, durchaus beabsichtigt.

6.1.2. Selbstinszenierungen

In einer Serie von Arbeiten der 70er und 80er Jahre stellt sich Orlan mittels ihrer bewährten Laken in Rollen dar, die von der westlichen Kultur, Religion, Gesellschaft und Kunst geprägt sind. Mit ihrer Selbstinszenierung als Venus, Heilige, Jungfrau Maria, Mutter oder Hure, schöpft sie die ganze Bandbreite der weiblichen Identitäten aus.

30 Anzieu, Didier: Das Haut-Ich. Frankfurt a.M. 1991, S. 14.

31 „Diese epidermischen und propriozeptiven Wurzeln befähigen das Ich, sowohl Barrieren zu errichten [...] als auch den Informationsfluss [...] zu kontrollieren.“ Ebd. S. 61.

32 Orlan: Orlan. In: Kunstforum International, 32, Feb. 1979, S. 138-139.

„La déclinaison des images possibles de mon corps a traitée du problème de l'identité et de l'altérité."[33] Diese Deklination unterschiedlicher Körperbilder, mittels derer sie das „Problem der Identität und der Alterität" behandelt, kann exemplarisch an der Arbeit „Strip-tease occasionnel à l'aide des draps du trousseau" 1974-75 (*Abb. 27*) erläutert werden. In einer Serie von 18 Fotografien, die als Resultat einer privaten Performance entstanden sind, inszeniert sich Orlan in unterschiedlichen Rollen, die sowohl eine soziale Identität (Darstellung als Mutter), eine christliche Identität (Darstellung als Heilige) sowie eine künstlerische oder kulturelle Identität (Darstellung als Venus von Botticelli) ausdrücken.

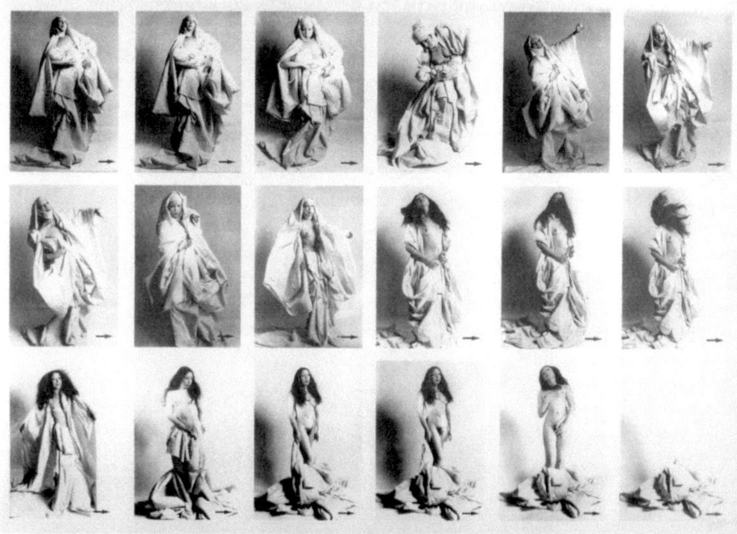

Abbildung 27: Orlan, Strip-tease occasionnel à l'aide des draps du trousseau, 1974-75.

Diese Arbeit ist das Ergebnis einer intensiven Beschäftigung mit dem christlichen Heiligenkult, bei der Orlan nicht nur die Bedeutung der Heiligen, sondern vor allem auch den Faltenwurf ihrer Gewandung studierte. In der Arbeit „Strip-tease occasionnel à l'aide des draps du trousseau", aber auch in ihren folgenden Arbeiten sind die Falten stark von der Marmorskulptur „Die Verzückung der heiligen Theresa" (1645-1652) (*Abb. 28*) von Bernini inspiriert. Charakteristisch für diese Skulptur, welche die

33 Frei übersetzt: „Die Deklination möglicher Bilder meines Körpers hat das Problem der Identität und der Altertität behandelt" Orlan. Conférence. In: McCorquadale 1996. S. 81-93, S. 84.

heilige Theresa im Moment der Transverbatio zeigt, ist die Darstellung der aufgewühlten Kleidung. Sie hat sich scheinbar vom Körper gelöst und veranschaulicht bildlich die Unordnung der Gefühle und die Erfahrung körperlicher Entgrenzung.[34] Wie Gilles Deleuze analysiert, zeichnet sich die typisch barocke Gewandung aus durch:

„eine weite, etwas gebauschte, gekräuselte, unterfütterte Kleidung, die mit den Falten nicht so sehr den Körper wiedergibt, sondern ihn vielmehr mit autonomen, immer vervielfältigbaren Falten umgibt […] Der Barock […] projiziert zu allen Zeiten und überall die tausend Falten der Kleidung, die dahin tendieren, ihre jeweiligen Träger zu vereinigen, deren Haltungen zu entgrenzen, ihre körperlichen Widersprüche zu überwinden und aus ihren Köpfen Schwimmer zu machen."[35]

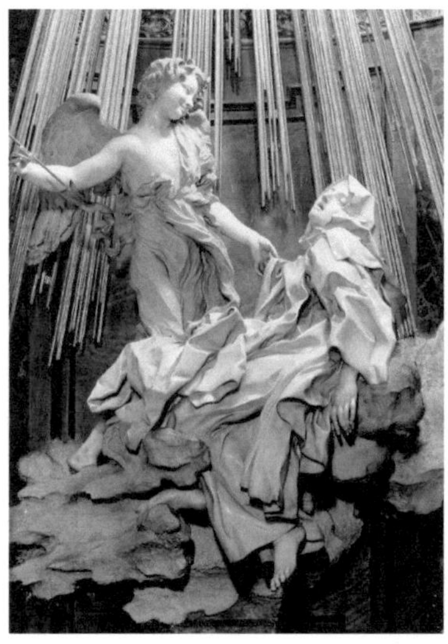

Abbildung 28: Bernini, Die Verzückung der hl. Theresa, 1645-1652.

Auch Orlan nutzt das Stilmittel des barocken Faltenwurfs zur Darstellung der Entgrenzung und Erweiterung des Körpers. In den mittels der Falten

34 Karin Wendt hat deutlich gemacht, wie sich die Kleidung in Kunst und Alltag des Barock in Folge der durch Reformation und Gegenreformation ausgelösten Zweifelhaftigkeit der Geistesgegenwart des Körpers, als „maßloser Maßstab" zwischen Körper und Welt legte. Vgl.: Wendt, Karin: Falten und Risse. Mode in Bildern. In: Magazin für Theologie und Ästhetik, 31, 2004. – URL (12.02.2006): http://www.theomag.de/31/kw36.htm

35 Deleuze, Gilles: Die Falte. Leibnitz und der Barock. Frankfurt a.M. 2000, S. 197.

unterschiedlich inszenierten Rollenmustern zeigt sie einen Körper, der keine eindeutige identitäre Umgrenzung hat, sondern fließende Übergänge in unterschiedliche Rollen erfährt.

Gehüllt in die üppigen Laken ihrer Aussteuer nimmt Orlan zunächst die Geste der stillenden Mutter ein, indem sie ein Lakenbündel vor ihre entblößte Brust hält. In einer schrittweisen Verwandlung geht sie mit bedeutungsvoll in Richtung Himmel erhobenem Zeigefinger zur Darstellung der Heiligen über. Aus der Rolle der Heiligen entblättert sie sich allmählich und entblößt zuerst ihren Oberkörper, dann ihr Haar, das sie in stürmischer Geste durch die Luft wirbelt, bevor die Hülle gänzlich fällt. Nun mit geordnetem Haar und unschuldig gen Himmel gerichtetem Blick präsentiert sich die Künstlerin in voller Blöße in der Pose der Venus von Botticelli. Die am Ende allein zurückgelassene Hülle beinhaltet alle Möglichkeiten der unterschiedlichsten weiblichen Identitäten.

Auch bei dieser Inszenierung kann man die Laken der Aussteuer, mit denen Orlan sich in unterschiedlichen Identitäten inszeniert, mit dem von Anzieu entwickelten Konzept des Haut-Ichs vergleichen. Das Haut-Ich entwickelt sich bei Anzieu über die enge Beziehung des Kindes zu seiner Mutter und dient als Bild „mit dessen Hilfe das Ich des Kindes während früher Entwicklungsphasen – ausgehend von seiner Erfahrung der Körperoberfläche – eine Vorstellung von sich selber entwickelt als Ich, das die psychischen Inhalte enthält“[36].

Während das Haut-Ich bei ihm jedoch nach der Sozialisation abgeschlossen ist und nicht mehr verändert werden kann, dient die Lakenhülle bei Orlan vielmehr der Demonstration der Flexibilität und ständigen Veränderbarkeit von Identität.

Auch in anderen Arbeiten entwickelt Orlan ihr Konzept multipler Identitäten. Mit ihren Selbstinszenierungen als „Sainte Orlan“[37] ordnet sie sich nicht nur in die Reihe der Heiligen ein, sondern gibt sich zugleich als Künstlerin und als Heilige aus. In ihren Rollen interpretiert Orlan auch immer wieder klassische Werke der Kunstgeschichte, wie die Odaliske von Ingres[38] oder die Venus von Jacques Blanchard[39].

In allen diesen Arbeiten dienen die Bettlaken der Aussteuer der Inszenierung verschiedener Frauen-Rollen: „Wenn ich mich von der Madonna zur Hure wandle, dann soll damit eine sehr simple Gleichung aufgestellt werden. Wir haben es einfach mit der Identität der Frau zu tun,

---

36 Anzieu 1991, S. 60.

37 Z.B. in „Etude documentaire n°28: Le Drapé-le Baroque. Sainte Orlan libertine se joue des photos de mariage“ (1986).

38 „Orlan en grande Odalisque d’Ingres“ (1977).

39 „A poil/sans poil“ Performance vor dem Bild von Blanchard im Louvre im Oktober 1978.

mit der Darstellung der Frau aus der Sicht verschiedenster sozialer Aspekte, die von der guten Mutter bis hin zu den Niederungen des Trivialen reichen können.“[40]

Orlan versucht die verschiedenen sozialen Aspekte der Identität der Frau in ihrer Darstellung zu vereinen. Mit ihrem steten Identitätenwechsel entgeht die Künstlerin, die ihren eigenen Namen nicht preisgibt und somit auch auf einen Teil ihrer persönlichen Identität verzichtet, einer Festlegung auf eine einzelne Identität: „Mais contrairement au désir du transsexuel, je ne désire pas une identité définie et définitive, je suis pour les identités nomades, multiples, mouvantes.“[41]

In ihren multiplen Inszenierungen nutzt die Künstlerin viele Facetten geschlechtlicher, gesellschaftlicher, christlicher, kultureller Identität. Dabei greift sie bewusst auf Archetypen zurück, die in der Kultur verankert sind und unsere Epoche, Geschichte und Identität geprägt haben, wie die Mutter, die Heilige und die Hure.

In letzter Konsequenz beließ Orlan ihre Arbeit nicht allein bei Experimenten mit der zweiten Haut, sondern unterwarf auch den eigenen Körper vielfachen Veränderungen. Nach dem Vorbild klassischer Werke der Kunstgeschichte ließ sie mit plastisch-chirurgischen Eingriffen ihr Gesicht mehrfach transformieren: ihr Kinn wurde nach dem Vorbild der Venus von Botticelli verändert, ihre Stirn nach der Mona Lisa des Leonardo Da Vinci, ihre Nase nach der Psyche von Jean-Léon Gérôme, ihr Mund nach der Europa von Gustave Moreau und ihre Augen nach der jagenden Diana aus der Schule von Fontainebleau.[42] Damit entzog sie sich selbst endgültig der Festlegung auf eine bestimmte Identität.

6.2. Annette Messager

Die Werke der französischen Künstlerin Annette Messager, die 1943 in dem Kurort Berck Plage in der Normandie geboren wurde, thematisieren seit den frühen 70er Jahren vor allem die Stellung des Menschen in der Gesellschaft, seinen Körper, Rollen- und Geschlechterfragen und zwischenmenschliche Beziehungsgeflechte. In ihren frühen künstlerischen Arbeiten beschäftigte sich Messager zunächst mit der Frage nach der

40 Orlan 1979, S. 138-139.

41 Frei übersetzt: „Aber im Gegensatz zu dem Wunsch des Transsexuellen wünsche ich mir nicht eine definierte und definitive Identität, ich bin für nomadische, multiple sich bewegende Identitäten“ Orlan: Orlan Conférence. In: Place 1997, S. 34-43, S. 42.

42 Vgl.: Wilson, Sarah: L’histoire d’O, sacré et profane. In: McCorquadale 1996, S. 7-17, S. 13.

eigenen Identität, die sie mit ihrer fiktiven Selbstdefinition als „Annette Messager Sammlerin“, „Annette Messager praktische Hausfrau“, „Annette Messager Trickserin“ oder „Annette Messager Künstlerin“[43] als multipel beschreibt. „Ich finde meine Identität in der Vielfalt dieser Wesen“[44] behauptet Messager und umgeht damit eine klare, konkrete Definition ihrer Identität.

Diese konstruierte Vielseitigkeit hatte ihren Ausgangspunkt in der häuslichen Situation der Künstlerin, einer kleinen Zweizimmerwohnung in Paris, die sie so aufteilte, dass sie in dem einen Raum als Sammlerin und in dem anderen als Künstlerin tätig sein konnte. Die jeweilige Aktivität wurde somit durch die räumlichen Umstände festgelegt.[45] Zu ihrer Suche nach ihrer Identität erklärt sie selbst: „I always feel that my identity as a woman and as an artist is divided, disintegrated, fragmented, and never linear, always multifaceted [...] always pictures of parts of bodies, fragments and closeups [...] I always perceive the body in fragments.“[46]

Die Geteiltheit, Aufspaltung und Fragmentierung, die sie für sich selbst empfindet, spiegelt sich auch in ihrer gesamten künstlerischen Arbeit. Das Fragmentarische ist, wie sich im Anschluss zeigen wird, grundlegendes Thema ihres gesamten Schaffens.[47] Auch der Körper begegnet uns in den Werken der Künstlerin, die den Surrealismus und vor allem das Werk von Hans Bellmer als eine ihrer Inspirationsquellen an-

43 Vgl.: Ausst.-Kat. Bonn 1978: Die Fortsetzungsromane mit Annette Messager. Annette Messager Sammlerin, Annette Messager praktische Hausfrau, Annette Messager trickreiche Frau, Annette Messager Künstlerin. Bonn (Rheinisches Landesmuseum 1978). Bonn 1978.

44 Annette Messager, in: Ausst.-Kat. Hamburg 1979: Eremit? Forscher? Sozialarbeiter? Das veränderte Selbstverständnis von Künstlern. Hamburg (Kunstverein und Kunsthaus 1979). Hamburg 1979, S. 24.

45 Zur Untersuchung von Künstlerkörper und architektonischem Umraum vgl. die Studie von Doris Krystof: Wegen Umbau geöffnet. Einige Bemerkungen zur Architektur des Subjektgehäuses. In: Ausst.-Kat. Düsseldorf 2000: Ich ist etwas Anderes. Kunst am Ende des 20. Jahrhunderts. Düsseldorf (Kunstsammlung Nordrhein-Westfalen) 2000. Köln 2000, S. 80-87.

46 Brief an Marion de Zanger, Dez. 1988. Zit. aus: Ausst.-Kat. Los Angeles 1995: Annette Messager. Los Angeles (County Museum of Art 1995), New York (The Museum of Modern Art 1995/96). New York 1995, S. 67/77.

47 „Everything I do is aimed against the unique, against purity.“ Annette Messager, in: Jortveit, Anne Karin: Along the Edges of Reality. An Introduction to Annette Messager's Art. In: Ausst.-Kat. Oslo 2004/05: Annette Messager. Between You and Me. Oslo (The National Museum/The Museum of Contemporary Art 2004/05). Oslo 2004, S. 13-17, S. 16.

gibt,[48] immer nur fragmentarisch wie z.B. in Form von zerstückelten Plüschtieren oder ausgestopften Tierleibern, die mit Köpfen von Plüschtieren ergänzt sind und vice versa. Auch in den Fotografien, die Messager oft mit weichen Materialien verbindet, ist der Körper meistens nur in Fragmenten gezeigt.[49]

Neben der Frage nach ihrer Individualität interessierte sich Messager schon früh für die allgemeine Definition von Weiblichkeit. In ihren Arbeiten nutzt sie überwiegend weiche Materialien, wie Plüsch, Felle, Federn, Netze, Kordeln, Wolle und Stoffe, die traditionell mit der weiblichen Rolle in Verbindung gebracht werden, auch wenn die gleichen Materialien heute ebenso von männlichen Künstlern wie z.B. Mike Kelley benutzt werden.

„Mein Bezug zu Plüschtieren und Textilien geht auf meine Beschäftigung mit Dubuffet und Oldenburg zurück. Heute verwende ich statt Textilien vor allem Netze, die wie Schleier wirken. Sie verbergen etwas, um es deutlicher zu zeigen."[50]

Jocks: „Manchmal arbeiten Sie mit Materialien, die mit weiblichen Eigenschaften in Verbindung gebracht werden." Messager: „Ich arbeite erst einmal mit Stoffen. Auch Sie tragen welche, denen Sie das Etikett weiblich abhängen. Sagen wir so: ich arbeite mit Materialien, die man in einem Haus findet und dazu gehören Wolle, Stifte, Netze und andere Dinge. Das sind doch keine ausschließlich femininen Materialien. Ich weiß überhaupt nicht, was das sein soll."[51]

Nicht allein aufgrund ihrer Materialwahl, sondern auch wegen ihrer Thematik wird die Arbeit von Messager oft unter feministischen Aspekten rezipiert und interpretiert. („[...] Annette Messager d'une identité d'artiste entièrement détermine par la féminité [...]"[52] „Her work brings to light perspectives and ideas that are relevant to the feminist discourse, though she declares that she herself has no particular agenda or political

48 Vgl. Messager in einem Gespräch mit Robert Storr. In: Ausst.-Kat. Paris 1995: Annette Messager. Faire Parade. 1971-1995. Paris (Musée d'Art Moderne de la Ville de Paris 1995). Paris 1995, S. 115.

49 Bereits in den frühen Arbeiten „Mes jalousies" (1972), „Les tortures volontaires" (1972), „les portraits des amants" (1977).

50 Annette Messager, in: Dialog: Kunst: Literatur: Annette Messager im Gespräch mit Heinz-Norbert Jocks. Köln 2001, S. 46-47.

51 Ebd. S. 7-8.

52 Frei übersetzt: „Annette Messager, mit einer künstlerischen Identität, die vollkommen von der Weiblichkeit bestimmt ist [...]" Grenier, Catherine: Annette Messager. Paris 2000, S. 128.

stance."[53]) Tatsächlich lässt sich vor allem in ihren frühen Arbeiten eine intensivere Auseinandersetzung mit der weiblichen Identität erkennen. In ihrer Arbeit „Ma collection de proverbes", 1975 (*Abb. 1*) („Meine Sprichwörtersammlung") stickte sie überlieferte frauenfeindliche Sprichwörter mit koloriertem Faden auf weiße Leinentücher. „C'EST LA FEMME QUI A FAIT POUSSER LES CHEVEUX BLANCS DU DIABLE" („Die Frau hat dem Teufel graue Haare wachsen lassen".) „SI LA FEMME ÉTAIT BONNE, DIEU AUSSI EN AURAIT UNE" („Wenn die Frau gut wäre, hätte auch Gott eine").

„Par exemple en 1973, j'ai relevé tous les proverbes qui étaient dits sur les femmes, je les ai brodés très soigneusement, je n'ai absolument rien changé si ce n'est d'en faire de sages broderies traditionnelles en très grand nombre. Le spectateur fait ce qu'il veut de ce qu'il voit, je ne veux pas lui imposer que ce soit. Mais en Italie où je les montrais, les gens venaient me voir pour me dire que toutes ces sentences étaient justes."[54]

Die Arbeit verbindet negative Vorurteile und bösartige Sprichworte über Frauen mit der traditionell von ihnen verrichteten und der niederen Kunst zugeordneten handwerklichen Tätigkeit des Stickens. Sie drückt auch Messagers Suche nach ihrem Selbstverständnis zwischen der Identität als Frau und als Künstlerin aus.

Bei der Verwendung weicher Materialien kommt es Messager somit weniger auf die Eigenschaften des Stoffes als vielmehr auf die gesellschaftliche Bedeutung an, die dem Umgang mit diesen Materialien zugeschrieben wird: „Wenn ich zu einem bestimmten Material greife, kann ich kein anderes verwenden. Das ist gewiß. Als ich beispielsweise mit Wolle von aufgezogenen Pullovern hantierte, so geschah das vor dem Hintergrund, dass Pullover auf dem Körper getragen werden. Wolle schützt den Körper. Folglich wird die aufgezogene Wolle zu einer Art äußerem Körperorgan."[55]

Auch die Kleider der im Anschluss besprochenen Arbeiten behalten diese enge Beziehung zum Körper und verweisen wie eine Häutung auf ihn. Wie scheinbare Anekdoten eines Lebens kennzeichnen sie die verschiedensten Etappen seiner Entwicklung.

Neben der Auseinandersetzung mit der persönlichen Identität untersucht Messager in ihren frühen Arbeiten auch ihre Positionierung innerhalb der Gesellschaft.

53 Jortveit 2004, S. 14-15.

54 Messager in einem Gespräch mit Robert Storr. In: Ausst.-Kat. Paris 1995, S. 107.

55 In: Dialog 2001, S. 7-8.

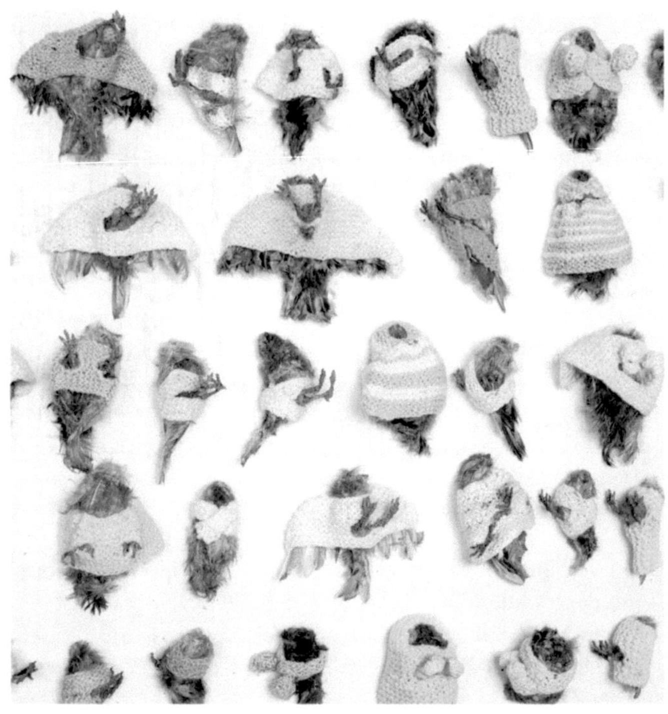

Abbildung 29: Annette Messager, Le repos des pensionnaires (Detail), 1972.

Für „Le repos des pensionnaires“[56] 1972 („Die Erholung der Internatsschüler“) (*Abb. 29*) hat Messager tot aufgefundenen Spatzen verschiedenfarbige Pullover aus Wolle gestrickt und sie damit bekleidet. Die Arbeit ist Teil einer Serie mit toten Vögeln, mittels derer Messager ambivalente Rollen, sowohl der fürsorglichen Mutter als auch der bestrafenden Autoritätsperson (wie in „La punition des pensionnaires“, 1971) ausübt. „[...] mein Spatzenheim repräsentierte die perfekte Simulation der Mutter-Kind-Beziehung, einer Rolle, in der die Frau angeblich ganz aufzugehen hat.“[57] „Wenn sie sich daneben benahmen, fesselte ich sie oder klemmte sie in Schraubstöcke ein [...]“[58]

56 Sammlung Centre Georges Pompidou, Paris. Die Arbeit wurde 1972 im Rahmen der Ausstellung „Wool Art – artistes et la laine“ (gesponsort von der Marke Woolmark) in der Pariser Galerie Germain gezeigt.

57 Messager zit. aus: Jungk, Peter Stephan: Annette Messager: Zwischen Zärtlichkeit und Folter. In: Art. Das Kunstmagazin, Aug. 1999, 8, S. 72-79, S. 79.

58 Messager zit. aus: ebd. S. 79.

Anhand der Mutter-Kind-Beziehung experimentiert Messager mit ihrer Rolle innerhalb des sozialen Systems, indem sie die Attitüden einer sich kümmernden Mutter überspitzt, ohne sie jedoch anzuprangern. Sie selbst bezeichnet die Arbeit als Hinterfragung ihres Lebens zwischen seriöser Künstlerin und potentieller Mutter.[59]

Nach der Untersuchung ihrer eigenen Position in Gesellschaft und Umwelt, der sie sich mit Hilfe fragmentarischer, nie festgelegter Rollen hatte nähern wollen, beschäftigt Messager sich in den Arbeiten der ausgehenden 80er Jahre vor allem mit der Darstellung einer sozialen Identität. Dabei kombiniert sie in erster Linie die in jedem Haushalt vorkommenden Materialien wie Stifte, Plüschtiere, Handschuhe oder Kleider.[60] Die Plüschtiere werden allerdings nicht im Ganzen gezeigt, sondern ihnen werden einzelne Gliedmaßen abgetrennt oder ihr Plüsch wie eine Haut vom Corpus abgezogen.

Auch die Kleidungsstücke, die Messager in einer Reihe von Arbeiten seit Ende der 80er Jahre verwendet, sind nur ausschnitthafte Dokumente des Lebens. Zwar sind sie nicht zerstückelt, doch lässt sich aus den einzelnen Teilen kein eindeutiger Träger ausmachen. Es sind fragmentarische Reminiszenzen von Geschichten, die auf die Vielseitigkeit der weiblichen Identität hinweisen.

6.2.1. Wünsche

In einer Werkreihe mit dem Titel „Mes Vœux" aus den 80er Jahren stellt Messager gerahmte Fotografien menschlicher Körperteile zu einem Ensemble zusammen. Die Arbeit „Vœux" (1988) (*Abb. 30*) bezieht nun erstmalig ein gebrauchtes Kleidungsstück in den Materialkanon der Künstlerin mit ein.

„Vœux" besteht aus einem langen schwarzen Rock mit verspielten weißen Stickereien am Saum. Weit ausgebreitet direkt auf der Wand befestigt sind an ihm mit Bindfaden und Sicherheitsnadeln Schwarzweißfotografien unterschiedlicher Körperfragmente befestigt. Die Fotografien

59 Messager in einem Gespräch mit Heinz-Norbert Jocks. In: Dialog 2001, S. 13.

60 So stellt sie ihre Arbeit „2 clans 2 familles", 1998 (zwei Sippen zwei Familien) mit Plüschtieren bekleidete Figuren solchen gegenüber, die mit Plastiktüten bekleidet sind und ordnet den jeweiligen Materialien eine entsprechend andere Funktion in der Vermittlung eines sozialen Status zu. „Die Plüschtiere repräsentieren die Pelzmäntel, während die Plastiktüten die Armen symbolisieren." Messager in einem Gespräch mit Heinz-Norbert Jocks. In: Ebd. S. 54.

zeigen Körperteile von Männern und Frauen, wie Augen, Münder, Füße, Beine oder Geschlechtsteile.

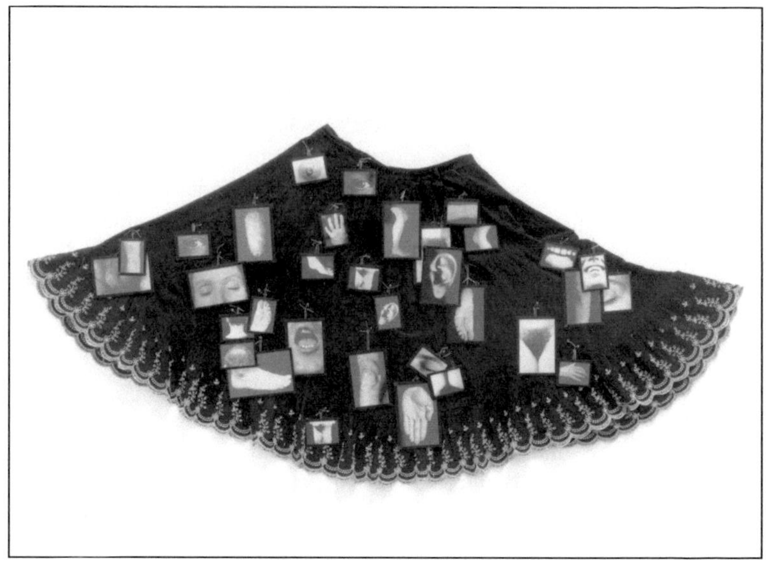

Abbildung 30: Annette Messager, Voeux, 1988.

Der Titel der Arbeit unterscheidet sich von den vorhergehenden nicht allein durch die Integration der Kleidung, sondern auch durch den Wegfall des Possessivpronomens „Mes“ (aus „meine Wünsche“ wird „Wünsche“) und scheint somit eine allgemeine Leseweise ermöglichen zu wollen.

So begegnen dem Betrachter in den Körper-Fotografien, die gewöhnlich als Mittel der Identifikation und Dokument klarer Identität gelten, ‚abstrakte‘ Körper, die mal groß, mal klein, mal anziehend, mal abstoßend wirken und nicht auf eine bestimmte Person verweisen, sondern Fragmente verschiedenster menschlicher Körperteile zeigen. Da der Rock als verbindendes Element die einzelnen Fragmente miteinander in Beziehung setzt, lassen sie sich in der Vorstellung des Betrachters individuell zu Geschichten zusammenfügen. Der Rock und die Fotografien zeigen unterschiedliche Facetten des Selbst. Sie drücken die Vielseitigkeit der menschlichen Identität aus, wobei jeder Betrachter in dieser Arbeit Teile seiner eigenen Identität wieder erkennen kann.

6.2.2. Histoire des robes

Die Arbeit „Histoire des robes“[61] von 1990 (*Abb. 31*) besteht aus 20 jeweils einzeln in Holzkisten mit Glasdeckel aufbewahrten Kleidern. Jedes Kleid hat eine andere Farbe und ist mit unterschiedlichen daran befestigten Texten, Fotos, Zeichnungen und Symbolen versehen.

Unter den Kleidern befinden sich z.B. ein dunkelblaues Kleid, an dem zahlreiche gezeichnete Glückssymbole wie das vierblättrige Kleeblatt, ein Schwein oder Hufeisen mit Sicherheitsnadeln befestigt sind, ein weißes Kleid mit handschriftlich beschriebenen Zetteln mit Worten wie „promesse“, „rencontre“, „envie“ oder „hésitation“, ein hellblaues Kleid mit kleinen gerahmten Herzchen, die bisweilen mit Pfeilen durchstochen sind, ein rosarotes Kleid, das auf einer Zeichnung eine Maus und eine Ratte zeigt, die an einem Stück Käse knabbern, ein schwarzes Kleid mit sechs Tintezeichnungen in Form von Knochen und ein bordeauxfarbenes Kleid mit überzeichneten erotischen Fotografien.

Zehn Vitrinenkästen sind an der Wand angebracht, die restlichen stehen auf dem Ausstellungsboden. Sämtliche Vitrinen sind geschlossen, so dass der Zugriff verwehrt bleibt und die Kleider lediglich reliquiengleich betrachtet werden können. Jedes dieser getragenen Kleider hat jedoch eine Geschichte, die weder dem Betrachter noch der Künstlerin selber bekannt ist, die angibt, sie auf dem Flohmarkt erstanden zu haben.[62] Das reliquienhafte der Arbeit wird durch den zeitlosen Stil der Kleidung, die sich keiner Modeepoche zuordnen lässt, ebenso verstärkt wie durch die handgefertigten Zeichnungen und Fotos die wie Erinnerungsstücke sorgfältig drapiert wurden. Die bunten Farben, der unterschiedliche Schnitt und die diversen Dekorationen der Arbeiten geben fragmentarische Einblicke in die Facetten des weiblichen Lebens, das vielseitig und abwechslungsreich und sowohl grotesk als auch traurig, ernst und albern sein kann. Die Kleider veranschaulichen in ihrer Gesamtheit die multiple Persönlichkeit und Identität der Frau. „Les éléments de mon vocabulaire, si je puis dire – les peluches, les robes, les animaux, les morceaux de corps – sont des restes précieuses, des reliques [...] une relique sent toujours la mort. Les petits effigies sont pour moi des dépouilles, de petits

61 Die Beschreibung bezieht sich auf die 1995 im Musée d’Art Moderne de la Ville de Paris gezeigte Version der Arbeit.

62 Annette Messager in einem Interview mit Nicolas Goletto. In: Goletto, Nicolas: Le vêtement dans l’œuvre d’Annette Messager (Mémoire de DEA, Paris). Paris 2005, S. 108.

cadavres de l'enfance auxquels on reste très attaché, les robes couverts de petits dessins ou mots encadrés sont comme une peau tannée.“[63]

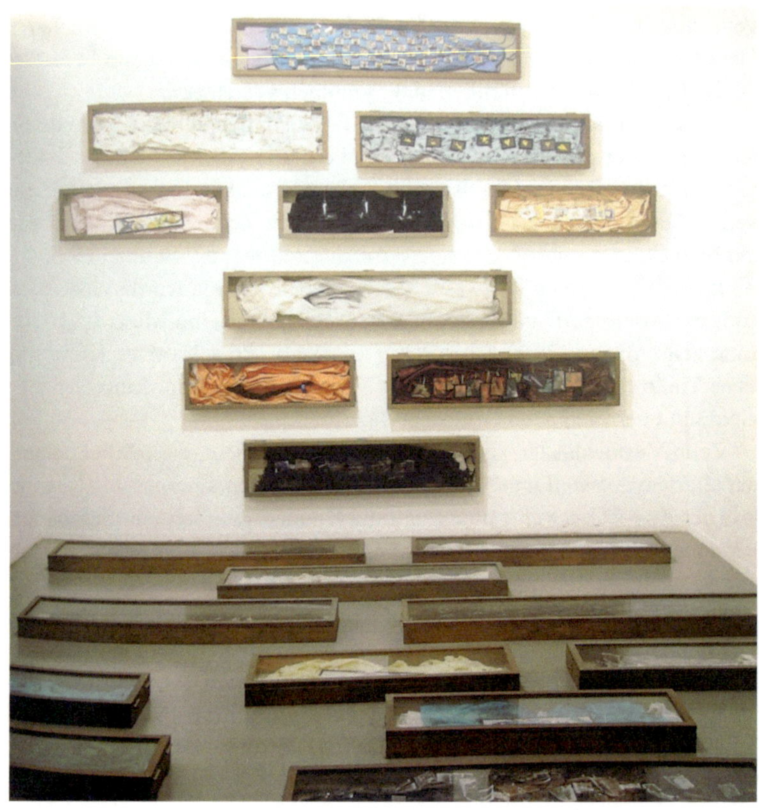

Abbildung 31: Annette Messager, Histoire des robes, 1990.

Die Kleider, die wie eine gegerbte Haut unmittelbare Zeugen gelebter Geschichte zu sein scheinen, symbolisieren eine weibliche Identität, die nicht stabil, sondern immer verändert, fragmentiert und hybrid ist. An ihnen lassen sich Erlebnisse und Emotionen aus verschiedenen Lebenssituationen der Frau wie Liebe, Hochzeit, Glück, aber auch Elend und Tod

63 Frei übersetzt: „Die Elemente aus meinem Wortschatz, wenn ich das sagen kann – die Stofftiere, die Kleider, die Tiere, die Körperteile – sind kostbare Reste, Reliquien [...] eine Reliquie riecht immer nach Tod. Les petits effigies sind für mich abgezogene Haut, kleine Kadaver der Kindheit, an denen man weiterhin sehr hängt, die mit kleinen Zeichnungen oder eingerahmten Worten bedeckten Kleider sind wie eine gegerbte Haut [...].“ Messager in einem Gespräch mit Robert Storr. In: Ausst.-Kat. Paris 1995, S. 113.

ablesen. Durch ihre Fragmentiertheit erhalten diese Darstellungen eine gewisse Allgemeingültigkeit, die die Frau nicht auf eine bestimmte Rolle festgelegt, sondern in unterschiedlichen Facetten ihres Lebens zeigt. Durch die Absenz des Körpers können die Kleider von jeder Frau als Ausschnitte ihres eigenen Lebens verstanden werden.

Wie die autobiografischen Untersuchungen zu Beginn ihrer künstlerischen Tätigkeit spiegeln Messagers Kleider-Arbeiten vor dem Hintergrund persönlicher Erlebnisse allgemeine menschliche Erfahrungen wieder. Durch die Vielfalt und Ausschnitthaftigkeit der Motive lassen sich die Kleider jedoch nicht auf eine Rolle, Geschichte oder Identität festlegen, sondern betonen die Komplexität menschlicher Identität.

6.3. Befund

Mittels der Kleidung, die im alltäglichen Gebrauch dem Ausdruck der klar umrissenen Identität ihres Trägers gilt, wird in den hier untersuchten Objekten die Pluralität und Vielschichtigkeit der Identität manifestiert.

Ebenso wie Orlan experimentiert Messager mit unterschiedlichsten Identitätskonzepten. Dabei gehen die Arbeiten aber über einen bloßen Selbstportraitcharakter hinaus. Vor dem Hintergrund der persönlichen Erfahrung der Künstler reflektieren sie allgemeine soziale Identität.

Die Arbeiten von Orlan und Messager zeigen unterschiedliche Versuche der Zelebrierung sich wandelnder, oft fragmentierter Identität. Sie beleuchten, wie Künstler seit den 60er Jahren mit Hilfe neuer Materialien die körperlichen Ausdrucksmöglichkeiten erweitern, festgelegte Rollenverteilungen aufbrechen und mit unterschiedlichen Identitätskonstrukten experimentieren. Auf der Suche nach einer fassbaren Definition des Selbst erkunden sie den Körper und dessen Umgrenzung. Diese Erkundungen gehen einher mit einem „scheinbaren Rückzug ins Private“,[64] der jedoch nicht auf Innerlichkeit gerichtet ist, sondern die Veränderungen der Gesellschaft nachzuvollziehen sucht. Wie bei einer ethnologischen Spurensicherung[65] nähern sich die Künstler ihrer persönlichen, ländlichen oder städtischen Umgebung: Annette Messager definiert sich in ihren unterschiedlichen Identitäten zunächst durch das häusliche Umfeld. Die Materialien ihrer Kunst entnimmt sie den Gegenständen des alltäglichen Lebens. Auch Orlan erkundet mit Hilfe der Bettlaken, Materialien aus ihrem privaten Bereich, und ihres eigenen Körpers als Maßstab den sie umgebenden sozialen Raum.

64 Metken, Günter: Spurensicherung. Kunst als Anthropologie und Selbsterforschung. Fiktive Wissenschaften in der heutigen Kunst. Köln 1977, S. 11.

65 Vgl. ebd.

Beiden Künstlern geht es dabei vor allem um „die Darstellung multiplizierter und manipulierter Identitäten“[66] und deren Befreiung von gesellschaftlichen Beschränkungen und Festlegungen. Das Phänomen der Auflösung einer einheitlichen, festgelegten Identität, das sich in der amerikanischen Kunst z.B. auch anhand der Arbeiten von Cindy Sherman nachverfolgen lässt, die durch immer veränderte Maskeraden und Verkleidungen den Körper nur noch fragmentarisch darstellt,[67] ist Ausdruck einer allgemeinen Krise der Identität. „Denn in seiner Wende nach innen hat sich das Subjekt als mehrschichtig erwiesen, als plural, als sprachbeziehungsweise diskurszentriert, als dezentriert, als spielerisch.“[68]

Der Festlegung auf eine fixierte Identität entziehen sich die beiden Künstlerinnen immer wieder durch Selbstinszenierungen in unterschiedlichen Rollen: Messager eröffnet sich durch ihre „Tricksereien“ und erfundenen Geschichten immer wieder die Möglichkeit zur Umgehung einer singulären Identität zu Gunsten einer „Multiplizierung ihres Ich“,[69] einer vielschichtigen Persönlichkeit. Orlan sucht durch ihre Selbstinszenierungen „nomadische, multiple und bewegliche Identitäten“[70] darzustellen. Beide nutzen die Kleidung als Medium, um diese Vielschichtigkeit des Selbst aufzuzeigen. So präsentiert Messager Kleider wie Reliquien unterschiedlicher Facetten des menschlichen Lebens. Orlan inszeniert in ihrer Selbstdarstellung gleichzeitig so entgegengesetzte Rollen wie Heilige und Hure und nutzt dabei die Bandbreite der weiblichen Identität. Beiden Künstlerinnen dient die Kleidung nicht mehr als Umgrenzung eines definierten und festgelegten Subjekts, sondern der Darstellung hybrider, fragmentarischer und multipler Identitäten. Entsprechend dem von der Postmoderne vertretenen Glaubensbekenntnis der Vielfalt[71] wird Kleidung nicht mehr zur Bestimmung einer konkreten Rolle verwendet, sondern zur Darstellung komplexer Möglichkeiten von Identität in der heutigen Gesellschaft genutzt.

---

66 Krystof, Doris: Wegen Umbau geöffnet. Einige Bemerkungen zur Architektur des Subjektgehäuses. In: Ausst.-Kat. Düsseldorf 2000, S. 80-87, S. 81.

67 Ebd. S. 81.

68 Saul 1998, S. 342.

69 Krystof, Doris: Annette Messager. In: Ausst.-Kat. Düsseldorf 2002: Ich ist etwas Anderes. Kunst am Ende des 20. Jahrhunderts. Düsseldorf (Kunstsammlung Nordrhein-Westfalen 2000). Köln 2000, S. 144-148, S. 144.

70 Orlan: Orlan Conférence. In: Place 1997, S. 34-43, S. 42.

71 „Multiplicity is the credo of post-Modern civilisation.“ Pohlen, Annelie: The Utopian Adventures of Annette Messager. In: Artforum International, 151, Sept. 1990, 1, S. 111-116, S. 111.

7. Gewand, Geschlechterrolle und Geschlechtsidentität

Seit Beginn der 70er Jahre wurde ausgehend von der Frauenbewegung[1] in Europa und Amerika die Forderung nach geschlechtlicher Gleichberechtigung laut, die bald auch eine philosophische Debatte entfachte. In theoretischen Beiträgen zur Untersuchung der Unterschiede der Geschlechter hatte Simone de Beauvoir in Frankreich bereits 1949 in ihrem Buch „Le deuxième sexe“[2] zwar das anatomische Geschlecht als faktisch unwandelbar, die Geschlechtsidentität dagegen als eine soziale Konstruktion definiert. Bei ihrer Formulierung „on ne naît pas femme, on le devient“[3] geht sie davon aus, dass die Geschlechtsidentität des Menschen nicht, wie etwa Freud behauptet, vom anatomischen Geschlecht, sondern durch gesellschaftlichen Druck gebildet wird und somit angeeignet ist. „Le rapport des deux sexes n'est pas celui de deux électricités, de deux pôles: l'homme représente à la fois le positif et le neutre [...]. La femme apparaît comme le négatif si bien que toute détermination lui est imputée comme limitation, sans réciprocité.“[4]

In einer umfangreichen empirisch-historischen Bestandsaufnahme ergründet Beauvoir die Ursprünge für die Subjekt-Objekt-Unterscheidung zwischen dem Mann, der als „transzendent“ und der Frau, die als „immanent“ verstanden wird.[5] Mit ihrem Ansatz, die weibliche Min-

1 Bereits zu Beginn des 20. Jahrhunderts hatte es eine starke feministische Bewegung gegeben, die sich unter anderem für die Befreiung der Frau vom Korsett eingesetzt hatte. Vgl. Kap. 4.1.

2 Beauvoir 1949.

3 „Man kommt nicht als Frau zur Welt, man wird es.“ Ebd. Bd. II, S. 12.

4 „Das Verhältnis der beiden Geschlechter ist nicht das zweier elektrischer Ströme, zweier Pole: der Mann vertritt so sehr zugleich das Positive und das Neutrale [...]. Die Frau dagegen erscheint als das Negative, so daß jede Bestimmung ihr zur Einschränkung gereicht, ohne daß die Sache umkehrbar wäre.“ Ebd. S. 14.

5 Vgl.: Laue, Monika: Wahre Weibeskünste? Zur Problematik einer femininen Ästhetik in der zeitgenössischen Kunst. Cindy Sherman, Rosemarie Trockel und Rebecca Horn. München 1996, S. 16.

derwertigkeit als nötigen Mechanismus für die Herrschaft des männlichen Geschlechts zu charakterisieren, bezweifelt Beauvoir die Kategorie „Geschlecht“ an sich. Darin folgen ihr vor allem feministische Theoretikerinnen, deren Auseinandersetzung mit Geschlechterfragen gegen Ende der 70er Jahre in die von Amerika ausgehenden „Gender Studies“ mündete, die durch die Differenzierung des Begriffs „Geschlecht“ in „sex“ (biologisches Geschlecht) und „gender“ (sozialkulturell hergestellte Geschlechterdifferenz, Geschlechtsidentität als gesellschaftliche Klassifizierung) die Unterschiede zwischen den Geschlechtern genauer zu analysieren suchen. Geschlechterdifferenz wird dabei vor allem als Folge kultureller Zuschreibungen verstanden.[6] „Gender“ als Analysekategorie verspricht darin „die Möglichkeit, die fragwürdig gewordene Opposition zwischen Frauen und Männern zu dekonstruieren, sie gleichzeitig jedoch in ihrer sozialen, kulturellen und politischen Realität als Mechanismus der Hierarchisierung ernstzunehmen.“[7]

In den USA erweiterte Judith Butler mit ihrem Buch „Gender Trouble“[8] im Rückgriff auf Michel Foucault die Gender-Debatte um die These, dass auch der Körper selbst eine soziale Konstruktion sei, die erst in und durch die Markierungen der Geschlechtsidentität ins Leben gerufen würde.[9] „Doch der ‚Leib‘ ist selber eine Konstruktion – wie die unzähligen ‚Leiber‘, die das Feld der geschlechtlich bestimmten Subjekte bilden. Man kann nämlich den Körpern keine Existenz zusprechen, die der Markierung ihres Geschlechts vorherginge.“[10]

Für Judith Butler sind sowohl gender als auch sex nicht nur sozial, sondern vor allem rhetorisch konstruiert. Die Bilder von Weiblichkeit sind nach ihrer Theorie also Ergebnisse von Worten:

„Innerhalb des überlieferten Diskurses der Metaphysik der Substanz erweist sich also die Geschlechtsidentität als performativ, d.h., sie selbst konstituiert die Identität, die sie angeblich ist. In diesem Sinne ist die Geschlechtsidentität ein Tun […]. Hinter den Äußerungen der Geschlechtsidentität (gender) liegt keine geschlechtlich bestimmte Identität (gender identity). Vielmehr wird diese Iden-

6 Vgl.: Hof, Renate: Die Entwicklung der Gender Studies. In: Bußmann, Hadumod; Hof, Renate (Hg.): Genus – zur Geschlechterdifferenz in den Kulturwissenschaften. Stuttgart 1995, S. 2-33.

7 Ebd. S. 21.

8 Amerikanische Erstausgabe 1990. 1991 erschien das Buch erstmals in Deutschland unter dem Titel „Das Unbehagen der Geschlechter“.

9 Laue 1996, S. 20.

10 Butler, Judith: Das Unbehagen der Geschlechter. Frankfurt a.M. 1991, S. 26.

tität gerade performativ durch diese ‚Äußerungen‘ konstituiert, die angeblich ihr Resultat sind.“[11]

Nachdem es für Butler keine dem Diskurs vorgängige Materialität gibt, muss zwangsläufig eine „Verflüssigung der Kategorie Geschlecht“[12] eingeleitet werden, die „das System der Zweigeschlechtlichkeit, das kein Drittes kennt und in dem das Gesetz der Zwangsheterosexualität herrscht, grundsätzlich in Frage“ stellt.[13] Zur Charakterisierung der Frau schlägt Butler einen Terminus vor, der ständig offen, umdeutbar und vielfältig bleibt.[14]

In der Kunst hatte Marcel Duchamp bereits in den frühen 20er Jahren unter seinem Pseudonym „Rrose Sélavy“ mit unterschiedlichen geschlechtlichen Identitäten experimentiert. In seinem weiblichen Selbstbildnis, das auf der Parfumflasche mit dem Namen „Belle Haleine. Eau de Voilette“ abgebildet war, weist er im Titel auf den Hüllencharakter seiner Selbstdarstellung hin (voille = Schleier) (*Abb. 32*). Die Verhüllung bedeutet aber vor allem eine Untersuchung neuer Schichten des geschlechtlichen Selbst.[15]

Auf der Surrealistenausstellung 1938 in der Pariser Galerie des Beaux Arts präsentierte Duchamp ohne Integration des eigenen Körpers ein Kleidungsstück, das die Eindeutigkeit der geschlechtlichen Identität seines Trägers in Frage zu stellen schien. Eine mit Schuhen, Hemd, Krawatte, Weste, Jacke und Hut des Künstlers bekleidete Schaufensterpuppe trug auf ihrem unverhüllten Schamhügel die Signatur Duchamps Pseudonym: „Rrose Sélavy“ (*Abb. 20*). Ist die Puppe die von Duchamp entkleidete Braut? (La Mariée mise à nu par ces Célibataires, même?) Oder muss man diese Arbeit nicht vielmehr der Gattung Selbstportrait zuordnen? Ebenso wie Duchamps Selbstdarstellungen als Rrose Sélavy als „virtuell bisexuell“[16] verstanden werden, handelt es sich bei der Arbeit von 1938 eher um den von dem Künstler so oft beschriebenen Autoerotismus. In jedem Fall findet hier durch die Kombination von weiblicher

11 Ebd. S. 49.

12 Braun 1995, S. 112.

13 Frübis, Hildegard: Kunstgeschichte. In: Braun/Stephan (Hg.) 2000, S. 262-275, S. 270.

14 Vgl.: Butler, Judith: Kontingente Grundlagen: Der Feminismus und die Frage der „Postmoderne“. In: Benhabib/Butler/Cornell/Fraser 1993, S. 31-58, S. 50.

15 Vgl.: Sykora, Katharina: Das Kleid des Geschlechts. Transvestismen im künstlerischen Selbstportrait. In: Nixdorff 1999, S. 123-152, S. 134.

16 Molderings 1983, S. 63.

Puppe und männlicher Kleidung des Künstlers ein Vexierspiel mit geschlechtlicher Identität statt.

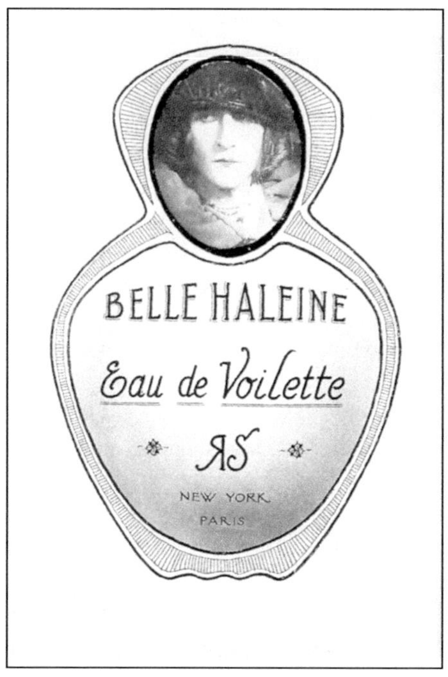

Abbildung 32: Marcel Duchamp, Belle Haleine: Eau de Voilette (Label), April 1921.

Seit den 60er Jahren haben Künstler verstärkt darauf hingewiesen, wie mit Kleidern überlieferte Geschlechtsidentitäten und Geschlechterrollen zum Ausdruck gebracht werden. Wie sie in der Kunst die Möglichkeiten zur Veränderung dieser Funktionen von Kleidung aufzeigen und, oft parallel zu der philosophisch-theoretischen Debatte, zu einer schrittweisen Relativierung der Kategorie Geschlecht beitragen, soll im Folgenden anhand der Künstler Niki de Saint Phalle, Michel Journiac und Rosemarie Trockel skizziert werden.

7.1. Niki de Saint Phalle

Niki de Saint Phalle (1930-2002), einziges weibliches Mitglied der 1960 gegründeten Gruppe der „Nouveaux Réalistes“ gilt als Inbegriff einer Frau, die aus ihrer traditionellen Geschlechterrolle ausbrach und sich mit ihrer weiblichen Sichtweise einen Platz in der männlich beherrschten

Kunstszene schuf. Zu ihrer persönlichen Lage zu Beginn der 60er Jahre äußerte sie sich: „Ich fing an, nach meiner Identität als Frau zu suchen und die verschiedenen Rollen zu wiederholen, die ich gespielt habe – die wir Frauen spielen.“[17]

Ihre Lebensgeschichte war auch Ausgangspunkt ihrer künstlerischen Auseinandersetzung mit geschlechtlicher Identität und Rollenverteilung. In ihrer Autobiografie beschreibt de Saint Phalle den früh entwickelten Wunsch, sich in der Männerwelt durchzusetzen. Dabei konnte sie sich selbst auch in einer Rolle als männlicher Held vorstellen: „I decided early to become a heroine. Who would I be? Georges Sand? Joan of Arc? Napoleon in drag?“[18] Das Machtverhältnis zwischen den Geschlechtern drückte sich auch über den Körper aus, den sie zum künstlerischen Experimentierfeld machte. Die mit Beginn der 60er Jahre entstandenen Arbeiten, die sich mit stereotypen weiblichen Sujets wie Gebärenden oder Bräuten beschäftigen,[19] deuten ein Interesse an der Darstellung von Weiblichkeit an, das de Saint Phalle dann erstmalig 1965 mit ihren Nanas in neue Formen übersetzte: „Ich sehe sie als Vorboten eines neuen, matriarchalischen Zeitalters [...]“[20] sagt die Künstlerin anlässlich ihrer Retrospektive im Jahre 1980 rückblickend über ihre Nanas. Bevor sie jedoch ihre berühmt gewordenen „Weiber“ schuf, hatte die junge Künstlerin, beeinflusst durch die Dada-Bewegung, seit Ende der 50er Jahre zunächst mit vielseitigen, meist dem Alltagsleben entnommenen Materialien experimentiert und dabei in einer Reihe von Collagen aus den Jahren 1960-61 auch Kleidungsstücke verarbeitet.

Bei der Auswahl der Materialien für ihre frühen Collagen lässt sich eine starke Aggressivität konstatieren. De Saint Phalle fügte Scheren, Messer, Rasierklingen und Waffen meist so zusammen, dass sie als Relikte eines Gewaltaktes erschienen. In der Collage „Broken Plates“, ca. 1958, oder „Night experiment“, circa 1959,[21] stellte sie zerbrochene Porzellanteile zu einer farbigen Komposition zusammen:

---

17 Ausst.-Kat. Duisburg 1980: Niki de Saint Phalle. Retrospektive 1954-80. Duisburg (Wilhelm Lehmbruck Museum 1980), Linz (Neue Galerie der Stadt 1980/1981), Nürnberg (Kunsthalle 1981), Berlin (Haus am Waldsee 1981), Hannover (Kunstmuseum Hannover mit Sammlung Sprengel 1981). Duisburg 1980, S. 21.

18 Saint Phalle, Niki de: Traces. An autobiography remembering 1930-1949. Lausanne 1999, S. 16.

19 Wie z.B. „Birth“ (1963), „Presque mariée“ (1963), „Autel des femmes“ (1964), „La marriée“ (1964).

20 Ausst.-Kat. Duisburg 1980, S. 36.

21 Collage mit verschiedenen Instrumenten und Waffen, wie Pistolen, Zangen, Sägeplatten.

„Ich begann, Reliefs imaginärer Landschaften mit Objekten herzustellen, ich hörte auf, in Öl zu malen und benutzte Gouache und Lackfarbe. Ich kaufte in Geschäften Spielzeuge und gebrauchte Gegenstände auf dem Flohmarkt – hauptsächlich Dinge, die mit Gewalt zu tun hatten, wie Beile, Messer und Pistolen. Es machte Spaß und war aufregend. Ich liebte diese neue direkte Art, mich selbst auszudrücken, anstatt monatelang langsam und geduldig an meinen Ölbildern zu malen."[22]

Die aus diesem Zitat zu entnehmende und in ihren Arbeiten deutlich spürbare Aggressivität entsprang ihrem allgemeinen Zorn, der sich in erster Linie gegen Männer,[23] aber auch gegen die bestehenden Gesellschaftsverhältnisse richtete, die die Künstlerin in ihrer Freiheit beschränkten und sie auf ihre überlieferte weibliche Geschlechterrolle festlegen wollten. „1961 I shot against daddy all men small men tall men big men fat men men my brother society the church the convent school my family my mother all men daddy myself men."[24] Ihre Gewalttätigkeit entspricht aber auch dem damaligen gesellschaftspolitischen Klima. In der Zeit des kalten Krieges und nach den kriegerischen Auseinandersetzungen in Korea, Indochina und Algerien ist die alltägliche Gewalt sowohl in den USA als auch in Europa in die Arbeiten vieler Künstler eingeflossen.

In den Jahren 1960-1961 entstanden sechs Collagen, in welche die Künstlerin auch Hemden integrierte.[25]

---

22 Niki de Saint Phalle, Brief an Jean Tinguely, in: Ausst.-Kat. Bonn 1992: Hulten, Pontus (Intendant): Niki de Saint Phalle. Bonn (Kunst- und Ausstellungshalle der Bundesrepublik Deutschland 1992), Glasgow (McLean Galleries 1993), Paris (Musée d'Art Moderne de la Ville de Paris 1993). Ostfildern 1992, S. 155.

23 In ihrem Buch „Mon Secret" berichtet Niki de Saint Phalle von dem im Alter von 11 Jahren erfahrenen Missbrauch durch ihren Vater. Vgl.: Saint Phalle, Niki de: Mon secret. Paris 1994.

24 Niki de Saint Phalle, in: Ausst.-Kat. München 1987: Schulz-Hoffmann, Carla (Hg.): Niki de Saint Phalle. Bilder – Figuren – Phantastische Gärten. München (Kunsthalle der Hypo-Kulturstiftung 1987). München 1987, S. 53.

25 „Cible portrait", ca. 1960, Maße unbekannt. – „Hors-d'œuvre (Portrait of my Lover/Portrait of Myself)", 1960, 81,5 x 62,2cm. – „Saint Sébastien (Portrait of my Lover/Portrait of my Beloved/Martyr nécessaire)", 1961, 72 x 55 x 7cm. – „Dart Portrait", ca. März/April 1961, 54,5 x 65cm. – „Dart Portrait", ca. März/April 1961, 108,5 x 94cm.

7.1.1. Saint Sébastien

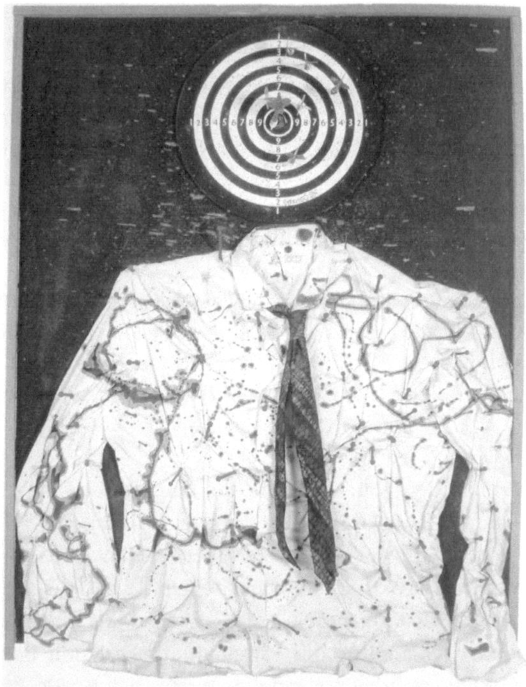

Abbildung 33: Niki de Saint Phalle, Saint Sébastien (Portrait of my Lover/Portrait of my Beloved/Marty nécessaire), 1961.

In der Arbeit „Saint Sébastien" (Portrait of my lover/Portrait of my Beloved/Martyr nécessaire, 1961) (*Abb. 33*) ist auf einer schwarzen Holztafel ein von zahlreichen Nägeln durchbohrtes weißes Herrenoberhemd mit Krawatte befestigt, das in der Technik des Drippings[26] mit Farbe bespritzt ist. Über dem Hemdkragen ist anstelle des Kopfes eine Dartscheibe angebracht, in der mehrere Wurfpfeile stecken.[27]

26 Die Arbeiten von Jackson Pollock, die 1959 zusammen mit anderen Werken amerikanischer Künstler in Paris gezeigt wurden, hatten auf Niki de Saint Phalle nach eigenen Aussagen einen wichtigen Einfluss. Vgl.: Ausst.-Kat. Bonn 1992, S. 154.

27 Restany berichtet wie Niki de Saint Phalle 1960 unter dem Titel „Tod des Heiligen Sebastian" Zielscheiben aus Korkeiche in ihre Arbeiten integrierte, die mit Pfeilen beworfen wurden und somit zum Vorläufer der tir-Bilder wurden: „unter dem symbolischen thema ‚tod des heiligen sebastian' integriert niki im jahre 1960 in ihre bildwerke zielscheiben aus korkeiche, die

Die Arbeit entstand nach Angaben der Künstlerin als Ausdruck ihres zwiespältigen Gefühls in ihrer Beziehung mit einem kurzfristigen Liebhaber, den sie darin portraitierte:

„Während dieser Zeit hatte ich eine kurze Affäre mit einem bekannten Künstler, der mir nachstellte. [...] Ich war nicht in ihn verliebt, aber er band mich auf gewisse Weise an sich. Ich mochte diese Abhängigkeit überhaupt nicht, deshalb kaufte ich eine Pistole, um ihn symbolisch zu töten. Es waren keine Patronen in dem Revolver, aber ich hatte ihn in meiner Handtasche, und es gab mir ein besseres Gefühl. Eines Tages kam ich auf die Idee, ihn zu portraitieren. In einem Spielwarenladen kaufte ich eine Zielscheibe, auf die man Pfeile werfen konnte und fragte ihn, ob er mir eines seiner Hemden geben würde. Ich band dem Hemd eine Krawatte um und klebte alles auf eine Holzplatte. Ich nannte es ‚Portrait of my Lover'. Ich fand Spaß daran, Pfeile nach seinem Kopf zu werfen. Es war eine erfolgreiche Therapie und ich begann, mich von ihm zu lösen."[28]

Dieses Zitat zeigt den sehr persönlichen Hintergrund der Arbeit und spiegelt die Aggressivität der Künstlerin als Folge der „Abhängigkeit" von ihrem Liebhaber. Das weiße Herrenoberhemd ist ebenso wie die Krawatte ein Statussymbol. Es zeichnet seinen Träger als geistig tätigen Kopfmenschen aus und vermittelt die traditionell als Eigenschaften des Mannes geltenden Qualitäten der Rationalität, Seriosität und Autorität. Durch das deutlich sichtbare Herstellerzeichen ist es als Markenhemd ausgewiesen, das den Träger einer gewissen Gesellschaftsschicht zuordnen lässt und den Eindruck von Qualität und gehobenem Standard vermittelt. Das Weiß des Hemdes drückt Reinheit, Korrektheit und Ordnungsliebe aus. Weil es bereits getragen ist, wird das Hemd zu einem sehr intimen Kleidungsstück, das die Spuren seines Trägers in sich aufgenommen hat.

Dieses Männlichkeit, Autorität, Seriosität, Ernsthaftigkeit, Korrektheit und bürgerliche Werte symbolisierende persönliche Kleidungsstück wurde ‚wehrlos' der Aggression der Künstlerin ausgesetzt. Niki de Saint

gewöhnlich für pfeilspiele verwendet werden. Die kleinen pfeile sind da, der betrachter wird aufgefordert, sich ihrer zu bedienen. dies ist im grunde nur die spielerische übertragung eines sadistischen aktes, der bald die technisch notwendige geste zur auflösung der schöpferischen metamorphose wird: die art, mit der flinte zu malen. ein jahr später, 1961, bringt niki die ‚überraschunsbilder' auf einen neuen stand." Restany, Pierre: „nana" de saint phalle. In: Ausst.-Kat. Hannover 1969: niki de saint phalle. werke 1962-1968. Hannover (Kunstverein Hannover 1969). Hannover 1969, o.S..

28 Niki de Saint Phalle in einem Brief an Jean Tinguely: „Dear Jean". In: Ausst.-Kat. Bonn 1992, S. 153-158, S. 156.

Phalle hat das reine Bild des Mannes befleckt und beschmutzt, gleichsam massakriert. Weil das Hemd keinem individuellen Träger zugeordnet werden kann, muss dieser Akt über die persönliche Emotion der Künstlerin hinaus auch als allgemeiner Angriff auf die durch das Hemd repräsentierte männliche Geschlechterrolle verstanden werden.

„1960 war ich eine sehr zornige Frau. Zornig auf die Männer, auf ihre Macht. Ich fühlte, dass sie mir meinen eigenen Freiraum geraubt hatten, in dem ich mich individuell entfalten konnte. Ich wollte ihre Welt erobern, mein eigenes Geld verdienen. Zornig auf meine Eltern spürte ich, dass sie mich für den Heiratsmarkt großgezogen hatten. Ich wollte ihnen zeigen, dass ich jemand war, dass ich existierte, dass meine Stimme, mein Protestschrei als Frau wichtig war.“[29]

Ihr Zorn richtet sich gegen ein Männerbild, das den Mann in seiner Autorität bestätigt und die Frau in eine Rolle zwingt, in der sie nur zweites Geschlecht ist. „Dabei braucht man nur mit offenen Augen durch die Welt zu gehen, um festzustellen, dass die Menschheit sich in zwei Kategorien von Individuen teilt, deren Kleidung, Gesichter, Körper, Lächeln, Gang, Interessen und Betätigungen sichtlich verschieden sind.“[30]

Mit ihren Pfeilen richtet Niki de Saint Phalle den durch das Hemd repräsentierten Mann förmlich hin und macht ihn damit nach dem Vorbild des Heiligen Sebastian gleichsam zum Märtyrer.

Auf der Ausstellung „Bewogen Beweging“ 1961 im Stedelijk Museum in Amsterdam wurde die Arbeit „Saint Sébastien“ neben anderen Dart-Objekten dem Publikum präsentiert.[31] Dort hat die Künstlerin ihre persönliche Aggression noch um eine kollektive Ebene erweitert, indem sie die Betrachter aufforderte, selbst Wurfpfeile auf die den Männerkopf repräsentierende Dartscheibe zu werfen.[32] Der Besucher wird so zum Mittäter und Vollender der Arbeit. Der durch das Hemd symbolisierte Mann ist nun nicht mehr allein der eigenen, intimen Anklage der Künstlerin ausgesetzt, sondern Opfer einer gesellschaftlichen Attacke. Während die Aggression gegen den Körper, wie das Durchbohren und Be-

29 Zit aus: Ausst.-Kat. Duisburg 1980, S. 20.

30 Beauvoir, Simone de: Das andere Geschlecht. Sitte und Sexus der Frau. 5. Aufl. Reinbeck bei Hamburg 2005, S. 11.

31 Im gleichen Jahr wurde sie auch im Pariser Musée d’Art Moderne de la Ville de Paris auf der Ausstellung „Comparaisons: Peinture. Sculpture“ gezeigt.

32 „Meine Collagen waren erste Versuche, die mir innewohnende Gewalt zu übersetzen. In „The Necessary Martyr“ forderte ich die Betrachter auf, Wurfpfeile gegen den Kopf eines Mannes zu schleudern.“ Niki de Saint Phalle, in: Ausst.-Kat. Duisburg 1980, S. 18.

schmutzen des Hemdes, nur von der Künstlerin ausgeführt wird, ist die Ebene des Kopfes gemeinsames Angriffsziel von Künstlerin und Publikum. Der Kopf symbolisiert dabei die Ebene des Verstandes, der Regeln und des Denkens. Somit kann die Aggression gegen das rationale Zentrum auch nicht allein als ein Angriff auf die spezifische Person, sondern vor allem auf die überlieferte Rolle des Mannes verstanden werden.

Die Dartarbeiten von Niki de Saint Phalle lassen sich im Kontext der gesellschaftlichen und philosophischen Diskussion ihrer Zeit lesen, in der von weiblichen Denkern wie Simone de Beauvoir erstmals gesellschaftliche Konventionen und festgefahrene Geschlechterrollen als Produkt eines patriarchalischen Diskurses erkannt und damit auch die angeblich geschlechtlich festgelegte Wesensart von Mann und Frau in Zweifel gezogen wurden.

Bei Niki de Saint Phalle, deren Arbeit immer stark autobiografisch war, zeigt sich die absichtsvolle Aufhebung überlieferter Geschlechterrollen nicht allein in ihrer Kunst, sondern auch in ihrem Habitus als Frau. Schon in ihrer Kindheit beschreibt sie ihre Suche nach eigener nationaler und geschlechtlicher Identität: „I had no clear national identity. I felt half French, half American. I also wanted to be half man and half woman.“[33] Schon früh hat sie weibliche Rollenbilder aufgebrochen und ein Leben jenseits ‚weiblicher‘ Eigenschaften geführt.[34]

Noch bevor sie begonnen hatte, mit den „Nanas“ in ihren ausladenden Formen und voluminösen Gliedern die strahlende Kraft der Frau zu feiern, hatte sie sich in aktiver und aggressiver Weise dem Mann in seiner Machtposition widersetzt. „In der Kunst antizipierte sie so die Dialektik der Geburt einer möglichen neuen Welt aus der Zerstörung der alten.“[35] Erst nach diesem Angriff auf alte Werte und Rollen war die Konstruktion eines neuen Geschlechterkonzeptes möglich.

Während sich Niki de Saint Phalle noch direkter aggressiver zerstörerischer Mittel bediente, griffen nachfolgende Künstler nach erweiterten Möglichkeiten, das alte Bild von geschlechtlicher Identität und Rollenverteilung aufzubrechen und die strenge Dichotomie zwischen den Geschlechtern zu überwinden.

---

33 Saint Phalle 1999, S. 88.

34 „Ihre persönliche Befreiung beginnt, lange bevor es die ‚Frauenbewegung‘ gibt und der Begriff ‚Emanzipation‘ in aller Munde ist.“ Grosenick, Uta: Niki de Saint Phalles Briefe – ein Einführung. In: Ausst.-Kat. Bonn 1992, S. 144-145, S. 145.

35 Krempel, Ulrich: Die politischen Weltbilder der Niki de Saint Phalle. In: Saint Phalle, Niki de: Niki de Saint Phalle. Vol. 1: Catalogue raisonné. 1949-2000. Lausanne 2001, S. 10-25, S. 11.

In Arbeiten der 70er Jahre, als sich eine allgemeine Verwischung der Grenzen zwischen den Kunstgattungen abzeichnete, wurde das Thema des männlich/weiblichen Bewusstseins, der sexuellen Differenz und Rollenverteilung nun vor allem in den Performances aufgegriffen. Hier wollte man frei geschlechtliche Grenzen überschreiten. Androgyne Rockstars wie Mick Jagger, Alice Cooper oder David Bowie bestimmten die Künstlerszene.[36]

In Transvestismen und Maskeraden[37] schufen in der Nachfolge von Marcel Duchamp meist männliche Künstler wie Pierre Molinier, Jürgen Klauke, Urs Lüthi, Luciano Castelli, aber auch Künstlerinnen wie Katharina Sieverding mit Hilfe ihres eigenen Körpers Verwirrungen und Überschneidungen geschlechtsspezifischer Darstellungen. Diese Versuche boten neue Möglichkeiten zu einer Geschlechteridentität, die nicht mehr von Heterosexualität und den binären Festlegungen zwischen ‚Mann' und ‚Frau' bestimmt war.

In Frankreich waren Gina Pane und Michel Journiac die wichtigsten Repräsentanten der „art corporel"[38] (body art), in der Künstler den eigenen Körper als Material entdeckten und ihn dazu nutzten, die Tabus, von denen er geprägt und die sozialen Repressionen, denen er ausgesetzt war, zu entlarven.

7.2. Michel Journiac

In seinen häufig als Performance angelegten Arbeiten thematisierte Michel Journiac (1935-1995) die Suche nach der Identität des Menschen und forderte dazu auf, über gesellschaftliche Rollenverteilung und festgelegte Klischees der Geschlechter nachzudenken. „Toute une partie de mon travail tourne autour de l'identité dans laquelle on est figé socialement, piégé. L'ouvrier reste ouvrier sexuellement, socialement, écono-

36 Die Verknüpfungen und wechselseitigen Einflüsse zwischen Musik und Kunst zeigten sich z.B. in der Ausstellung „Transformer" von 1974, deren Name den Titel einer Platte von Lou Reed übernimmt. Vgl. Ausst.-Kat. Luzern 1974.

37 Zur Unterscheidung der beiden Begriffe vgl.: Wilson, Sarah G.: Inzest, Travestie, Maskerade. Zu den Performances und Installationen von Michel Journiac. In: Benthien, Claudia; Stephan, Inge (Hg.): Männlichkeit als Maskerade. Kulturelle Inszenierungen vom Mittelalter bis zur Gegenwart. Köln/Weimar/Wien 2003, S. 128-153, S. 136-137.

38 Bewegung im Frankreich der 70er Jahre, die von dem Kritiker Francois Pluchart verteidigt wurde, vgl.: Pluchart, Francois: L'art corporel. Paris 1980.

miquement. C'est un piège qui est à détruire. C'est un meurtre de l'identité."[39]

Gesellschaftliche und geschlechtliche Identität drücken sich für ihn vor allem durch Kleidung aus: „[...] puisque on ne rencontre pas le corps séparé des objets. Il n'y a pas de corps existant de façon absolu. Il est lié à toute une série de contextes, d'objets, vêtements, etc."[40]

Die gesellschaftlichen Gegensätze sind für ihn eine bedeutende Voraussetzung für sein künstlerisches Schaffen.[41] Weiße Hemden z.B. versteht er nicht nur als Inbegriff des Reinen und der Effizienz der höheren Klassen, sondern auch als soziales Statussymbol, wohingegen Blau die Farbe des Arbeiters bleibt.[42]

Neben seinem Interesse für soziale Identität beschäftigt sich Journiac vor allem mit der Geschlechtsidentität, die er mit Hilfe von Transvestismen und Maskeraden untersucht. Dabei widerspricht er nicht allein gesellschaftlichen Regeln, sondern widersetzt sich, mit explizitem Hinweis auf seine eigene Homosexualität, auch der Festlegung auf eine bestimmte Geschlechterrolle und der damit verbundenen sexuellen Einschränkung durch die Gesellschaft.[43]

---

39 Frei übersetzt: „Ein ganzer Teil meiner Arbeit dreht sich um die Identität, in der man sozial erstarrt, in die Falle gelockt ist. Der Arbeiter bleibt Arbeiter, sexuell, sozial, wirtschaftlich. Das ist eine Falle, die zerstört werden muss. Das ist ein Mord der Identität." Donguy, Jacques: Entretien entre Michel Journiac et Jacques Donguy, Paris, mars 1985. In: Ausst.-Kat. Marseille 1996, S. 191-205, S. 193.

40 Frei übersetzt: „Denn man triff den Körper nicht getrennt von den Objekten. Der Körper existiert nicht in absoluter Weise. Er ist verknüpft mit einer ganzen Serie von Kontexten, Objekten, Kleidern." Michel Journiac, in: Fischer, Hervé u.a.: Dix questions sur l'Art corporel et l'Art sociologique. Un débat entre Hervé Fischer, Michel Journiac, Gina Pane et Jean-Paul Thenot In: Artitudes International, 6/8, Dez. 1973-März 1974, S. 4-16, S. 5.

41 „La création ne peut avoir lieu que dans une société contradictoire, sinon on va vers un rituel de création avec les œuvres identiques les unes aux autres. Dans notre société contradictoire, il y a une forme de création possible." Michel Journiac, in: ebd. S. 10.

42 Vgl.: Hountou, Julia: La conception de l'art corporel de Michel Journiac (Mémoire de DEA, Paris). Paris 1998, S. 24.

43 „La société nous fabrique un corps. Elle réduit, par exemple, l'échange avec l'autre au niveau d'une sexualité génitale alors que la sexualité est diffuse dans la totalité de l'être." Michel Journiac, in: Fischer 1973/74, S. 4-16, S. 6.

7.2.1. Hommage à Freud

Die Aktion „Hommage à Freud“ (März 1972) ist auf vier Fotografien festgehalten, in denen Michel Journiac sich mit Perücken, Schminke und Kleidungsstücken in die Rolle seiner Eltern versetzt (*Abb. 34*). Die beiden Abbildungen der oberer Reihe zeigen: „PERE: Robert Journiac travesti en Robert Journiac“, daneben „FILS: Michel Journiac travesti en Robert Journiac“. In der unteren Reihe sind „MERE: Renée Journiac travestie en Renée Journiac“ neben „FILS: Michel Journiac travesti en Renée Journiac“ zu sehen. In den Bildunterschriften wird somit nicht allein der Künstler, sondern auch seine Eltern als „travesti“, als „verkleidet“ bezeichnet.

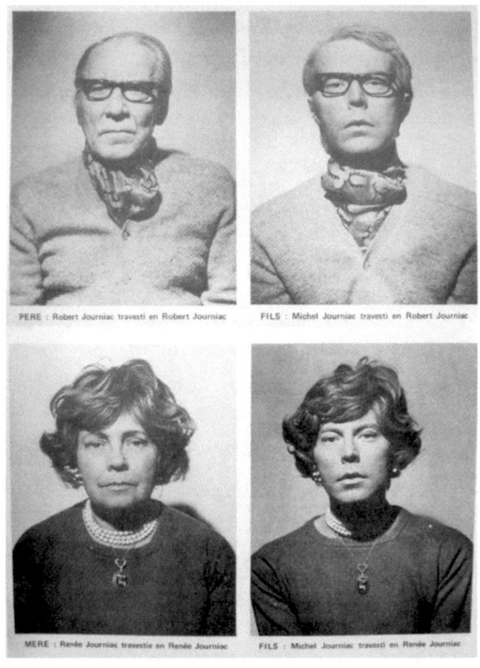

Abbildung 34: Michel Journiac, Hommage à Freud, 1972.

Mit dieser Arbeit stellt Journiac den von Freud als grundlegend empfundenen Unterschied zwischen Vater und Mutter und Mann und Frau in Frage. Der Künstler weist darauf hin, dass jeder Mensch in der Gesellschaft seine ihm zugeschriebene Rolle wechseln kann, wenn er die notwendige Maskerade benutzt, um den eigenen Körper zu „verkleiden“.

7.2.2. Piège pour un travesti

In dem Werk „piège pour un travesti“ (Greta Garbo) (Juni 1972)[44] (*Abb. 35*) thematisiert Journiac die Frage der Geschlechtlichkeit und die Möglichkeiten einer Verschiebung sexueller Identität zwischen Mann und Frau mittels Kleidung. Die in Fotografien festgehaltene performative Arbeit zeigt den professionellen Transvestiten Gerard Castex in drei verschiedenen Posen. Auf der ersten von drei nebeneinander angeordneten Fotografien ist er in alltäglicher Kleidung mit langen Hosen, weißem Hemd und Lederjacke dargestellt. Die zweite Fotografie zeigt ihn nackt, beide Hände vor seinem Geschlecht verschränkt. Auf der dritten erscheint er als weiblicher Vamp in langem Rock, mit Bluse und Stola, aufwendig geschminkt und frisiert, mit einer roten Rose in der Hand. Das letzte Bild der vierteiligen Arbeit ist ein einfacher Spiegel, auf dessen unterem Teil in weißen Lettern der Name Greta Garbo erscheint. Tritt der Betrachter dem Spiegel gegenüber, kann er darin sein eigenes Abbild erblicken.

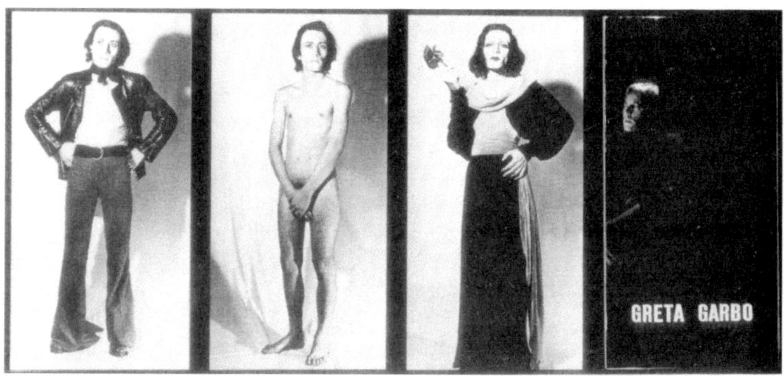

Abbildung 35: Michel Journiac, piège pour un travesti, Greta Garbo (Auszug), 1972.

Die Arbeit macht den mit Kleidung ermöglichten Übergang von einer Geschlechterrolle zur anderen sichtbar. Journiac manifestiert darin seine Überzeugung von einer sexuellen Ambiguität, die jedem Menschen eigen

44 Ein Zeugnis über die Ausstellung „Piège pour un travesti“ von Rudolphe Stadler und Stefano Polastri findet sich in: Ausst.-Kat. Strasburg 2004: Michel Journiac. Strasbourg (Musée d'art moderne et contemporain 2004). Strasbourg 2004, S. 129.

ist.[45] Auch wenn der Akteur dieser Performance im unbekleideten Zustand als Mann erkennbar ist, kann er doch gesellschaftlich sowohl die männliche als auch die weibliche Rolle einnehmen.

Während der Betrachter auf den ersten drei Fotografien den transvestitischen Übergang vom Mann zur Frau gewissermaßen als Voyeur beobachtet, wird er im vierten Teil über sein Spiegelbild in die Arbeit einbezogen. Der Spiegel eröffnet ihm dabei die Möglichkeit, sich selbst in unterschiedlichen Identitäten zu präsentieren. Außerdem erlaubt er ihm, die Rolle zu hinterfragen, die er in der Gesellschaft und auch für sich selber spielt. Die Arbeit reflektiert somit bestehende Rollenverständnisse und macht deutlich, wie Kleidung die Identität ihres Trägers bestimmt. Die bewusste Offenheit der geschlechtlichen Festlegung ermöglicht die Kritik an der binären Geschlechtertrennung im realen Leben.

Indem er die Rolle des Menschen in der Gesellschaft als konstruiert entlarvt, zeigt Journiac Möglichkeiten auf, mit denen jeder seine eigene soziale und geschlechtliche Identität gestalten kann. Für den Künstler wird die geschlechtliche Zuordnung in erster Linie über die Kleidung und nicht über das biologische Geschlecht definiert. „C'est d'abord la robe qui fait la femme et toutes les choses qui vont avec: talons maquillage, coiffure, etc. A mon avis tout cela est plus important que la réalité biologique."[46] Nach Journiac wird die Frau also nicht als solche geboren, sondern erst über die Kleidung dazu gemacht. („On ne naît pas femme, on le devient."[47])

Mit seinen Versuchen, über Kleidung sexuelle Ambiguität und offene Identität darzustellen, versucht er, ähnlich wie seine Zeitgenossen Urs Lüthi oder Jürgen Klauke die strengen binären Unterscheidungen der Geschlechter aufzuheben und sich dem anderen Geschlecht anzunähern. Der Mensch lässt sich für Journiac nicht mehr eindeutig und ausschließlich als ‚männlich' oder ‚weiblich' kategorisieren. Mit diesen künstlerischen Versuchen, Übergänge zwischen den Geschlechtern herzustellen,

---

45 Hountou, Julia: Du vêtement qui cache au travestissement qui révèle. Le vêtement selon Michel Journiac. In: Art Présence, 39, Juli/Aug./Sept. 2001, S. 3-15, S. 13.

46 Frei übersetzt: „Es ist zunächst das Kleid, das die Frau ausmacht und alle Dinge, die dazu gehören: Absätze, Schminke, Frisur etc.. Meiner Meinung nach ist all das wichtiger als die biologische Realität." Inédit. L'interview de Michel Journiac avec Marie-Claire. In: Journiac, Michel: 24 h. de la vie d'une femme ordinaire. Le journal de La Galerie Noisy-le-Sec. Noisy-le-Sec 2001, S. 44.

47 Beauvoir 1949, Bd. II, S. 12.

nimmt Journiac vorweg, was erst in den 80er/90erJahren in der Gender-Diskussion als Theorie zur Sprache kam.

Judith Butler zeigt in ihren Untersuchungen Möglichkeiten auf, mit den Mitteln der Travestie, der Übertreibung oder Parodie der traditionellen Bilder von ‚Männlichkeit' und ‚Weiblichkeit' die binären Geschlechtercodes transparent zu machen.[48] Die von Butler erst in den 90er Jahren propagierte Gender-Performance, d.h. das Inszenieren von Geschlechtsidentität, um deren Künstlichkeit deutlich zu machen und ihr „Versuch, zur Geschlechterverwirrung anzustiften"[49], hat in der Kunst bereits in den 70er Jahren stattgefunden.

Die Gender-Diskussion der 90er Jahre, in der mit dem Versuch der Auflösung der Geschlechtergrenzen auch die Theorie eines „dritten Geschlechts"[50] wieder neue Befürworter fand, spiegelte sich auch in der Ausstellungspraxis wieder, für die Travestie-Künstler der 60er/70er Jahre wiederentdeckt wurden und in denen ihr früher Beitrag zur Gender-Debatte neue Anerkennung fand.[51]

7.3. Rosemarie Trockel

Ein bezeichnendes Portrait der deutschen Künstlerin Rosemarie Trockel (geb. 1952) wurde 1988 für ein Interview mit Doris von Drathen in der Kunstchronik veröffentlicht.[52] Das Foto zeigt die rechte Gesichtshälfte der Künstlerin im Profil, auf die sie mit Kajal-Stift das Portrait eines jungen Mannes mit Schnurrbart skizziert hatte, wobei ihr Auge und Ohr zugleich Bestandteil der Skizze sind. Die beiden Gesichter gehen ineinander über. Neben der Anspielung auf Marcel Duchamps bekanntes „L.H.O.O.Q." verwirrt Trockel hier mit einem Portrait, in dem sie ebenso als Mann wie als Frau erkannt werden kann.

---

48 Laue 1996, S. 20-21.

49 Butler 1991, S. 61.

50 Vgl.: Wagner, Anselm: Das dritte Geschlecht. In: Frame. the state of the art, März/April 2001, 6, S. 52-59.

51 Vgl.: Ausst.-Kat. Köln 2006: Wagner, Frank; König, Kasper; Friedrich, Julia (Hg.): Das achte Feld. Geschlechter, Leben und Begehren in der Kunst seit 1960. Ostfildern 2006. – Die erste Retrospektive der Arbeiten von Michel Journiac fand im Jahre 2004 in Straßburg statt. Vgl.: Ausst.-Kat.: Michel Journiac 2004.

52 Trockel, Rosemarie: Endlich ahnen, nicht nur wissen. Ein Gespräch mit Doris von Drathen. In: Kunstforum International, 93, Feb./März 1988, S. 210-217.

Die Dualität zwischen Mann und Frau mit Parallelen und Überschneidungen der beiden Geschlechter thematisiert die seit den späten 70er Jahren tätige Künstlerin. Auf oft ironische und parodistische Weise weist sie auf tradierte Rollenverhältnisse hin. Häufiges Thema ist dabei nicht nur die Stellung der Frau im Alltag, sondern auch innerhalb der Kunst. Indem sie bestehende Klischees von ‚Frauen' und ‚Männern', von ‚Frauenkunst' und ‚Männerkunst' karikiert, macht sie festgefahrene Sichtweisen deutlich und bietet damit gleichsam eine Möglichkeit, die binären Codes von Geschlechtlichkeit aufzulösen.

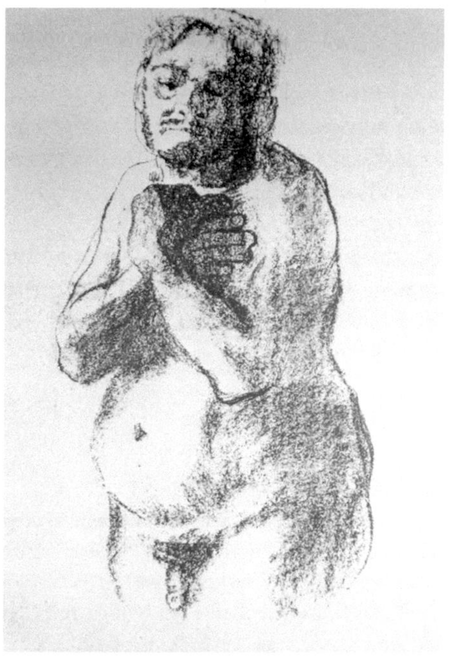

Abbildung 36: Rosemarie Trockel, ohne Titel, 1992.

Ein von Trockel bevorzugtes Interessengebiet ist das Menschen- und Geschlechterbild, mit dem sie sich, wie in einer Reihe von Werken in der Ausstellung „Papierarbeiten",[53] mit dem Motiv des Zwitters beschäftigt, der in seiner Geschlechtlichkeit weder männlich noch weiblich ist. Trockel benutzt dabei oft bekannte Werke der Kunstgeschichte, die Männer oder Frauen darstellen, und überarbeitet sie, indem sie ihnen Merkmale des jeweils anderen Geschlechts hinzufügt. Die Fotokopie einer Zeichnung von Käthe Kollwitz (*Abb. 36*), die eine schwangere Frau mit vor

53 Ausstellung 1991/92 in Basel, Berlin, St. Gallen, München und Köln.

der Brust verschränkten Armen zeigt, ergänzt Trockel um Schnurrbart und männliches Geschlechtsteil.[54] Dabei lässt sie den Betrachter erkennen, dass bestimmte Gesten ausschließlich dem männlichen oder weiblichen Geschlecht zugeordnet werden und macht somit gewohnte Geschlechterbilder bewusst. Indem sie zeigt, wie nicht der Mensch oder das Bild das Geschlecht ausmachen, sondern der Blick bzw. die Gedanken des Betrachters, führt sie uns unseren eigenen Wahrnehmungskodex vor Augen.

Seit Mitte der 80er Jahre stellt Rosemarie Trockel Bilder und Kleider aus Wolle her,[55] um mit diesem ‚minderwertigen' und historisch dem ‚Weiblichen' zugeordneten Material überlieferte Geschlechterbilder aufzuzeigen und zu hinterfragen. Historisch lehnt sich Trockel dabei an die Kleider-Produktion im russischen Konstruktivismus an, der den Frauen damit einen Bereich zuwies, in dem sie kreativ tätig sein konnten.[56] Ihre Kreativität beschränkte sich jedoch auf das Gebiet der Textilverarbeitung, die leichter handwerklicher Arbeit bedurfte und ausschließlich der angewandten Kunst zugeordnet wurde.[57]

Trockels Wollarbeiten werden jedoch nicht handwerklich gefertigt, sondern am Computer konzipiert und anschließend maschinell hergestellt. Das traditionell ‚weibliche' Material wird somit von der ‚männlich' konnotierten Maschine verarbeitet.

---

54 „ohne Titel" (1992), Fotokopierzeichnung, 24 x 17cm.

55 Die Serie der Wollarbeiten erklärt Trockel mit dem Videofilm „O.T. Wollfilm" von 1992 (der Film zeigt eine Frau mit einem schwarzen Wollpullover bekleidet, dessen Maschen aufgelöst werden) als (vorläufig) beendet. Vgl. Rosemarie Trockel, in: Karcher, Eva: Sphinx mit Seele und Verstand. In: Art. Das Kunstmagazin, Sept. 1993, 9, S. 14-27, S. 22.

56 Vgl. das Kapitel 4.4.2.

57 Den Unterschied zwischen ‚hoher' und ‚angewandter' Kunst thematisiert Trockel auch in ihrer parodistischen Arbeit, in der sich eine mit gestricktem Zweiteiler (Jacke und Rock) bekleidete Frau vor Ikonen der männlichen Kunstgeschichte (Werke von Gerhard Richter, Andy Warhol, Michelangelo Pistoletto, Georg Baselitz) fotografiert. Während die Arbeit von Frauen auf dekorative und nützliche Tätigkeit beschränkt wird, findet die künstlerische Arbeit von Männern Einzug in die Museen. In Werken wie diesen zeigt Trockel auf, „wie die vermeintliche Identität des einen (des Männlichen, der Kultur) erst durch den Ausschluss des anderen (des Weiblichen, der Natur) hergestellt wird." Engelbach, Barbara: Muster, Strukturen, Ornamente. Rosemarie Trockels Arbeit mit Gegensätzen und Ähnlichkeiten. In: Ausst.-Kat. Köln 2005/06: Rosemarie Trockel. Post-Menopause. Köln (Museum Ludwig 2005/06). Köln 2005, S. 33-41, S. 35.

„Deshalb das typische und sehr belastete Material: Wolle. Ich will wissen, ob das negative Klischee überwunden werden kann, wenn der handwerkliche Aspekt aus dem ganzen Komplex herausfällt, wenn das Strickmuster vom Computer gesteuert entsteht. Ich wollte wissen, woran es liegt, dass eine Arbeit früher und heute oft von Frauen als peinlich eingestuft wird, ob das von der Umgehensweise mit dem Material abhängt, oder ob das wirklich an dem Material liegt.“[58]

Dabei untersucht Trockel die „Signifikanten des Weiblichen, kulturell minderwertiger Materialien und Fertigkeiten wie Wolle und Stricken.“[59] Relevant bei diesen Arbeiten ist nicht, ob sich daraus eine Aufwertung[60] oder Entwertung[61] des Materials Wolle ergibt oder ob über den Weg der Entwertung eine Aufwertung folgt.[62] Tatsächlich ist Trockel kaum an dem Material interessiert.[63] Indem sie dem Objekt das eigentlich weibliche Element, die Herstellung durch Handarbeit, entzieht und somit das Bild der fleißigen, strickenden Hausfrau konterkariert, hinterfragt sie klare gedankliche Verknüpfungen (d.h. Gestricktes = von Frauen Entstandenes) und vorgeprägte Klischees und gibt damit auch dem Objekt eine neue Bedeutung.

Seit 1986 stellt Trockel mit der Technik des maschinellen Strickens auch Kleidung her. Sie schafft Pullover, Kleider oder Terroristenmützen (Balaklava), in denen sie häufig das dem Weiblichen zugeordnete Material mit Mustern versieht, die dem männlichen Symbolkanon entspringen.

7.3.1. Untitled

Die Arbeit „Untitled“ (1987) (*Abb. 37*) ist eine gestrickte Strumpfhose, in deren rechte Hälfte Pluszeichen und in deren linke Hälfte Minuszeichen eingestrickt sind. Der Fußbereich bleibt ohne Muster. Diese Gegenüberstellung von diametralen Gegensätzen wie Plus und Minus ist mit der Darstellung von Männlichkeit und Weiblichkeit assoziierbar. Der Mann ist immer als Plus, die Frau immer als Minus, als Mangel darge-

58 Trockel 1988, S. 213.

59 Ebd. S. 212.

60 So wie es Eva Karcher versteht, vgl. Karcher 1993.

61 Weibel, Peter: Vom Ikon zum Logo. In: Ausst.-Kat. Basel 1988: Dickhoff, Wilfried (Hg.): Rosemarie Trockel. Kunsthalle Basel (Basel 1988), London (ICA 1988). Basel 1988, S. 36-47, S. 41.

62 Laue 1996, S. 56.

63 „Ganz eindeutig kann ich sagen, daß ich im Prinzip an Materialien weniger interessiert bin.“ Trockel 1988, S. 213.

stellt worden. In dem Zusammenspiel von Material und Muster stehen sich die weiblich konnotierte Wolle und die männlich-rationale Symbolik aus dem Bereich der Mathematik gegenüber.

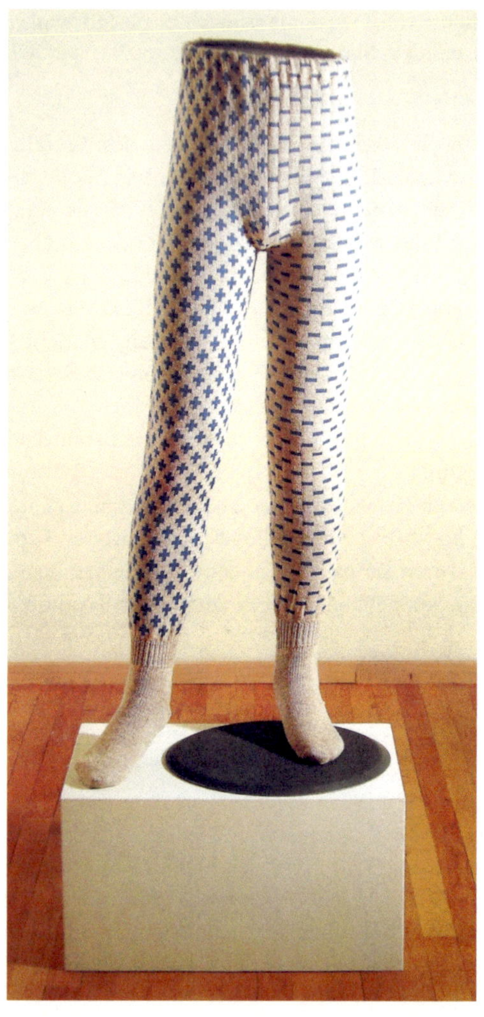

Abbildung 37: Rosemarie Trockel, Untitled, 1987.

Die Strumpfhose wird in zwei verschiedenen Versionen, einmal im Schneidersitz auf dem Modell eines weiblichen Unterkörpers, wobei das Plus-Bein auf dem Minus-Bein aufliegt, einmal stehend auf dem Modell eines männlichen Unterkörpers, präsentiert. In der letzten Version sind das Minus-Bein das Stand- und das Plus-Bein das Spielbein, wie Gregory

Burke hervorhebt. „Obwohl die zwei Hälften ansonsten gleichwertig sein könnten, so steht doch das Bein mit dem Minuszeichen auf einer schwarzen runden Platte und trägt das Gewicht des Körpers – offener Hinweis vielleicht auf Ungleichheiten.“[64]

Mit der Gegenüberstellung von positivem und negativem Pol, von Männlichkeit und Weiblichkeit, manifestiert Trockel die seit jeher überlieferte Dichotomie der Geschlechter, die die Frau als passiv und den Mann als aktiv festlegt. Indem sie diese Unterschiede aufzeigt, ermöglicht die Künstlerin einen Dialog zwischen den Geschlechtern, der die vorgefertigten Vorstellungen von ‚männlicher‘ Rationalität und ‚weiblicher‘ Emotionalität überwindet und Gegensätze miteinander verknüpft. Trotz aller Unterschiede sind diese in einem Kleidungsstück vereint und bilden einen gemeinsamen Körper.[65]

Mit der Präsentation ihrer Strickarbeit macht Trockel den Betrachter auf überlieferte Geschlechterrollen und gesellschaftlich beeinflusste gedankliche Verknüpfungen aufmerksam und weist zugleich auf die klischeehafte Einteilung in ‚männlich‘ und ‚weiblich‘ hin.

Mit Ironie, Humor und Doppeldeutigkeit führt Trockel in ihren Arbeiten traditionelle Geschlechterrollen vor. In einer betonten „Selbstetikettierung“[66] nutzt sie das Klischee der strickenden Hausfrau, distanziert sich jedoch sogleich wieder davon, indem sie den Arbeiten die typisch ‚weibliche‘ Komponente nimmt und sie maschinell herstellen lässt. Mit dem Hinweis auf die traditionelle Machtstellung des Mannes in Gesellschaft, Kunst und Privatleben stellt Trockel in ihren Kleider-Arbeiten das männliche und das weibliche Geschlecht nebeneinander. Dabei liefert sie auch einen Beitrag zu der in der Gender-Debatte diskutierten Forderung einer Auflösung der binären Codes von Geschlechtlichkeit.

64 Burke, Gregory: Figuring it Out. Wieder-Sammlungen von Rosemarie Trockel. In: Ausst.-Kat. Wellington 1993: Burke, Gregory (Hg.): Rosemarie Trockel. Wellington (City Gallery 1993). Wellington 1993, S. 11-22, S. 14-15.

65 Zur Gegensätzlichkeit in Trockels Arbeiten vgl. auch: Stich, Sidra: The Affirmation of Difference in the Art of Rosemarie Trockel. In: Ausst.-Kat. Boston 1991: Stich, Sidra (Hg.): Rosemarie Trockel. Boston (The Institute of Contemporary Art 1991), Berkeley (University Art Museum 1991), Chicago (Museum of Contemporary Art 1991), Toronto (The Power Plant 1992), Madrid (Museo Nacional Centro de Arte Reina Sofia 1992). München 1991, S. 11-25, S. 15.

66 Engelbach, in: Ausst.-Kat. Köln 2005/2006, S. 33-41, S. 33.

7.4. Befund

Die vorausgehenden Untersuchungen haben gezeigt, in wie unterschiedlicher Weise Künstler in der zweiten Hälfte des 20. Jahrhunderts Geschlechterrolle und Geschlechtsidentität über die Kleidung thematisiert haben. Die Festlegung sowohl geschlechtsspezifischer Rollen als auch geschlechtlicher Identitäten durch die Kleidung wurde dabei hinterfragt und aufgebrochen.

Es gab gegenseitige Einflüsse, Rückgriffe und Auswirkungen auf die theoretisch-philosophischen Diskurse, die zu der Erkenntnis führten, dass „die Komplexität der sozialen Realität nicht länger mit traditionell binären Oppositionen wie etwa Mann versus Frau oder Natur versus Kultur erfassbar war und von einem Denken in Differenzen ersetzt werden musste."[67]

Im Rückgriff auf die Kleidung in ihrer Funktion als Kommunikationsmittel legten die besprochenen Künstler zunächst tradierte Rollenverhältnisse als Konstrukte offen. In einem teils aggressiven, teils karikierenden Umgang mit der durch Kleidung transportierten Geschlechterrolle zeigen sie, wie der „vestimentäre Code" zugleich den „kulturellen Code" sichtbar werden lässt.[68] Dieser Code wird in den Arbeiten jedoch zu Gunsten einer Geschlechterverwirrung erweitert: Niki de Saint Phalle kritisiert und zerstört das überlieferte Bild des Mannes als rationale und seriöse Autorität. Michel Journiac stellt in seinen transvestitischen Selbstdarstellungen das männliche Selbst-Bildnis in Frage und manifestiert damit seine Überzeugung, dass geschlechtliche Identität durch die Kleidung verändert werden kann. Trockels Arbeiten verändern die Denkschemata des Betrachters, der erkennen muss, dass sein Bild von Mann und Frau lediglich konstruiert, kulturell und historisch geprägt ist. „Rosemarie Trockel stellt uns vor beträchtliche Probleme der Selbstfindung. Sie verweigert uns den globalen Blick, die mögliche Extrapolation. Sie zwingt uns, die weiblichen Sinnzusammenhänge in uns selbst zu rekonstruieren und unterwandert damit unsere Wahrnehmung, indem wir Schritt für Schritt uns selbst überführen."[69]

Nachdem sie sich von dem Tafelbild gelöst haben und mit Kunstformen wie Collage, Objekt und Performance experimentieren, haben die Künstler auch die in textiler Kleidung enthaltene Symbolik genutzt, um

67 Hof 1995, S. 10.

68 „Der soziale Code, der durch den vestimentären Code spricht, in den ein kultureller Code eingewebt ist, das ist es, was uns interessiert." Weibel, in: Ausst.-Kat. Basel 1988, S. 36-47, S. 41.

69 Ammann, Jean-Christophe: Die Unterwanderung der Rosemarie Trockel. In: Ausst.-Kat. Basel 1988, S. 7-13, S. 13.

ihre künstlerischen Ausdrucksmöglichkeiten zu erweitern. Ihr Umgang mit der Kleidung dient vor allem der dezidierten Abkehr von gesellschaftlichen Regeln und führt zu einem Vexierspiel mit geschlechtlicher Identität.

8. DER ABSENTE TRÄGER: KLEIDUNG ALS SPUR ZUR ERINNERUNG

Wie die einführenden Untersuchungen zur textilen Materialität und Funktionalität von Kleidung gezeigt haben, sind der menschliche Körper und seine Kleiderhülle durch Abdruck und Anpassung stark miteinander verbunden. Der Körper gibt seine Form an das Kleid ab und das Kleid ahmt die Körperplastik nach. Die Spuren auf der Kleidung fungieren als scheinbarer Beweis der ehemaligen Existenz ihres Trägers, die durch mentale Partizipation imaginiert werden kann. In dieser Funktion werden getragene Kleider als Mittler zwischen Vergangenheit und Gegenwart eingesetzt.

In der bildenden Kunst wurden seit den 60er Jahren und verstärkt bei Künstlern in den 90er Jahren leere Kleider als solche Erinnerungsspeicher benutzt.[1] Die Nouveaux Réalistes verwendeten Kleidung, meist in Verbindung mit anderen Materialien, zur persönlichen Erinnerung an konkrete Ereignisse. Daniel Spoerris Arbeit „la table de Ben“ (1961) zeigt neben Glas- und Keramikgefäßen und Werkzeugen auch Kleidungsstücke auf einem Tisch. Dieses *tableau piège* hält eine persönliche Erinnerung an einen Abend bei Spoerris Künstlerfreund Ben fest. Arman schuf mit seinen „Portrait Robots“ Objekte mit Kleidern und anderen persönlichen Gegenständen seiner Freunde, die, einem Portrait ähnlich, an deren Individualität erinnern. Auch in vielen anderen Arbeiten tauchen verlassene Kleidungsstücke als Symbol für Verlust, Gewalt, Krankheit und Sterblichkeit auf, wie z.B. in Sylvie Blochers „Été 93“[2]. Unter dem Schock der AIDS-Krise arbeiteten junge, oftmals homosexuelle

1 Zu dem Phänomen des leeren Kleides in der zeitgenössischen Kunst vgl.: Ausst.-Kat. New York 1993.

2 Militärhose auf die Frauenhaare gestickt sind, darüber eine Tafel auf der steht: „Humiliées abanodnées oubliées“. Die Arbeit erinnert an die grausame Behandlung und Vergewaltigung von Frauen im Jugoslawienkrieg (Sommer 1993), aber auch an die Verbrechen französischer Soldaten während der Kolonialkriege. Vgl.: Ausst.-Kat. Paris 1995/96: Fémininmasculin. Le sexe de l'art. Paris (Centre Georges Pompidou 1995/96). Paris 1995, S. 191.

Künstler in den 80er und 90er Jahren mit leerer Kleidung als Mahnmal zur Erinnerung an den Verlust von Freunden oder als Hinweis auf zahlreiche Einzelschicksale.

Oliver Herring begann die Arbeit an seinen handgestrickten Mänteln der Serie „A Flower for Ethyl Eichelberger (An Ongoing Project)“[3] nach dem Tod des Performer-Künstlers Eichelberger,[4] der sich nach dem Ausbruch seiner AIDS-Erkrankung das Leben genommen hatte. Herrings Projekt ist aber auch eine „personal meditation on the death of someone I admired, by continuously adding peaces over time that meaning is transformed into a metaphor for AIDS in general.“[5] Mit dem Prozess des Strickens wird sowohl die persönliche Erinnerung des Künstlers aufrechterhalten als auch ein allgemeines Gedenken an die durch die Krankheit verursachten Todesfälle hervorgerufen.

8.1. Christian Boltanski

Der französische Künstler Christian Boltanski, der 1944 in Paris geboren wurde, arbeitet seit dem Ende der 80er Jahre mit gebrauchten Kleidern. Auch nach seinem Verständnis verweisen getragene Kleider stets auf die Absenz ihres ehemaligen Trägers. Inwieweit sie die ehemalige Präsenz eines konkreten Trägers beweisen und ob sie reale Erinnerungen wecken und erhalten können, soll im Folgenden untersucht werden.

Zu den wichtigsten Materialien seiner Arbeit zählen vor allem Fotografien, meist als undeutliche Schwarzweißportraitaufnahmen, verrostete Biskuitschachteln, die er oft in hoher Stückzahl wie Altäre zusammenstellt, und seit 1988 auch getragene Kleider.

Mit der Rekonstruktion der Vergangenheit beginnt Boltanski in den späten 60er Jahren zunächst am Beispiel seiner eigenen Kindheit und Jugend. Der Künstler untersuchte alles, was ihm aus dieser Zeit geblieben ist. In seiner Arbeit „Recherche et présentation de tout ce qui reste de mon enfance, 1944-1950“ von 1969 taucht mit dem „Chemise de Christian Boltanski – Mars 1949“ und dem „Morceau de pull-over porté par Christian Boltanski en 1949“ erstmalig das Motiv der Kleidung in Form einer fotografischen Reproduktion auf. Boltanski deklariert solche Fotos, ebenso wie Briefe und banale Alltagsgegenstände, als Spuren seiner

3 Vgl.: Ausst.-Kat. Mannheim 1993: Oliver Herring. A flower for Ethyl Eichelberger. Bedding. Mannheim (Kunstverein 1993). Mannheim 1993.

4 Eichelberger hatte seit Mitte der 70er Jahre bis zu Anfang der 90er zahlreiche männliche wie weibliche Charaktere, wie Casanova, Medusa oder einen weiblichen Hamlet gemimt.

5 Oliver Herring, in: Ausst.-Kat.: New York 1993, S. 40.

Vergangenheit und präsentiert sie wie Beweisstücke der Geschichte oder wertvolle Reliquien in Vitrinen. Dabei vermischt er scheinbar echte Dokumente seines eigenen Lebens mit offensichtlich Erdachtem. Auch scheut er sich nicht, seine eigene Biografie neu zu erfinden, indem er z.B. einen künftigen Autounfall „rekonstruiert", der ihm noch nicht passiert ist und bei dem er angeblich den Tod gefunden hat.[6]

Auf diese Art entstand eine fiktive Vita des Christian B., die nicht als Biografie, sondern als allgemeingültige Geschichte eines Lebens erkannt werden kann. Denn das Ziel des Künstlers ist es nicht, eine möglichst detailgetreue Nachbildung seiner eigenen Vergangenheit zu zeigen, sondern Erinnerungen entstehen zu lassen, mit denen sich jeder Betrachter identifizieren kann.[7]

„Mais plus je parlais de moi, moins je parlais de moi. C'est-à-dire que quand je disais moi, je disais les autres. Finalement un peintre est quelqu'un qui porte un miroir ou chaque personne qui se voit dans ce miroir dit: c'est moi. Et le porteur du miroir n'est plus rien. Je suis quelqu'un qui est les autres. Ma vie n'a plus d'importance: Mais simplement, je montre des réalités et chacun peut dire: cette réalité, je la connais, c'est moi."[8]

Die scheinbar dokumentarischen Arbeiten Boltanskis sind keine wahren Rekonstruktionen, sondern lediglich Konstrukte. Sie bezeichnen den Übergang des Menschen vom lebendigen Subjekt zum toten Objekt: „[...] ich arbeite eher an dieser Passage vom Subjekt zum Objekt; und an jenem ständigen Tod, der mit jedem Moment da ist, der vergeht."[9] Die

---

6 In dem Künstlerbuch: „Reconstitution d'un accident qui ne m'est pas encore arrivé et où j'ai trouvé la mort" 1969.

7 Diese ‚Tricksereien' Boltanskis erinnern an Annette Messagers Strategie, sich selber unterschiedliche Rollen zu geben, ohne ihre eigene Identität klar zu umreißen.

8 Frei übersetzt: „Aber je mehr ich von mir sprach, desto weniger sprach ich von mir. Das heißt, als ich mich ausdrückte, brachte ich die anderen zum Ausdruck. Letztendlich ist ein Maler jemand, der einen Spiegel trägt, bei dem jede Person, die sich in diesem Spiegel sieht, sagt: das bin ich. Und der Träger des Spiegels ist nichts mehr. Ich bin jemand der die anderen ist. Mein Leben hat keine Wichtigkeit mehr: aber ich zeige ganz einfach Realitäten und jeder kann sagen: diese Realität, die kenne ich, das bin ich." Christian Boltanski in einem Interview mit Jean-Marie Touratier am 24. Januar 1980. In: Touratier, Jean-Marie: Boltanski. In: Opus International, 77, Sommer 1980, S. 70.

9 Christian Boltanki, in: Drathen, Doris von: Der Clown als schlechter Prediger. Gespräch mit Christian Boltanski, Paris, im Dezember 1990. In:

benutzten Objekte, ihrer Funktion beraubt, sind nun allgemein zugänglich. Mit dieser absichtsvoll gescheiterten Rekonstruktion seiner eigenen Vergangenheit hält der Künstler dem Betrachter einen Spiegel vor.

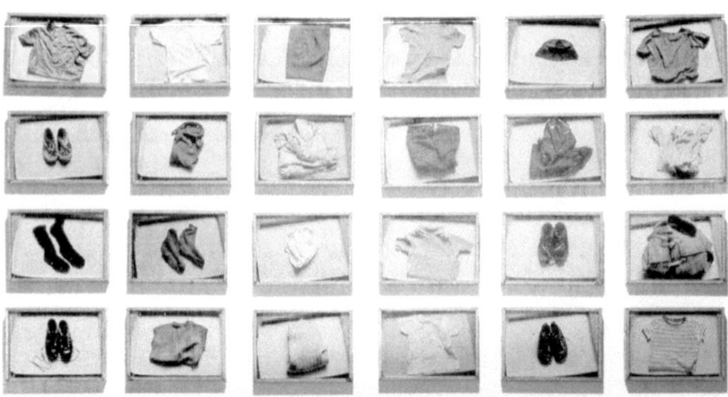

Abbildung 38: Christian Boltanski: Les Habits de François C., 1972.

Auch das Leben anderer Menschen wurde zum Motiv seiner scheinbar dokumentarischen Arbeit: In zahlreichen „Inventaren" fügt Boltanski persönliche Gegenstände ihm unbekannter Personen zusammen. In der Arbeit „les Habits de François C." (1972) (*Abb. 38*) werden auf 24 Schwarzweißfotografien Vitrinenkästen mit einzelnen Kleidungsstücken eines kleinen Jungen gezeigt. Von der Unterwäsche bis zur Jacke umfassen sie die gesamte Garderobe eines Kindes. Jedoch sind sie nicht so ordentlich gefaltet, als wolle man sie zum Verkauf anbieten, sondern scheinen eher unachtsam abgelegt worden zu sein. Ihr ehemaliger Träger hat durch Falten und Abnutzung seine körperlichen Spuren in der Kleidung hinterlassen. Durch die museale Präsentation dieser persönlichen Objekte in Vitrinenschränken, die, wie in Museen üblich, meist Relikte der Vergangenheit zeigen, erscheinen die Kleider wie ein Memento Mori.[10] Die Schwarzweißfotografie verstärkt diesen Eindruck.

Mit den Kleidern wird jedoch nicht die Komplexität des Lebens von François C. dokumentiert, sondern es werden lediglich Anhaltspunkte gegeben, die nach einer weiteren Interpretation und Ergänzung durch den Betrachter verlangen. Sie enthalten nur ungefähre Informationen über Gewicht, Größe, Alter, Geschmack und sozialen Status des Jungen. Die Bilder lassen sich zur Vorstellung eines Kindes zusammenfügen, dessen

Ausst.-Kat.: Hamburg 1991: Christian Boltanski. Inventar. Hamburg (Hamburger Kunsthalle 1991). Hamburg 1991, S. 53-77, S. 53.

10 Vgl.: Metken, Günter: Spurensicherung – Eine Revision. Texte 1977-1995. Amsterdam 1996, S. 21-36.

individuelle Persönlichkeit und Identität dem Betrachter aber verborgen bleiben. Auch die Abkürzung des Nachnamens im Titel der Arbeit trägt zu dieser Anonymität bei.

In dieser Arbeit taucht das Spiegel-Moment wieder auf: Bei der Entwicklung einer Vorstellung von dem Leben eines fremden Kindes fühlt sich der Betrachter an seine eigene Geschichte und vergangene Kindheit erinnert, denn auch er hat einmal Kinderkleider getragen, ähnliche Schuhe, Hosen und Strümpfe.

Boltanski sucht durch diese möglichst allgemein lesbare und nah am Leben orientierte Präsentation der Spuren von Vergangenheit die Erinnerung jedes Betrachters anzuregen. Dieser soll nicht entdecken, sondern wieder erkennen: „Je veux que les spectateurs ne découvrent pas, mais qu'ils reconnaissent. Pour moi, un tableau est en partie crée par celui qui le regarde, qui le ‚lit' à l'aide de ses propres expériences."[11]

Dieses Konzept von Erinnerung gründet auf einem vom Konstruktivismus beeinflussten Gedächtnismodell,[12] das nicht mehr von der passiven Rolle des Gedächtnisses als Aufbewahrungsort, sondern von einer aktiven Rolle als Konstruktionsarbeit ausgeht.[13] Gespeichert wird nur, was für das System neu und relevant ist.[14]

Auch Erinnerung wird demnach nicht mehr nur noch als Abruf oder Auffinden vorher gespeicherter Gedächtnisinhalte verstanden, sondern als eine Konstruktion, die bewusst werden muss und dann sprachlich

---

11 Frei übersetzt: „Ich möchte nicht, dass der Betrachter entdeckt, sondern dass er erkennt. Für mich wird ein Bild zum Teil von demjenigen geschaffen, der es betrachtet und mit Hilfe seiner eigenen Erfahrung ‚liest'." Christian Boltanski in einem Interview mit Delphine Renard. In: Ausst.-Kat. Paris 1984: Christian Boltanski. Paris (Musée national d'art moderne au Centre Georges Pompidou, 1984). Paris 1984, S. 79.

12 Danach ist die Erfahrungswirklichkeit des Menschen als Resultat der kognitiven Leistungen des Menschen unter den seinem Leben gesetzten Bedingungen anzusehen. Rusch, Gebhard: Erinnerungen aus der Gegenwart. In: Schmidt, Siegfried J. (Hg.): Gedächtnis. Probleme und Perspektiven der interdisziplinären Gedächtnisforschung. Frankfurt a.M. 1991, S. 267-292, S. 267.

13 Vgl.: Foerster, Heinz von: Gedächtnis ohne Aufzeichnung. In: Ders.: Sicht und Einsicht. Versuche zu einer operativen Erkenntnistheorie. Braunschweig/Wiesbaden 1985, S. 133-172; Rusch 1991, S. 267-292.

14 Neuigkeit und Wichtigkeit können aber immer nur in Bezug auf frühere Erfahrungen beurteilt werden, d.h. nach Kriterien, die aus dem Gedächtnissystem kommen. Das kognitive System zeichnet sich somit durch Selbstreferentialität aus. Schmidt, Siegfried J.: Gedächtnis und Gedächtnistheorien. In: Nünning, Angsar (Hg.): Grundbegriffe der Kulturtheorie und Kulturwissenschaften. Stuttgart/Weimar 2005, S. 46-48, S. 46.

formuliert werden kann. Gebhard Rusch definiert Erinnerungen als „Bewußtseinsphänomene, die persönliche Erlebnisse und Erfahrungen außerhalb jeweils aktueller Handlungszusammenhänge als sinnliche Anmutungen bewußt werden lassen.“[15] Erinnerungen als Bewußtseinsphänomene werden nach ihm „deshalb mit der Vergangenheit assoziiert gedacht [...] weil sie von prinzipiell gleicher Art sind wie Bewusstseinsinhalte, in denen vollendete Handlungselemente bewusst sind.“[16]

Boltanski knüpft an diese konstruktivistischen Ideen an und manifestiert eine Vorstellung von Erinnerung, die in Wahrheit keine reine Rekonstruktion des Vergangenen ist, sondern, ebenso wie das Selbst, ein Konstrukt aus Zuschreibungen von Bildern, Vorstellungen und Erzählungen, die das Selbst in sein Selbst-Bild integriert.[17]

8.1.1. La Fête de Pourim

Im Januar 1989 bedeckt Boltanski mit seiner Installation „La Fête de Pourim“ im Baseler Museum für Gegenwartskunst den Fußboden eines Saales mit 400 Kilogramm getragenen, gereinigten Kleidungsstücken. Er beleuchtet sie von den Decken mit Pultlampen, deren Elektroschnüre wie schwarze Streifen geordnet herabhängen und mit den willkürlich auf dem Boden verstreuten bunten Kleidern deutlich kontrastieren. Der Ausstellungssaal im Museum für Gegenwartskunst ist ansonsten verdunkelt. Um in den Raum zu gelangen und die Installation betrachten zu können, muss der Besucher auf die Kleider treten. Im Gegensatz zu den vorherigen Arbeiten wird somit auch eine körperliche Partizipation des Betrachters gefordert, die seinen Erkenntnis- oder Erinnerungsprozess steigern soll.

Die Arbeit hat ihre besondere Wirkung zunächst durch die große Menge der am Boden ausgebreiteten Kleider und aufgrund der vielfältigen sinnlichen Eindrücke:

> „Kleidungsstücke sind Zeugen einzelner Schicksale. Ähnlich wie fotografische Portraits erinnern sie an das Leben nichtgegenwärtiger Personen. Die Abwesenheit lässt somit den Tod der betreffenden Menschen erfahrbar werden. Die zahlreichen, wie ein farbiger Teppich ungeordnet auf dem Boden des Ausstellungssaales verteilten Kleider sind nichts anderes als Überreste von verendeten

15 Rusch 1991, S. 270.

16 Ebd. S. 275.

17 Vgl.: Meinhardt, Johannes: (Re)Konstruktion der Erinnerung. Christian Boltanskis Untersuchung des Subjekts und des Sozialen. In: Kunstforum International, 113, Mai/Juni 1991, S. 296-331, S. 302.

Körpern. Der Besucher muss beim Anblick der Installation unweigerlich auf die Kleider treten. So durchbreche ich ein Tabu, nämlich dass man ein Kunstwerk nicht mit Füßen tritt, und versetzte damit den Betrachter in eine unangenehme, ja peinliche Lage. Geht er doch, indem er über dieKleider schreitet, buchstäblich über Leichen. Die Folge ist ein gespaltenes Gefühl zwischen Entsetzen und Vergnügen. Einerseits werden die Kleider als weiche, farbige Unterlage erfahrbar, andererseits wecken sie Assoziationen mit menschlichen Häuten und Kadavern. Das bunte Escheinungsbild der Arbeit rührt von den vielen Kinderkleidern her. Da wird einmal ein grün und ein blau sichtbar, verschwindet wieder, um ein rot aufleuchten zu lassen. Die Arbeit hinterlässt bewusst auch einen sehr fröhlichen Eindruck.“[18]

Die verwendeten Kleider sind keine Ready-mades, keine unbenutzten, neutralen Produkte, wie man sie im Kaufhaus findet. In ihnen haben Menschen gelebt, geatmet, gelitten und erinnert. Die Spuren ihres Lebens sind an den Kleidern ablesbar, ihre Identität bleibt jedoch anonym. So erlauben die Kleider vielfältige Identifikationsmöglichkeiten.

Die in den Kleidern verbliebenen Falten und sonstigen Gebrauchsspuren geben Hinweise auf die einstige Lebendigkeit und Individualität ihres Trägers. Auch der Körpergeruch, der den Kleidern trotz vorheriger Reinigung weiterhin anhaftet, lässt den Betrachter die Präsenz der ehemaligen Existenz erfahrbar machen. Boltanski verändert den Zustand der Kleider nicht mehr: „Pour garder l'odeur des corps absents.“[19]

Die Kleider sind unordentlich auf dem Boden verteilt. Wie dahingeworfen scheinen sie von ihren Trägern in großer Eile verlassen worden zu sein. Die Kleiderhaufen lassen an Sammelstellen denken, in denen ausrangierte Altkleider verwertet werden. Ihre große Menge lässt das Fehlen der Menschen erschreckend spürbar werden. Dadurch wird kein Einzelschicksal dokumentiert und kein persönlicher Bezug zu einem Träger der Kleider hergestellt, sondern der beklemmende Eindruck des Verlustes und des Todes vieler Menschen vermittelt. Diese Ansammlung wurde oft mit den Vernichtungslagern des Holocaust assoziiert. Zu der Frage, wie stark man Boltanskis Arbeiten mit dem Holocaust in Verbindung bringen kann, sagt der Künstler selber:

18 Christian Boltanski, in: Zutter, Jörg: Musée de nous-mêmes. Christian Boltanski zu seiner Installation „Réserves – La fête de Pourim“. In: Ausst.-Kat. Basel 1989: Christian Boltanski: Réserves – la Fête de Pourim. Basel (Museum für Gegenwartskunst 1989). Basel 1989, S. 53-62, S. 54-55.

19 Frei übersetzt: „Um den Geruch der absenten Körper zu erhalten.“ Christian Boltanski in einem Interview mit Nicolas Goletto. In: Goletto, Nicolas: L'absence à travers le vêtement dans l'œuvre de Christian Boltanski (Mémoire de Maîtrise, Paris). Paris 2004, S. 113-118, S. 115.

„Nun, in den Vereinigten Staaten oder in Israel bringen die Leute mein Werk viel stärker mit dem Holocaust in Verbindung. Eine solche Verbindung besteht jedoch nicht, denn mein Werk behandelt nicht den Holocaust.“[20] „Mein Werk ist nicht über die Konzentrationslager; es kommt nach den Lagern [...] Bei meinem Werk geht es wirklich nicht um dem Holocaust, sondern um den Tod ganz allgemein, um alle unsere Tode.“[21]

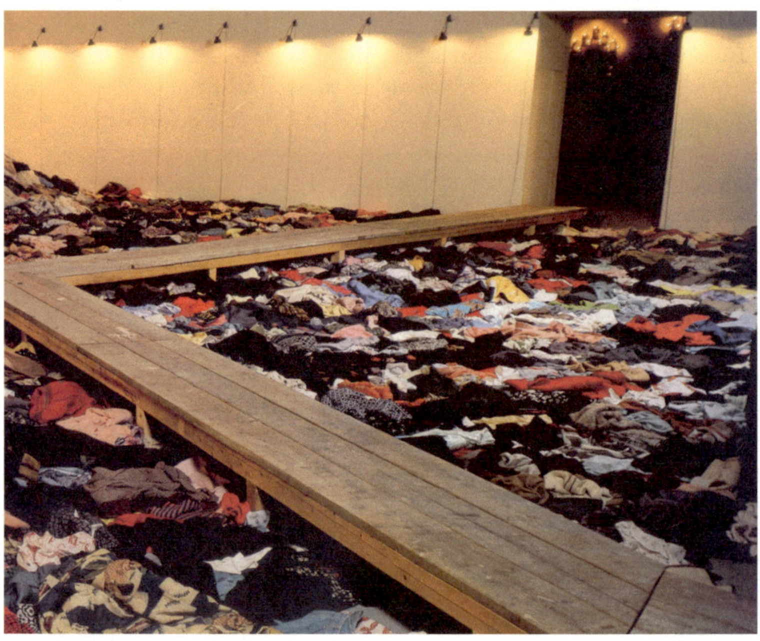

Abbildung 39: Christian Boltanski: Réserve: Le Lac des Morts, 1990.

Während die Kleider in Deutschland unmittelbare Assoziationen mit bekannten Bildern aus den Vernichtungslagern des Nazi-Regimes evozieren, rufen sie z.B. in Japan, wo die Gedanken an den Holocaust weit weniger präsent sind, völlig andere Erinnerungen hervor. Eine ähnliche Arbeit, die ein Jahr später im Institute of Contemporary Arts in Nagoya gezeigt wurde, bezieht sich dann mit ihrem Titel „Der See der Toten“ (*Abb. 39*) auch auf einen japanischen Mythos, nach dem der Geist der Verblichenen zunächst durch einen langen See der Toten wandern

20 Christian Boltanski in einem Interview mit Marsh, Georgia: Das Schwarze und das Weisse: Ein Interview mit Christian Boltanski. In: Parkett, 22, 1989, S. 42-47, S. 45.

21 Ebd. S. 46.

muss.[22] Die enge Assoziation der verlassenen Kleider mit dem Tod bleibt somit auch in anderen Kulturkreisen erhalten, die individuelle Interpretation ist jedoch immer an sowohl persönliche als auch kollektive Erlebnisse und Erfahrungen gebunden.

Die modische Aktualität der verwendeten Kleider eröffnet interpretative Möglichkeiten auch außerhalb des Holocaust-Themas. Boltanski beschafft die Kleider seiner Installationen meist in Sammelstellen für Altkleider. Als Überreste unserer heutigen Konsumgesellschaft sind sie zeitgemäß modisch und zeigen bisweilen aktuelle Motive wie Mickeymaus oder Astronauten. Die Aktualität der Kleidung lockert die starke Dramatik der Arbeit auf. Sie ermöglicht dem Besucher, sich mit den Kleidern und dem imaginierten Leben ihrer Träger zu identifizieren.[23]

Die Komposition der Kleider unterliegt keiner ästhetischen Ordnung. Mit der Zufälligkeit der farblichen Zusammenstellung intendiert Boltanski weniger eine ästhetische Wirkung als vielmehr den Eindruck der Nähe zur Gegenwart: „La disposition des vêtements est un travail matériel important, dans les installations je ne pose aucun problème de couleurs, il n'y a aucune idée de mettre un vêtement bleu à coté d'un vêtement rouge, c'est le hasard complet."[24]

Der Betrachter kann die Spuren des absenten Körpers auch haptisch erfahren: Er muss das Objekt betreten und den direkten physischen Kontakt mit ihm aufnehmen. Durch das Betreten der Kleider, die unter dem Gewicht des Betrachters zerdrückt und beschmutzt werden, entsteht der beklemmende Eindruck, die Körper selbst zu erdrücken. Die Weichheit der Kleidung ermöglicht Assoziationen mit der menschlichen Haut. Als trete er auf tote Körper, spürt der Betrachter unausweichlich deren Absenz und verstärkt damit die Erinnerung an ihr Verschwinden. Er wird sich dabei auch der Rolle als potentieller Täter bewusst.

Die genannten Aspekte, die mit den Kleidern vermittelt werden, haben Auswirkung auf die Emotionen des Betrachters. Durch sie werden Erinnerungen wach, die seine Gefühle ansprechen. „Ich will die Leute zum Weinen bringen. Die Kunst soll bei den Leuten Gefühle wecken."[25]

---

22 Vgl.: Goletto 2004, S. 56.

23 „Ich will, dass die Besucher sich anhand der gewöhnlichsten und alltäglichsten Kleider selber erkennen können." Boltanski, in: Ausst.-Kat.: Basel 1989, S. 53-62, S. 57.

24 Frei übersetzt: „Die Verteilung der Kleider ist eine wichtige materielle Arbeit, in den Installationen stellt sich für mich nicht das Problem der Farben, es gibt nicht die Idee, ein blaues Kleidungsstück neben ein rotes Kleidungsstück zu legen, das ist reiner Zufall." Boltanski, in: Goletto 2004, S. 113-118, S. 115.

25 Christian Boltanski, in: Marsh 1989, S. 45.

Die freigesetzten Gefühle sind jedoch ambivalent. Sie können sich sowohl in Scham als auch in Mitgefühl, Ergriffenheit, Trauer oder Wut äußern.

Die Erinnerung an die Endlichkeit des Lebens macht den Menschen ergriffen. Die Kleidung fungiert dabei als Stimulus einer Erinnerung: „Von dem Stimulus, den man sieht, rekonstruiert jeder sein eigenes Bild."[26] „The viewer is part of the work. I try to communicate with him by stimulating his memory: the viewer has the right to interpret the picture as he likes, to make his own picture [...]."[27]. Der Künstler lässt die Interpretation bewusst offen, indem er nicht das Bild konkreter Personen zeichnet, sondern mit Widersprüchen spielt. Ebenso wie in seinen Schwarzweißportraits, die er in einigen Installationen in Verbindung mit der Kleidung zeigt[28] und in denen die individuellen Züge der Dargestellten ausgelöscht sind, soll mit den Kleidern keine persönliche Identität präsentiert werden. Während in den undeutlichen fotografischen Portraits vor allem der Verlust der geistigen Identität charakterisiert ist, wobei der Kopf stellvertretend für den Geist steht, repräsentieren die herrenlosen Kleider den Verlust der körperlichen Identität. Das ‚Original' hinter diesem ‚Abdruck' bleibt anonym. Niemand kennt die Träger dieser Kleidung, niemand weiß, was sie bewegt hat, was mit ihnen geschehen ist und warum sie ihre Kleider zurückgelassen haben. Deswegen sind sie Zeugen der Vergänglichkeit: „Je cherche des images suffisamment imprécises pour qu'elles soient les plus communes possible, des images floues sur lesquelles chaque spectateur puisse broder."[29] Diese Allgemeingültigkeit des kollektiven Bildes gibt jedem Betrachter die Möglichkeit, sich über die Kleidung mit den Menschen zu identifizieren und damit selbst zum Beteiligten zu werden.

Die Betrachter spüren durch das Betreten der Kleider den Tod eines Unbekannten ebenso, wie sie sich ihrer eigenen Endlichkeit bewusst werden. Mit dem Schreiten über die Kleider können sie ihren eigenen Tod, die Vergänglichkeit ihres Körpers und ihr eigenes Vergessenwerden antizipieren. Somit veranschaulicht die Kleider-Installation weder das

---

26 Boltanski, in: Drathen 1991, S. 64.

27 Boltanski, in: Davvetas, Demosthènes: Christian Boltanski (interview). In: Flash Art, 124, Okt./Nov. 1985, S. 82-83, S. 83.

28 So wie in der Ausstellung „Inventar", in der Hamburger Kunsthalle (1991), in der Boltanski seine Kleider-Arbeit Réserve: Canada (1988) zusammen mit fotografischen Portraits in der Arbeit Reliquiare (1989-1990) zeigt.

29 Frei übersetzt: „Ich suche Bilder, die undeutlich genug sind, um so allgemein verständlich wie möglich zu sein, verschwommene Bilder, auf denen der Betrachter ausschweifen kann." Christian Boltanski in einem Interview mit Delphine Renard. In: Ausst.-Kat. Paris 1984, S. 51.

Schicksal einer konkreten Person noch einer gesellschaftlichen oder ethnischen Gruppe, sondern wird zum Erkennungszeichen des Menschen selbst, zum „Musée de nous mêmes“[30].

8.2. Befund

Die Arbeit von Christian Boltanski inszeniert die Suche nach Beweisen einer Vergangenheit mit dem Wissen, dass diese keine Aussagen mehr darüber treffen kann, wer wir sind. So bietet Boltanski mit der Kleidung dem Betrachter an, seine eigene Erinnerung wie sein eigenes Selbst aus sich heraus zu entwerfen.

Die Kleidung, die von Gebrauchsobjekt zum Zeichen wurde, ist lediglich Hilfsmittel und Medium dieser Suche. Sie wird zum Stellvertreter des Körpers und damit zum Zeichen seiner Vergänglichkeit.

Vergänglichkeit und Endlichkeit sind in den textilen Eigenschaften der Kleidung angelegt. Textilien sind nicht dauerhaft, sondern ähnlich vergänglich wie das Leben selbst. „Mes vêtements ne sont pas en plomb, ils sont en tissu. Ca pourrira. C’est quelque chose de léger [...] d’une nature éphémère.“[31]

Mit ihrem Verfall wird das Werk des Künstlers ebenso vergessen sein wie die Personen, deren Geschichte die Kleider vorgeben zu erzählen. Auf die Temporarität seines Werkes legt Boltanski besonderen Wert, wenn er betont, dass sein Material nur ein einziges Mal gezeigt werden darf. Mit dem Verkauf seiner Arbeit „Canada“ an das Centre Pompidou in Paris gab Boltanski lediglich die ‚Idee‘, sozusagen die ‚Erinnerung‘, an das Museum weiter. Die Materialien mussten von der Institution selbst zusammen- und aufgestellt werden:

„Je leur ai seulement donné l’indication qu’il fallait accrocher des vêtements sur les quatre murs d’une chambre. Mais, je n’ai pas assisté à l’installation, donc ça a été mal installé mais cela m’est égal. Ce qu’ils ont acheté c’est des vêtements sur quatre murs de cette pièce. Mais, je leur ai dit qu’il ne devait pas conserver les vêtements lorsque ce travail ne serait plus exposé. S’ils veulent l’exposer de nouveau, ils doivent acheter de nouveaux vêtements. I n’y a pas de matérialité de l’œuvre. Si elle est montrée dans vingt ans, il faut que les habits

30 Christian Boltanski, in: Ausst.-Kat.: Basel 1989, S. 53-62, S. 60.

31 Frei übersetzt: „Meine Kleider sind nicht aus Blei, sondern aus Stoff. Das wird verrotten. Das ist etwas Leichtes [...] von ephemerer Natur.“ Boltanski, in: Bouisset, Maïten: Recherche Christian B. désespérément. In: Beaux-Arts-Magazine, 84, Nov. 1990, S. 77-83, S. 80.

soient des habits actuels. [...] Il n'y a pas de sacralisation de chaque vêtement."[32]

Kleidung dient bei Boltanski somit nicht der im Alltagsleben und im christlichen Reliquienkult üblichen Beweisfunktion für die Realität, Präsenz oder Heilswirksamkeit ihres ehemaligen Trägers, sondern sie hat ihren objektiven Beweischarakter verloren. Die in der Kleidung verbliebenen Spuren ihrer Träger führen nicht zu einer wie auch immer gearteten objektiven Wahrheit, sondern dienen nur als Vehikel einer individuellen Erinnerung.

Boltanski geht es also nicht darum, ein möglichst langlebiges Monument der Erinnerung zu schaffen, denn mit der Wahl seiner Materialien setzt er Vergänglichkeit bereits voraus. Anders als ein Mahnmal für den unbekannten Soldaten sind Boltanskis Kleider-Arbeiten nicht für die Ewigkeit konzipiert. Sie sind lediglich „temporäre Gedenkstätten"[33]. Durch die zahlreichen Möglichkeiten der Identifikation des Betrachters fungieren sie als Mahnmal sowohl für die eigene Endlichkeit als auch für die Vergänglichkeit der Erinnerung. Dem Betrachter bleibt nur die Möglichkeit, den Träger der Kleider zu imaginieren, also die durch die Abwesenheit der Körper entstandene ‚Lücke', den Mangel, mit eigener Erinnerung zu füllen und somit ein „petite mémoire"[34] zu schaffen.

---

32 Frei übersetzt: „Ich habe ihnen lediglich den Hinweis gegeben, die Kleider auf den vier Wänden eines Raumes aufzuhängen. Aber ich habe bei der Installation nicht mitgeholfen, also ist es schlecht installiert worden, aber das ist mir egal. Was sie gekauft haben, sind die Kleider auf vier Wänden dieses Raumes. Aber ich habe ihnen gesagt, dass sie diese Kleider nicht aufbewahren dürfen, wenn die Arbeit nicht mehr gezeigt wird. Wenn sie sie erneut ausstellen wollen, müssen sie neue Kleider kaufen. Es gibt keine Materialität des Werkes. Wenn es in zwanzig Jahren gezeigt wird, muss die Kleidung aktuell sein. [...] Es gibt keine Sakralisierung jedes Kleidungsstückes." Christian Boltanski, in: Goletto 2004, S. 113-118, S. 49.

33 Metken, Günter: Christian Boltanski: Was wir brauchen, sind Reliquien. In: Metken 1996, S. 37-47.

34 Metken, Günter: Was wir brauchen sind Reliquien. In: Ausst.-Kat. Hamburg 1991: Christian Boltanski. Inventar. Hamburg (Hamburger Kunsthalle 1991). Hamburg 1991, S. 23-33, S. 31.

9. Schlussbetrachtung

Das Wechselverhältnis zwischen textiler Kleidung und dem menschlichen Körper in der Kunst des 20. Jahrhunderts hat sich als vielfältiges bildnerisches Experimentierfeld erwiesen, in dem die Künstler physische und psychische Kategorien ausloten.

Der allen Werken immanente anthropologische Bezug ist, wie deutlich wurde, zunächst der spezifischen Materialität des textilen Mediums zuzuschreiben. Durch ihre besonderen Eigenschaften wie Aufnahme- und Anpassungsfähigkeit, Veränderbarkeit, Weichheit und sinnliche Erfahrbarkeit sind Textilien von jeher mit dem Charakter von Weiblichkeit assoziiert. Mit ihrer Ähnlichkeit zur Haut eignen sie sich besonders zur Hüllenbildung und Körpernähe. Tritt der Mensch mit dem textilen Material unmittelbar in Berührung, findet ein gegenseitiger Austausch statt, bei dem sich einerseits das Material in Oberfläche, Struktur und Form verändern kann. Es kann sich dem Körper anpassen, ihn umhüllen, seine Form in sich aufnehmen und somit von der bloßen Hohlform zur Umgrenzung werden. Dabei wird es zum Abbild des Körpers, der ihm Individualität verleiht. Der Kontakt mit dem Textil kann aber andererseits auch den Menschen verändern, indem es seinen Körper umhüllt und sich in ihn einprägt, ihn größer oder kleiner erscheinen und somit seine eigenen Grenzen spüren lässt.

Die vielfältigen Eigenschaften textiler Materialien wirken besonders intensiv auf die sinnliche Wahrnehmung des mit ihnen in Berührung tretenden Menschen: „Der Tastsinn allein“, so Georg Braungart in einem Vergleich der Sinne „ermöglicht es dem Ich, sich als sinnlich Wahrnehmendes wahrzunehmen, während die anderen Sinne nur einfache Modifikationen des Ichs sind. In jedem tastenden Fühlen, auch wenn es einem äußeren Gegenstand gilt, fühlt das Ich zugleich sich selbst als Widerstand erfahrendes.“[1] Über das textile Material können die eigenen Grenzen in besonderer Weise erfahren werden, denn Textilien bieten keinen starren Widerstand, sondern erlauben ein Grenzgeschehen, bei dem das Innen zum Außen werden kann.

1 Braungart, Georg: Leibhafter Sinn. Der andere Diskurs der Moderne. Tübingen 1995 (Studien zur deutschen Literatur, Bd. 30), S. 66.

Die Analysen der Arbeiten von Franz-Erhard Walther und Lygia Clark haben gezeigt, dass Künstler seit den 60er Jahren das textile Material vor allem aufgrund seiner besonderen Eigenschaften und Möglichkeiten zur Untersuchung sowohl der Grenzen des Werkes als auch des menschlichen Körpers genutzt haben. Mit der Einbeziehung des bisher unbeteiligten, außerhalb des Werkes positionierten Betrachters haben sie eine völlig neue Künstler-Werk-Betrachter-Konstellation geschaffen. Die aktive Teilnahme des Betrachters wurde ebenso zur wesentlichen Voraussetzung für die Entstehung des Werkes wie seine geistigen Vorstellungen und seine haptischen Erfahrungen im Umgang mit dem Material. Der Wechsel seiner Rolle vom Konsumenten zum Teilnehmer zwingt ihn, das Werk aus sich selber heraus zu konstituieren. Die dadurch gewonnene subjektive Erfahrung des nun zum Teilnehmer gewordenen Betrachters ist grundlegender Zweck des Werkes.

Seit Beginn des 20. Jahrhunderts sind in der bildenden Kunst nicht allein die verschiedensten Materialien, sondern auch zweckgebundene Alltagsgegenstände zu Kunstwerken erhoben worden, in denen die Komponenten ihrer ursprünglichen sozialen Funktionalität weiterhin zum Tragen kommen.

Neben der rein körperlichen Funktion des Schutzes und der klaren Abgrenzung des Individuums geben die Kleider im Alltagsleben in vielfältiger Weise Auskunft über die gesellschaftliche Stellung ihres Trägers. Als „Verweissystem“[2] kennzeichnen sie nicht allein den Körper des Menschen, sondern ordnen ihm auch seine psychische und soziale Individualität zu. Dieses Verweissystem bleibt auch erhalten, wenn die Kleidung von ihrem Träger abgelegt worden ist. Ihr Stil, ihr Geruch, ihre Falten und andere Gebrauchsspuren bleiben ‚Identitätsspeicher‘ und dienen als Spur zu einer absenten Person. Die im Alltag greifenden Verweissysteme können dann im Bereich der Kunst sowohl weitergenutzt als auch umcodiert werden.

Die Avantgardebewegungen der ersten Hälfte des 20. Jahrhunderts haben die Kleidung als künstlerisches Medium noch ausschließlich in ihrem traditionellen sozialen Verweissystem genutzt. Ein völlig anderes, von Duchamp, den Dadaisten und Surrealisten getragenes Konzept, diente dann dem Ziel, den Gegenstand aus der gewohnten Logik der Nützlichkeit zu lösen. Jegliche Rationalität und die von ihr geprägte kategoriale Weltordnung sollten damit zerstört werden. Die Untersuchung hat jedoch gezeigt, dass auch der seiner ursprünglichen Funktion enthobene Gegenstand in der Vorstellung des Betrachters stets mit der funktionalen Vorbelastung verbunden bleibt. So behält auch die Kleidung stets ihren

2 Sykora, Katharina: Substraktion – Addition. Von abgetragenen Hüllen und Stoffen, die auftragen. In: Ausst.-Kat. Köln 2001, S. 90-98, S. 91.

immanenten Bezug zum Körper und selbst ohne die „zweckrationale[n] Logik des nur Nützlichen“[3] bringt sie ihre Eigenschaften, Funktionsweisen und Konnotationen mit in das Kunstwerk ein.

Durch die Einbindung eines Alltagsobjektes in den Kunst-Kontext werden die Grenzen zwischen Kunst und Leben verwischt und die ehemalige Eindeutigkeit wird in Vielseitigkeit aufgelöst. Als sich in der Postmoderne die Integration neuer Materialien definitiv durchgesetzt hatte und mit der „Posthuman“-Debatte das Verständnis des Menschen und seines Körpers zur Diskussion stand, wurde die Kleidung zu einem der wichtigsten Medien bei der Suche nach einem fassbaren Ort der Identität. Mit der Umkehrung der ursprünglichen Funktion von Kleidung im Kunstkontext wurden körperliche und identitäre Krisensituationen verdeutlicht.

Die mit dem Kubismus begonnene Aufhebung der ehemals so klaren Trennung zwischen dem Innen und der Außenwelt wurde von den Künstlern der Postmoderne mit der Kleidung als Medium fortgesetzt. Sie dient nun nicht mehr der Umschließung des Körpers und seiner klaren Abgrenzung von der Umgebung, sondern vielmehr dem Experiment mit der Überschreitung anscheinend klar definierter Grenzen. Mit der Fragmentierung, Zerstörung und Auflösung der Kleidung, häufig in Zusammenhang mit einem ebenfalls fragmentierten Körper (Gober), thematisieren Künstler persönliche wie gesellschaftliche Anliegen. Mit ihr demonstrieren sie die gesellschaftliche Destabilisierung und individuelle körperliche wie identitäre Krisen, die mit Thematiken wie Rassenproblematik und Gender sowie Armut, Krankheit und Tod einhergehen. Die Verwischung der Grenze zwischen Haut und Kleid verweist auf die vor allem in den 80er/90er Jahren immer offensichtlicher werdende Problematisierung körperlicher Integrität (D'Urbano). Der zerstörte Stoff wird dabei zum Symbol für Gewalttätigkeit und körperliche wie geistige Gefährdung. Aufgrund dieser Konnotation kann er aber auch in sein Gegenteil verkehrt und als Zeichen von Gemeinschaftlichkeit genutzt werden (Ono).

Die seit den 60er Jahren zu beobachtenden Experimente mit dem eigenen Körper (art corporel), der eigenen Haut (Sterlac) und der textilen Kleidung, die den Körper umgibt, sind Ausdruck eines instabilen Identitätskonzeptes. Im Rückgriff auf den eigenen Körper und seine materielle Umgrenzung erkunden die Künstler neue Bezugsmöglichkeiten und Anhaltspunkte für das Selbst. Die Zerstörung der Kleidung als Selbstreferenz, die den Menschen alltäglich in seinen Identitätsvorstellungen bestätigt hat, wird zum Zeichen des Ich in der Krise.

3 Wagner, Monika: Materialien als soziale Oberflächen. In: Wagner, Monika; Rübel, Dietmar (Hg.): Material in Kunst und Alltag Berlin 2002 (Hamburger Forschungen zur Kunstgeschichte Bd. 1), S. 101-118, S. 102.

Künstler wie Annette Messager und Orlan nutzen das Wissen um die Ungreifbarkeit der eigenen Identität zu einer ständigen Neuerfindung des Ich. So präsentieren sie multiple Wege und Möglichkeiten des Er- und Auslebens von Identität. „‚I‘ is an invented persona just like the others. We – oneself – know ourselves both better and less well than anyone else. I do not talk about myself but at the same time the idea is always there on the fringe. If I say ‚I‘ then I am still playing tricks.“[4]

Ebenso wie in der Performance werden in der Objekt-Kunst über die Kleidung alle Möglichkeiten pluraler Identitäten ausgelotet. Bei einem permanenten Identitätenwechsel geht die Festlegung auf eine klare Identität verloren. Das Ich verwandelt sich vom Einen zum Vielen, das Subjekt wird zum Projekt. Da das eigene Ich fragwürdig geworden ist, vermittelt Kleidung keine identitätsstiftende Entität mehr, sondern wird zum Inbegriff der Alterität.

Dabei manifestiert sich ein Identitätsbegriff, der nicht mehr als eindeutig, einheitlich, ganz und klar umrissen, sondern vielschichtig, ständig veränderbar und hybrid geworden ist.

Mit Rückgriff auf die Kleidung unterwandern Künstler auch die tradierten Geschlechterrollen. Bei dem Spiel mit überlieferten Rollenklischees und Geschlechterkonzepten, kommt es zu einer schrittweisen Relativierung und Auflösung der Funktionen von Kleidung als Analysekategorie geschlechtlicher Identität. Die Aufhebung der Dichotomie der Geschlechter entspricht auch der gesellschaftlichen und philosophischen Debatte, in der die geschlechtliche Identität eine grundlegende Neudefinition erfahren hat. Geschlechtliche Identität ist nach diesem Verständnis nicht vorgegeben, sondern performativ, selber geschaffen und inszeniert. Unter dem Einfluss des Feminismus der 60er Jahre und der verschiedenen Theorien der philosophischen Gender-Debatte der 80er/90er Jahre verdeutlichen auch Künstler eine Verwässerung codierter Geschlechterrollen und Weiblichkeitsbilder. In Kenntnis der durch Kleidung vermittelten kulturellen Codes vollziehen sie mit der Kleidung nicht allein den Rollentausch, sondern heben die Differenzen der Geschlechter sogar gänzlich auf.

Verlassene Kleider erscheinen zunächst als klare Reminiszenzen einer bestimmten Person und Beweis einer persönlichen Geschichte. Diese „Spurensicherung“,[5] anhand derer sich Künstler seit den 70er Jahren die Vergangenheit greifbar machen und ihre eigene Geschichte absichern wollten, ist mit den Erkenntnissen des Konstruktivismus jedoch ihrer Beweiskraft enthoben worden. Christian Boltanski zeigt, wie mit getra-

4 Annette Messager in einem Gespräch mit Robert Storr. In: Ausst.-Kat. Paris 1995, S. 78.

5 Vgl.: Metken 1977.

genen Kleidern keine individuelle Vergangenheit exakt rekonstruiert wird, sondern allgemein gültige Zeichen geschaffen werden, um eigene Erinnerungen zu konstruieren. Weniger als die Geschichte anderer Personen nach zu verfolgen, kann der Betrachter mit diesen konstruierten Geschichten Rückschlüsse auf die eigene Identität ziehen.

Mit ihrem Wissen um die Besetzung und Funktion der Kleidung im Alltagsleben haben Künstler der zweiten Hälfte des 20. Jahrhunderts dieses Medium genutzt, um ehemals klare Aussagen zu revidieren: Die mit Kleidung verbundenen Funktionsweisen des Hüllencharakters, die Aussage über gesellschaftliche Identität, die geschlechtliche Festlegung und die Erinnerung an die Vergangenheit werden in ihr Gegenteil verkehrt.

Dabei wurde das Medium Kleidung aber nicht vollkommen von der gewohnten Betrachtungsweise gelöst. Seit dem Surrealismus kommt Kleidung eine immer stärker werdende „kunstimmanente Bedeutung"[6] zu, seit den 60er Jahren hat sie sich gar „als künstlerisches Mittel verselbstständigt"[7], jedoch wurde sie nie „frei vom funktionalen Rahmen des Gebrauchsgegenstandes"[8]. Kleidung bleibt stets assoziativ mit dem menschlichen Träger verbunden. Auch wenn kein Körper physisch darin vorhanden ist, bleibt er für den Betrachter jedoch stets geistig präsent. Wegen der untrennbaren Konnotation mit individuellen und gesellschaftlichen Bezügen des Menschen ist die textile Kleidung besonders geeignet, gerade diese zu verdeutlichen, in Frage zu stellen und zu zerstören.

Mit dem Körper, der selbst immer mehr zum manipulierbaren Material geworden ist, und der Umkehrung der Funktion von Kleidung verweisen die künstlerischen Praktiken auf den Verlust fester Strukturen (Krise des Körpers, Krise des Subjekts). Kleidung als ehemals klare körperliche wie geistige Umgrenzung ist in der Kunst der zweiten Hälfte des 20. Jahrhunderts durchlässig geworden. Sie ist weder Garant für die Präsenz des Körpers noch für seine physische wie psychische Integrität. In dem Maße, in dem sich die Bestimmbarkeit des menschlichen Körpers auflöst, wird auch die Kleidung in der Kunst, statt ein Schutz und Schild zu sein, zur durchlässigen Membran, zu einer Schnittstelle und Kommunikationszone.

Die künstlerische Suche nach einer klaren Aussage über das Wesen des Menschen führt zu einem konstruierten Bild, in dem der Mensch seine Identität und seinen Körper selber manipuliert und sogar neu erschafft.

6 Schütze 1998, S. 315.

7 Ebd. S. 314.

8 Ebd. S. 314.

10. Anhang

10.1. Literaturverzeichnis

Abadie, Daniel: L'Exposition internationale du surréalisme, 1938. In: Ausst.-Kat. Paris 1981: Hulten, Pontus (Commissaire général): Paris, Paris: créations en France, 1937-1957, arts plastiques, littérature, théâtre, cinéma, vie quotidienne et environnement, archives sonores et visuelles, photographie. Paris (Centre Georges Pompidou 1981). Paris 1981, S. 72-74.

Albrecht, Hans Joachim: Skulptur im 20. Jahrhundert. Raumbewusstsein und künstlerische Gestaltung. Köln 1977.

Aldinger, Ursula: Neue Materialien in der Plastik des 20. Jahrhunderts. Zum Problem: Werkstoff und Kunstwerk. In: Zeitschrift für Ästhetik und Allgemeine Kunstwissenschaft, 16/2, 1971, S. 242-259.

Almhofer, Edith: Performance Art. Die Kunst zu leben. Wien/Köln/Graz 1986.

Ammann, Jean-Christophe: New York: Robert Gober in der Dia Foundation. In: Das Kunst-Bulletin, 1/2, Jan./Feb. 1993, S. 48-50.

Ammann, Jean-Christophe: Robert Gober. In: Kunstforum International, 128, Okt.-Dez. 1994, S. 178-179.

Ammann, Jean-Christophe: Rosemarie Trockel. Das voyeuristische Moment in ihrem Werk. In: Das Kunst-Bulletin, 7/8, Juli/Aug. 1994, S. 14-22.

Angenendt, Arnold: Heilige und Reliquien. Die Geschichte ihres Kultes vom frühen Christentum bis zur Gegenwart. 2. Aufl. München 1997.

Angerer, Marie-Luise (Hg.): The Body of Gender. Körper/Geschlechter/Identitäten. Linz 1995.

Anzieu, Didier: Das Haut-Ich. Frankfurt a.M. 1991.

Ardenne, Paul: L'image corps. Figures de l'humain dans l'art du XXè siècle. Paris 2001.

Aristoteles: Philosophische Schriften. Bd. 6: Physik. Vorlesung über die Natur. Übersetzt von Hans Günter Zekl. Hamburg 1995.

Art Press spécial: Art et mode. Attirance et divergence. Hors série, 18, Okt. 1997.

Ash, Juliet: The aesthetics of absence: clothes without people in paintings. In: De La Haye, Amy; Wilson, Elizabeth (Hg.): Defining dress. Dress as Object, Meaning and Identity. Manchester 1999, S. 128-142.

Assman, Jan: Das kulturelle Gedächtnis. Schrift, Erinnerung und politische Identität in frühen Hochkulturen. München 1992.

Ausst.-Kat. Arizona 1997: Art on the edge of fashion. Arizona (Arizona State University Art Museum 1997). Arizona 1997.

Ausst.-Kat. Barcelona 1997: Lygia Clark. Barcelona (Fundatió Antoni Tàpies 1997), Marseille (MAC galeries contemporaines des Musées de Marseille 1998), Porto (Fundação de Serralves 1998), Bruxelles (Société des Expositions de Palais des Beaux-Arts 1998). Barcelona 1998.

Ausst.-Kat. Basel 1988: Dickhoff, Wilfried (Hg.): Rosemarie Trockel. Kunsthalle Basel (Basel 1988), London (ICA 1988). Basel 1988.

Ausst.-Kat. Basel 1989: Christian Boltanski: Réserves – la Fête de Pourim. Basel (Museum für Gegenwartskunst 1989). Basel 1989.

Ausst.-Kat. Berlin 1999: amazonen der avantgarde. Alexandra Exter, Natalja Gontscharowa, Ljubom Popwa, Olga Rosanowa, Warwara Stepanowa und Nadeschda Udalzowa. Berlin (Deutsche Guggenheim 1999), London (Royal Academy Of Arts 1999/2000), Venedig (Peggy Guggenheim Collection 2000), New York (Solomon R. Guggenheim Museum 2000). New York 1999.

Ausst.-Kat. Bern 1969: Harald Szeemann (Hg.): Wenn Attitüden Form werden. Bern (Kunsthalle 1969). Bern 1969.

Ausst.-Kat. Birmingham 1980: Man Ray: Photographs and Objects. Birmingham (Museum of Art 1980), Columbia (Museum of Art 1980), Columbus (Museum of Art 1980), Chattanooga (Hunter Museum of Art 1980). Birmingham 1980.

Ausst.-Kat. Bonn 1978: Die Fortsetzungsromane mit Annette Messager. Annette Messager Sammlerin, Annette Messager praktische Hausfrau, Annette Messager trickreiche Frau, Annette Messager Künstlerin. Bonn (Rheinisches Landesmuseum 1978). Bonn 1978.

Ausst.-Kat. Bonn 1992: Hulten, Pontus (Intendant): Niki de Saint Phalle. Bonn (Kunst- und Ausstellungshalle der Bundesrepublik Deutschland 1992), Glasgow (McLean Galleries 1993), Paris (Musée d'Art Moderne de la Ville de Paris 1993). Ostfildern 1992.

Ausst.-Kat. Boston 1991: Stich, Sidra (Hg.): Rosemarie Trockel. Boston (The Institute of Contemporary Art 1991), Berkeley (University Art Museum 1991), Chicago (Museum of Contemporary Art 1991), Toronto (The Power Plant 1992), Madrid (Museo Nacional Centro de Arte Reina Sofia 1992). München 1991.

Ausst.-Kat. Braunschweig 1986: Franz Erhard Walther. „Ich bin die Skulptur“. Wandformationen 1978-1985 und Zeichnungen. Braunschweig (Kunstverein 1986). Braunschweig 1986.

Ausst.-Kat. Brüssel 1996: Mode & Art 1960-1990. Brüssel (Palais des Beaux-Arts 1996), Montréal (Musée d'Art Contemporain 1996/97). Bruxelles 1995.

Ausst.-Kat. Duisburg 1980: Niki de Saint Phalle. Retrospektive 1954-80. Duisburg (Wilhelm Lehmbruck Museum 1980), Linz (Neue Galerie der Stadt 1980/1981), Nürnberg (Kunsthalle 1981), Berlin (Haus am Waldsee 1981), Hannover (Kunstmuseum Hannover mit Sammlung Sprengel 1981). Duisburg 1980.

Ausst.-Kat. Düsseldorf 2000: Ich ist etwas Anderes. Kunst am Ende des 20. Jahrhunderts. Düsseldorf (Kunstsammlung Nordrhein-Westfalen) 2000. Köln 2000.

Ausst.-Kat. Florenz 1996: Celant, Germano; Settembrini, Luigi; Sischy, Ingrid (curators): Biennale di Firenze. Looking at fashion. Ostfildern 1996.

Ausst.-Kat. Hamburg 1979: Eremit? Forscher? Sozialarbeiter? Das veränderte Selbstverständnis von Künstlern. Hamburg (Kunstverein und Kunsthaus 1979). Hamburg 1979.

Ausst.-Kat. Hannover 1969: niki de saint phalle. werke 1962-1968. Hannover (Kunstverein Hannover 1969). Hannover 1969.

Ausst.-Kat. Huntsville 1988/89: Metaphors. The image of Clothing in Contemporary Art. Huntsville (Museum of Art 1988/89). Huntsville 1988.

Ausst.-Kat. Kiel 1996: Doppelte Haut. Kiel (Kunsthalle 1996). Kiel 1996.

Ausst.-Kat. Köln 2001: Anna, Susanne; Heinzelmann, Markus (Hg.): Untragbar. Mode als Skulptur. Köln (Museum für angewandte Kunst 2001). Ostfildern 2001.

Ausst.-Kat. Köln 2005/06: Rosemarie Trockel. Post-Menopause. Köln (Museum Ludwig 2005/06). Köln 2005.

Ausst.-Kat. Köln 2006: Wagner, Frank; König, Kasper; Friedrich, Julia (Hg.): Das achte Feld. Geschlechter, Leben und Begehren in der Kunst seit 1960. Ostfildern 2006.

Ausst.-Kat. Lausanne 1962: 1ère biennale internationale de la tapisserie. Lausanne (Musée Cantonal des Beaux-Arts 1962). Lausanne 1962.

Ausst.-Kat. Lausanne 1992: Stern, Radu: A contre-courant. Vêtements d'artistes 1900-1940. Lausanne (Musée des Arts décoratifs 1992); Zürich (Museum Bellerive 1992). Bern 1992.

Ausst.-Kat. Lausanne 1995: Bernard, Christian; Heiss, Alanna; Stooss, Toni (Ausstellungskommissare): 16. Internationale Biennale von Lausanne. „Chassés-croisés". Lausanne (FAE/Musée d'Art contemporain; Musée des Arts décoratifs 1995). Lausanne 1995.

Ausst.-Kat. Lausanne 2000: Art textile contemporain. Lausanne (Collection de l'Association Pierre Pauli; Espace Arlaud 2000). Lausanne 2000.

Ausst.-Kat. Linz 1994: Andere Körper – Different Bodies. Linz (Offenes Kulturhaus 1994). Wien 1994.

Ausst.-Kat. London 1990: Hendricks, Jon (Hg.): Yoko Ono. In Facing. London (Riverside Studios 1990). London 1990.

Ausst.-Kat. London 1998/99: Addressing the century. 100 Years of Art & Fashion. London (Hayward Gallery 1998/1999), Wolfsburg (Kunstmuseum 1999). London 1998.

Ausst.-Kat. Los Angeles 1995: Annette Messager. Los Angeles (County Museum of Art 1995), New York (The Museum of Modern Art 1995/96). New York 1995.

Ausst.-Kat. Los Angeles 1998: Noever, Peter (Hg.): Out of Actions: Zwischen Performance und Objekt 1949-1979. Los Angeles (The Museum of Contemporary Art at The Geffen Contemporary 1998), Wien (MAK – Österreichisches Museum für angewandte Kunst 1998), Barcelona (Museu d'Art Contemporani 1998/99), Tokyo (Museum of Contemporary Art 1999). Ostfildern 1998.

Ausst.-Kat. Luzern 1974: Transformer. Aspekte der Travestie. Luzern (Kunstmuseum) 1974, Graz (Neue Galerie am Landesmuseum Joanneum) 1974, Bochum (Museum, Kunstsammlung) 1975. Luzern 1974.

Ausst.-Kat. Mailand 1988: Crispolti, Enrico (curatore): Il Futurismo e la Moda. Mailand (Padiglione d'arte contemporanea) 1988. Mailand 1988.

Ausst.-Kat. Mannheim 1993: Oliver Herring. A flower for Ethyl Eichelberger. Bedding. Mannheim (Kunstverein 1993). Mannheim 1993.

Ausst.-Kat. Marseille 1996: L'Art au Corps, le corps exposé de Man Ray à nos jours. Marseille (MAC Galeries contemporaines des Musées de Marseille 1996). Marseille 1996.

Ausst.-Kat. Meran 2001: Zweite Haut – Kunst und Kleidung. Meran (Frauenmuseum Evelyn Ortner) 2001. Lana 2001.

Ausst.-Kat. Miami 1993: American Art Today: Clothing as Metaphor. Miami (The Art Museum at Florida Intenational University 1993). Miami 1993.

Ausst.-Kat. Minneapolis 1999: Robert Gober. Sculpture + drawing. Minneapolis (Walker Art Center 1999), Malmö (Rooseum Center for Contemporary Art 1999/2000), Washington, D.C. (Hirschhorn Museum and Sculpture Garden 2000), San Fransicso (San Francisco Museum 2000). Minneapolis 1999.

Ausst.-Kat. München 1976: Franz Erhard Walther. Diagramme zum 1. Werksatz. München (Kunstraum 1976), Bonn (Städtisches Kunstmuseum 1976). München 1976.

Ausst.-Kat. München 1987: Schulz-Hoffmann, Carla (Hg.): Niki de Saint Phalle. Bilder – Figuren – Phantastische Gärten. München (Kunsthalle der Hypo-Kulturstiftung 1987). München 1987.

Ausst.-Kat. Nantes 2005: Lygia Clark de l'œuvre à l'événement. Nous sommes le moule. A vous de donner le souffle... Nantes (Musée des Beaux Arts 2005). Nantes 2005.

Ausst.-Kat. New York 1973: Soft as Art. New York (Cultural Center 1973). New York 1973.

Ausst.-Kat. New York 1993: Empty Dress. Clothing as surrogate in recent art. New York (Independent Curators Incorporated, touring exhibition 1993). New York 1993.

Ausst.-Kat. New York 1997(a): Celant, Germano; Sischy, Ingrid; Tabatabai Asbaghi, Pandora (Hg.): Art/Fashion. New York (Guggenheim Museum Soho 1997). New York 1997.

Ausst.-Kat. New York 1997(b): Rrose is a Rrose is a Rrose. Gender Performance in Photography. New York (Solomon R. Guggenheim Museum 1997). New York 1997.

Ausst.-Kat. Paris 1936: Exposition Surréaliste d'objets. Paris (Galerie Charles Ratton 1936). Paris 1936.

Ausst.-Kat. Paris 1984: Christian Boltanski. Paris (Musée national d'art moderne au Centre Georges Pompidou, 1984). Paris 1984.

Ausst.-Kat. Paris 1995: Annette Messager. Faire Parade. 1971-1995. Paris (Musée d'Art Moderne de la Ville de Paris 1995). Paris 1995.

Ausst.-Kat. Paris 1995/96: Fémininmasculin. Le sexe de l'art. Paris (Centre Georges Pompidou 1995/96). Paris 1995.

Ausst.-Kat. Paris 1997: Europe 1910-1939. Quand l'art habillait le vêtement. Paris (Musée de la Mode et du Costume 1997). Paris 1997.

Ausst.-Kat. Paris 1998: Gérard Deschamps Homo Accessoirus. Paris (Fondation Cartier pour l'Art Contemporain 1998). Paris 1998.

Ausst.-Kat. Paris 2000: Le corps mutant. Paris (Galerie Enrico Navarra 2000). Paris 2000.

Ausst.-Kat. Paris 2002: Spiess, Werner (commissaire général): La révolution surréaliste. Paris (Centre Pompidou 2002). Paris 2002.

Ausst.-Kat. Paris 2003/04: Sophie Calle. M'as-tu vue? Paris (Centre Georges Pompidou 2003/04). Paris 2003.

Ausst.-Kat. Paris 2005: Art-Robe: Artistes femmes à la croisée de l'art et de la mode. Paris (UNESCO 2005). Paris 2005.

Ausst.-Kat. Quebec 2003: Lamoureux, Johanne (commissaire): Doublures: vêtements de l'art contemporain. Québec (Musée National des Beaux-Arts 2003). Québec 2003.

Ausst.-Kat. Ridgefield 1993: Fall from fashion. Ridgefield (The Aldrich Museum of Contemporary Art 1993). Ridgefield 1993.

Ausst.-Kat. Rotterdam 1990: Robert Gober. Rotterdam (Museum Boymans van Beuningen 1990), Bern (Kunsthalle 1990). Rotterdam 1990.

Ausst.-Kat. Sheboygan 1993/94: Discursive Dress: Sheboygan (John Michael Kohler Arts Center 1993/94). Sheboygan 1994.

Ausst.-Kat. Strasburg 2004: Michel Journiac. Strasbourg (Musée d'art moderne et contemporain 2004). Strasbourg 2004.

Ausst.-Kat. Trenton 1969: Pomeroy, Ralph: soft art. Trenton (New Jersey State Museum Cultural Center Trenton 1969). Trenton 1969.

Ausst.-Kat. Venedig 1986: Futurismo & Futurismi. Venedig (Palazzo Grassi 1986). Mailand 1986.

Ausst.-Kat. Wellington 1993: Burke, Gregory (Hg.): Rosemarie Trockel. Wellington (City Gallery 1993). Wellington 1993.

Ausst.-Kat. Wien 1989: Franz Erhard Walther. Dialog der Sockel. Wandformationen. Wien (Wiener Sezession 1989). Wien 1989.

Ausst.-Kat. Wien 2000: Breitwieser, Sabine (Hg.): vivências/Lebenserfahrung/life experience. Wien (Generali Fondation 2000). Köln 2000.

Ausst.-Kat. Wolfsburg 1999: Avantgarderobe. Kunst und Mode im 20. Jahrhundert. Wolfsburg (Kunstmuseum 1999). Wolfsburg 1999.

Ausst.-Kat. Zürich 1978/79: Monte Verità: Berg der Wahrheit. Lokale Anthropologie als Beitrag zur Wiederentdeckung einer neuzeitlichen sakralen Topographie. Zürich (Kunsthaus 1978/79). Venezia-Martellago 1978.

Ausst.-Kat. Zürich 1979/80: Weich und plastisch: Soft Art. Zürich (Kunsthaus 1979/80). Zürich 1979.

Bältzner, Nike: Arte Povera. Zwischen Erinnerung und Ereignis. Nürnberg 2000.

Bandmann, Günter: Bemerkungen zu einer Ikonologie des Materials. In: Städel-Jahrbuch N.F.2, 1969, S. 75-100.

Bandmann, Günter: Der Wandel der Materialbewertung in der Kunsttheorie des 19. Jahrhunderts. In: Koopmann, Helmut; Schmoll, Josef Adolf gen. Eisenwerth (Hg.): Beiträge zur Theorie der Künste im 19.

Jahrhundert. Frankfurt a. M. 1971 (Studien zur Philosophie und Literatur des 19. Jahrhunderts, Bd.12/1), S.129-157.

Baron, Stanley: Sonia Delaunay. The life of an artist. Paris 1995, S. 31.

Barthes, Roland: Mythen des Alltags. Frankfurt a.M. 1964.

Barthes, Roland: Die Sprache der Mode. Frankfurt a.M. 1985.

Bartholomeyczik, Gesa: Materialkonzepte. Die Kombination von Materialien in der deutschen Plastik nach 1960. Frankfurt a.M. 1996 (Europäische Hochschulschriften: Reihe 28, Kunstgeschichte, Bd. 260).

Basualdo, Carlos: Sleeping Cure. In: TRANS>, 1, 1996, 2, S. 20-23.

Basualdo, Carlos: Anmerkungen zum Lesen des Werkes von Lygia Clark. In: Ausst.-Kat. Wien 1999: La casa, il corpo, il cuore. Konstruktion der Identitäten. Wien (Museum Moderner Kunst Stiftung Ludwig 1999). Wien 1999, S. 83-91.

Baudrillard, Jean: Das System der Dinge: Über unser Verhältnis zu den alltäglichen Gegenständen. 2. Aufl. Frankfurt a.M. 2001.

Beauvoir, Simone de: Le deuxième sexe. Bd. I: Les faits et les mythes. Bd. II: L'expérience vécu. Paris 1949.

Beauvoir, Simone de: Das andere Geschlecht. Sitte und Sexus der Frau. 5. Aufl. Reinbeck bei Hamburg 2005.

Bellmer, Hans: Poupée. Variations sur le montage d'une mineure articulée. In: Minotaure. Revue artistique et littéraire, 2, 1934, 6, S. 30-31.

Benhabib, Seyla; **Butler,** Judith; **Cornell,** Drucilla; **Fraser,** Nancy: Der Streit um Differenz. Feminismus und Postmoderne in der Gegenwart. Frankfurt a.M. 1993.

Benthien, Claudia: Haut: Literaturgeschichte – Körperbilder – Grenzdiskurse. Reinbeck bei Hamburg 1999.

Benthien, Claudia: Im Leibe wohnen. Literarische Imagologie und historische Anthropologie der Haut. Berlin 1998 (Buchreihe: Körper, Zeichen, Kultur; Bd. 4).

Benthien, Claudia: Im Leibe wohnen: Zur Kulturgeschichte und Metaphorik des Hauses und der Grenze im Diskurs über die Haut. In: Kunst- und Ausstellungshalle der Bundesrepublik Deutschland (Hg.): Tasten. Bonn, Göttingen 1996 (Schriftenreihe Forum, Bd. 7), S. 143-163.

Benthien, Claudia; **Wulf,** Christoph: Körperteile. Eine kulturelle Anatomie. Reinbeck bei Hamburg 2001.

Besacier, Huber; **Orlan**: Premier Symposium International d'Art Performance de Lyon. Liège 1979.

Bevers, A.M.: Identität. In: Reinhold, Gerd (Hg.): Soziologie-Lexikon. 3. Aufl. München/Wien 1997.

Billeter, Erika (Hg.): Softart: die Kunst des weichen Materials. Bern 1980.

Blöcker, Susanne: Die Lust des Lebens: Die Kunst der Verführung. In: Ausst.-Kat. Bonn 2000: Zehnder, Frank Günter; Schäfke, Werner (Hg.): Der Riss im Himmel. Clemens August und seine Epoche. Bonn, Brühl, Köln, Jülich, Miel (2000). Köln 2000, S. 117.

Boccioni, Umberto: Gli scritti editi e inediti. Mailand 1971.

Boehm, Gottfried: Die Form der Erfahrung. Zur künstlerischen Konzeption Franz Erhard Walthers. In: Walther, Franz Erhard: Ort und Richtung angeben. Klagenfurt 1985, S. 7-21.

Böhme, Hartmut: Der Tastsinn im Gefüge der Sinne. Anthropologische und historische Ansichten vorsprachlicher Aisthesis. In: Kunst- und Ausstellungshalle der Bundesrepublik Deutschland (Hg.): Tasten. Bonn, Göttingen 1996 (Schriftenreihe Forum, Bd. 7), S. 185-210.

Böhme, Hartmut: Enthüllen und Verhüllen des Körpers in Bibel, Mythos und Kunst. In: Kamper, Dietmar (Hg.). PARAGRANA. Internationale Zeitschrift für historische Anthropologie, 6, 1997, 1, S. 218-246.

Bohn, Cornelia: Kleidung als Kommunikationsmedium. In: Soziale Systeme. Zeitschrift für soziologische Theorie, 6, 2000, 1, S. 113-135.

Bohnsack, Almut; **Hülsenbeck**, Annette (Hg.): Lebensmuster in Stoff. Kleider als Zeitspeicher. Bramsche 2000.

Bonnet, Anne Marie: Kunst der Moderne Kunst der Gegenwart. Herausforderung und Chance. Köln 2004.

Bordowitz, Gregg: Gegen die Heterosexualität. In: Parkett, 27, 1991, S. 105-109.

Bouisset, Maïten: Recherche Christian B. désespérément. In: Beaux-Arts-Magazine, 84, Nov. 1990, S. 77-83.

Braun, Alexander: Robert Gober. Werke von 1978 bis heute. Nürnberg 2003.

Braun, Christina von; **Stephan,** Inge (Hg.): Gender-Studien. Eine Einführung. Weimar 2000.

Braun, Kathrin: Frauenforschung, Geschlechterforschung und feministische Politik. In: Feministische Studien, 13, Nov. 1995, 2, S. 107-117.

Braungart, Georg: Leibhafter Sinn. Der andere Diskurs der Moderne. Tübingen 1995 (Studien zur deutschen Literatur, Bd. 30).

Breton, André: Recherches sur la sexualité. Part d'objectivité, déterminations individuelles, degré de conscience. In: La révolution surréaliste, 4, März 1928, 11, S. 32-40.

Breton, André: L'objet fantôme. In: Le Surréalisme au service de la révolution, 3, Dez. 1931, S. 20-22.

Breton, André: Rêve-Objets. In: Cahiers d'art, 10, 1935, 5-6, S. 125.

Breton, André: Crise de l'objet. In: Cahiers d'art, 11, 1936, 1-2, S. 21-25.

Breton, André: Second manifeste du surréalisme (1930). In: Ders.: Manifestes du surréalisme. Montreuil 1962, S. 147-226.

Breton, André; **Duchamp,** Marcel: Exposition internationale du Surréalisme. Le surréalisme en 1947. Paris 1949.

Brett, Guy: Lygia Clark. The borderline between life and art. In: Third Text, 1, 1987, S. 65-94.

Brett, Guy: Both Author and Reader. In: C Magazine, 36, 1993, S. 18-28.

Brett, Guy: Lygia Clark: In Search of the Body. In: Art in America, 82, Juli 1994, 7, S. 57-63, S. 108.

Brockhaus Enzyklopädie in vierundzwanzig Bänden. Bd. 20 (SCI-SQ). 19. Aufl. Mannheim 1993, S. 534.

Bronfen, Elisabeth: Körper Unbehagen. Annette Messagers anatomisches Theater. In: Parkett, 59, 2000, S. 22-30.

Brost, Harald: Kunst und Mode. Eine Kulturgeschichte vom Altertum bis heute. Stuttgart/Berlin/Köln/Mainz 1984.

Bryan-Wilson, Julia: Remembering Yoko Ono's Cut Piece. In: Oxford Art Journal, 26, 2003, 1, S. 99-123.

Buchmann, Babeth: „Für dieses Happening verlange ich nichts, aber das nächste wird euch 100.000 Dollar kosten." In: Texte zur Kunst, 11, März 2001, 41, S. 77-96.

Buci-Glucksmann, Christine: Orlan. Triomphe du baroque. Marseille 2000.

Bürger, Peter: Das Verschwinden des Subjekts. Eine Geschichte der Subjektivität von Montaigne bis Barthes. Frankfurt a.M. 1998.

Busca, Joëlle: Les Visages d'Orlan. Pour une relecture du post-humain. Liège 2003.

Bußmann, Hadumod; **Hof,** Renate: Genus. Geschlechterforschung/ Gender-Studies in den Kultur- und Sozialwissenschaften. Ein Handbuch. Stuttgart 2005.

Butler, Judith: Das Unbehagen der Geschlechter. Frankfurt a.M. 1991.

Celant, Germano (Hg.): Ars Povera. Tübingen 1969, S. 174.

Celant, Germano: Claes Oldenburg und das Gefühl der Dinge. In: Ausst.-Kat. Bonn 1995: Claes Oldenburg. Eine Anthologie. Bonn (Kunst- und Ausstellungshalle der Bundesrepublik Deutschland 1996). Stuttgart 1996, S. 15-31.

Chadwick, Whitney: Women Artists and the Surrealist Movement. London 1985.

Chadwick, Whitney: Les femmes dans le mouvement surréaliste. Paris 1986.

Choubard, Alain: les matériaux nouveaux ou réintroduites dans la sculpture française entre 1880 et 1940 (Mémoire de Thèse, Paris). Paris 1999.

Cixou, Hélène; **Clément**, Chatherine: The New Born Woman. Minneapolis 1986.

Clark, Lygia: L'art, c'est le corps. In: Preuves, 13, 1973, S. 138-145.

Clark, Lygia: Nostalgia of the body. In: October, 69, 1994, S. 85-109.

Clayson, Alan: Woman. The incredible life of Yoko Ono. New Malden 2004.

Clébert, Jean-Paul: Dictionnaire du Surréalisme. Chamalière 1996.

Coëllier, Sylvie: Lygia Clark (L'enveloppe). La fin de la modernité et le désir du contact. Paris 2003.

Concannon, Kevin Christopher: Yoko Ono's cut piece: critical reception, 1997. Presented at: the Third Annual Performance Studies Conference, Atlanta, April 11, 1997. URL (07.07.2005): http://webcast.gatech.edu/papers/arch/Concannon.html

Concannon, Kevin Christopher: Yoko Ono's ‚cut piece' (1964): a reconsideration (Master's thesis, Virginia). Virginia 1998.

Constantine, Mildred; **Reuter,** Laurel: Whole Cloth. New York 1997.

Crispolti, Enrico: Balla oltre la pittura. La „ricostruzione futurista" della moda. In: Ausst.-Kat. Rom 1998/99: Benzi, Fabio (curatore): Futurismo tra arte e moda. Opere della Fondazione Biagiotti Cigna. Roma (Chiostro del Bramante 1998/99). Mailand 1996, S. 17-28.

Crow, Thomas: The rise of the Sixties. American and European Art in the Era of Dissent. New York 1996.

Dali, Salvador: Honneur à l'objet! In: Cahiers d'art, 11, 1936, 1-2, S. 53-57.

Dali, Salvador: Première loi morphologique sur les poils dans les structures molles. In: Minotaure. Revue artistique et littéraire, 3, 1936, 9, S. 60-61.

Dali, Salvador: Analyse du veston aphrodisiaque de Salvador Dali. In: Cahiers d'art, 11, 1936, 1-2, S. 57.

Dallier, Aline: Le soft art et les femmes. In: Opus International, 52, Sept. 1974, S. 49-53.

Davila, Thierry: The Therapeutic Relationship: Lygia Clark. In: Ausst.-Kat. Boston 2003: Pulse: Art, Healing, and Transformation. Boston (Institute of Contemporary Art 2003). Göttingen 2003, S. 37-43.

Davvetas, Demosthènes: Christian Boltanski (interview). In: Flash Art, 124, Okt./Nov. 1985, S. 82-83.

Deepwell, Katy: Cross Female. Metaphors of the Female in Art in the 1990s. In: n.paradoxa, 7, 2001, S. 87-89.

Deleuze, Gilles: Die Falte. Leibnitz und der Barock. Frankfurt a.M. 2000.

D'Harncourt, Anne; **McShine,** Kynaston (Hg.): Marcel Duchamp. New York 1973.

Dialog: Kunst: Literatur: Annette Messager im Gespräch mit Heinz-Norbert Jocks. Köln 2001.

Dictionnaire abrégé du Surréalisme. Galerie des Beaux Arts. Paris 1938.

Didi-Huberman, Georges: Ähnlichkeit und Berührung. Archäologie, Anachronismus und Modernität des Abdrucks. Köln 1999.

Didi-Huberman, Georges: Die Ordnung des Materials. Plastizität, Unbehagen, Nachleben. In: Kemp, Wolfgang; Mattenklott, Gert; Warnke, Martin (Hg.): Vorträge aus dem Warburg-Haus. Bd. 3, Berlin 1999, S. 1-29.

Döbler, Hannsferdinand: Vom Lendenschurz zum Minirock. Kleidung – Mode – Schmuck. München/Wien 1972.

Donguy, Jacques: la chapelle d'orlan. In: Art Press, 48, Mai 1981, S. 36.

Donguy, Jacques: Entretien entre Michel Journiac et Jacques Donguy, Paris, mars 1985. In: Ausst.-Kat. Marseille 1996: L'Art au Corps, le corps exposé de Man Ray à nos jours. Marseille (MAC Galeries contemporaines des Musées de Marseille 1996). Marseille 1996, S. 191-205.

Dorfles, Gillo: Transvestisme et art. In: Buttafava, Giovanni; Delconte; Peppo; Dorfles, Gillo u.a.: Eux, qui sont-elles? Art du travestissement et travestissement de l'art. Nonville 1978, S. 5-19.

Dörstel, Wilfried: Augenpunkt, Lichtquelle und Scheidewand. Die symbolische Form im Werk Marcel Duchamps. Unter besonderer Berücksichtigung der Witzzeichnungen von 1907 bis 1910 und der Radierungen von 1967/68. Köln 1989.

Dörstel, Wilfried: Die Signatur entwertet. Marcel Duchamp, der „homöopatische Leonardo". In: Anna, Susanne; Dörstel, Wilfried; Schultz-Möller, Regina: Wert-Wechsel. Zum Wert des Kunstwerkes. Köln 2005, S. 294-335.

Drathen, Doris von: Der Clown als schlechter Prediger. Gespräch mit Christian Boltanski, Paris, im Dezember 1990. In: Ausst.-Kat.: Hamburg 1991: Christian Boltanski. Inventar. Hamburg (Hamburger Kunsthalle 1991). Hamburg 1991, S. 53-77.

Dreitzel, Hans Peter: Die gesellschaftlichen Leiden und das Leiden an der Gesellschaft. Vorstudie zu einer Pathologie des Rollenverhaltens. Stuttgart 1968.

Drexler, Rosalyn: Mellow yellow is the color of my true love's grapefruit. In: The Village Voice, 07.10.1971, S. 20/24.

Drier, Deborah: Spiderwoman. In: Artforum International, 30, Sept. 1991, 1, S. 118-123.

Duchamp, Marcel: Notes. Hg. von Pontus Hulten und Paul Matisse. Paris 1980.

Dunker, Hedda: Das Innere und das Äußere – die Kunst der Kannibalin. In: Künstler. Kritisches Lexikon der Gegenwartskunst, Ausgabe 67, Heft 16, München 2004.

Durand, Régis; **Lamy,** Frank: Orlan. Le corps du manifeste. In: Beaux-Arts-Magazine, 216, Mai 2002, S. 56-63.

D'Urbano, Alba: Das Projekt: Hautnah. In: Amelunxen, Hubertus von; Iglhaut, Stefan; Rötzer, Florian: Fotografie nach der Fotografie. Ein Projekt des Siemens Kulturprogramms. München 1996, S. 270-275.

D'Urbano, Alba: Das Projekt: Hautnah. In: Kunstforum International, 132, Nov. 1995-Jan. 1996, S. 90-93.

Durozoi, Gérard: Objets surréalistes. In: Ders.: Histoire du mouvement surréaliste. Paris 1997, S. 224-233.

Dypréau, Jean: Das Ding in der aktuellen Kunst. In: Ausst.-Kat. Brüssel 1971: Metamorphose des Dinges, Kunst und Antikunst 1910-1970. Brüssel (Palais des Beaux Arts 1971), Rotterdam (Museum Boymans Van Beuningen 1971), Berlin (Nationalgalerie 1971), Mailand (Palazzo Reale 1971/72), Basel (Kunsthalle 1972), Paris (Musée des Arts Décoratifs 1972). Brüssel 1971, S. 104-152.

Eco, Umberto: Das offene Kunstwerk. Frankfurt a.M. 1973.

El-Danasouri, Andrea: Kunststoff und Müll. Das Material bei Naum Gabo und Kurt Schwitters. München 1992.

Eliet, Françoise: Orlan artiste. In: Art Press, 14, Jan. 1978, S. 45.

Enninger, Werner: Kodewandel in der Kleidung. Sechsundzwanzig Hypothesenpaare. In: Zeitschrift für Semiotik, 5, 1983, 1/2, S. 23-48.

Erikson, Erik H.: Identität und Lebenszyklus. Frankfurt a.M. 1966.

Favardin, Patrick; **Chiglien,** Alain: Nicola L. Paris 2003.

Feddersen, Jutta: Soft sculpture and beyond. An international Perspective. East Roseville 1993.

Felshin, Nina: Empty Dress: clothing as Surrogate in Recent Art. In: Ausst.-Kat. New York 1993: Empty Dress. Clothing as surrogate in recent art. New York (Independent Curators Incorporated, touring exhibition 1993). New York 1993, S. 7-14.

Felshin, Nina: Clothing as subject. In: Art-Journal, 54, 1995, 1, S. 20-29.

Filipovic, Elena: Abwesende Kunstobjekte. Mannequins und die „Exposition Internationale du Surréalisme“ von 1938. In: Ausst.-Kat. Düsseldorf 1999: Müller-Tamm, Pia; Sykora, Katharina (Hg.): Puppen, Körper, Automaten. Phantasmen der Moderne. Düsseldorf

(Kunstsammlung Nordrhein-Westfalen 1999). Köln 1999, S. 200-215.

Finkelstein, Haim: Methodology of paranoiac mechanism. In: Ders.: Salvador Dali's art and writing, 1927-1942. The metamorphoses of narcissus. Cambridge 1996, S. 217-222.

Fischer, Hervé u.a.: Dix questions sur l'Art corporel et l'Art sociologique. Un débat entre Hervé Fischer, Michel Journiac, Gina Pane et Jean-Paul Thenot In: Artitudes International, 6/8, Dez. 1973-März 1974, S. 4-16.

Flaccus, Louis W.: Remarks on the Psychology of Clothes. In: Pedagogical Seminary, 13, März 1906, 1, S. 61-83.

Flügel, J.C.: Psychologie der Kleidung. In: Bovenschen, Silvia: Die Listen der Mode. Frankfurt a.M. 1986, S. 208-263.

Foerster, Heinz von: Gedächtnis ohne Aufzeichnung. In: Ders.: Sicht und Einsicht. Versuche zu einer operativen Erkenntnistheorie. Braunschweig/Wiesbaden 1985, S. 133-172.

Fonti, Daniela: Thayaht: the Anomalous Futurist. In: Ausst.-Kat. Trient/Rovereto 2005: Thayaht. Futurista irregolare. Triento/Rovereto (Museo di Arte Moderna a Contemporanea 2005). Mailand 2005, S. 39-54.

Framke, Gisela (Hg.): Künstler ziehen an. Avantgarde-Mode in Europa. 1910-1939. Museum für Kunst und Kulturgeschichte der Stadt Dortmund. Dortmund 1998.

Francblin, Catherine: Michel Journiac. In: Art Press, 300, April 2004, S. 12-14.

Francblin, Catherine: Michel Journiac. L'efficacité critique. In: Beaux-Arts-Magazine, 203, April 2001, S. 33.

Fréchuret, Maurice: Le mou et ses formes. Essai sur quelques catégories de la sculpture du XXè siècle. Paris 1993.

Friede, Claus: Die Schlußsteine von Franz Erhard Walther. Zwischen virtueller Handlung und Materialprozess. In: Private Kunsträume Augsburg (Hg.): Franz Erhard Walther. Kopf darin, Körper davor. Werke 1961-63 und 1986. Augsburg 1996, S. 7-8.

Gantzert-Castrillo (Hg.): Archiv für Techniken und Arbeitsmaterialien zeitgenössischer Künstler. Stuttgart 1996.

Garber, Marjorie: Vested Interests: cross-dressing and cultural anxiety. New York 1992.

Gaugele, Elke: Unter dem Kleid sitzt immer Fleisch. Plastische Körper und formende Blicke der Kleiderreformbewegung um 1900. In: In. Femme fashion 1780-2004. Die Modellierung des Weiblichen in der Mode. The modelling of the female form in fashion. Ausst.-Kat.:

Brattig, Patricia (Hg.): Köln (Museum für Angewandte Kunst 2003). Stuttgart 2003, S. 58-75.

Geissmar-Brandi, Christoph u.a. (Hg.): Gesichter der Haut. Frankfurt a.M./Basel 2002.

Giannone, Antonella: Kleidung als Zeichen. Ihre Funktion im Alltag und ihre Rolle im Film westlicher Gesellschaften. Eine kultursemiotische Abhandlung. Berlin 2005.

Givry, Valérie de: Art et Mode. Paris 1998.

Gober, Robert: Cumulus from America. In: Parkett, 19, 1989, S. 169-173.

Gober, Robert: Interview with Richard Flood. In: Ausst.-Kat. London 1993: Robert Gober. London (Serpentine Gallery 1993), Liverpool (Tate Gallery 1993). London 1993, S. 8-14.

Gockel, Cornelia: Rosemarie Trockel – das Hakenkreuz als Strickmuster. In: Dies.: Zeige deine Wunde. Faschismusrezeption in der deutschen Gegenwartskunst. München 1998, S. 61-66.

Goffman, Erving: Wir alle spielen Theater. Die Selbstdarstellung im Alltag. München 1969.

Goffman, Erving: Das Individuum im öffentlichen Austausch. Mikrostudien zur öffentlichen Ordnung. Frankfurt a.M. 1974.

Goffman, Erving: Interaktion und Geschlecht. Frankfurt a.M./New York 1994.

Goldberg, Itzhak: Christian Boltanski. Inventaire de la mémoire. In: Beaux-Arts-Magazine, 168, Mai 1998, S. 46-51.

Goletto, Nicolas: L'absence à travers le vêtement dans l'œuvre de Christian Boltanski (Mémoire de Maîtrise, Paris). Paris 2004.

Goletto, Nicolas: Le vêtement dans l'œuvre d'Annette Messager (Mémoire de DEA, Paris). Paris 2005.

Goodrow, Gérard: Ego Alter Ego. Das Selbstportrait in der Fotografie der Gegenwart. In: Ausst.-Kat. Nassau 1999: Ego Alter Ego. Das Selbstportrait in der Fotografie der Gegenwart (Nassauischer Kunstverein Wiesbaden 1999). Wiesbaden 1999, S. 5-31.

Graevenitz, Antje von: Warhols Tausch der Identitäten. In: Groblewski, Michael; Bätschmann, Oskar (Hg.): Kultfigur und Mythenbildung. Das Bild vom Künstler und sein Werk in der zeitgenössischen Kunst. Berlin 1993, S. 69-92.

Graevenitz, Antje von: The importance of wearing clothes. Rosemarie Trockel. In: Ausst.-Kat. Berlin 1996: Das szenische Auge. Bildende Kunst und Theater. Berlin (Institut für Auslandsbeziehungen 1996). Berlin 1996, S. 140-142.

Grenier, Catherine: Annette Messager. Paris 2000.

Grenier, Catherine: Annette Messager. Les bouts du monde. In: Beaux-Arts-Magazine, 222, Nov. 2002, S. 86-90.

Gumpert, Lynn: Annette Messager. Comédie Tragédie. In: Galeries Magazine, 35, Feb./März 1990, S. 86-89, 138.

Gumpert, Lynn: Christian Boltanski. Paris 1994.

Halbreich, Kathy: Robert Gober. In: Ausst.-Kat. Washington 1990: Culture and commentary: an eighties perspective. Washington (Hirshhorn Museum and Sculpture Garden 1990). Washington 1990, S. 62-67.

Halbwachs, Maurice: Das Gedächtnis und seine sozialen Bedingungen. Berlin/Neuwied 1966.

Halbwachs, Maurice: Das kollektive Gedächtnis. Stuttgart 1967.

Hamburger Kunsthalle (Hg.): Vom Bild zum Material, vom Material zum Objekt. Hamburg 1989.

Handwerker, Hermann Otto: Psychologie des Tastsinnes. In: Kunstund Ausstellungshalle der Bundesrepublik Deutschland (Hg.): Tasten. Bonn, Göttingen 1996 (Schriftenreihe Forum, Bd. 7), S. 34-49.

Hansen, Traude: Wiener Werkstätte. Mode. Wien 1984.

Hansen, Viebke Waallann: Crammed, Stuffed – Dissected. About Textiles and Soft Toys in Annette Messager's Art. In: Ausst.-Kat. Oslo 2004/05: Annette Messager. Between You and Me. Oslo (The National Museum/The Museum of Contemporary Art 2004/05). Oslo 2004, S. 34-36.

Haskell, Barbara; **Hanhardt**, John G.: Yoko Ono. Arias and objects. Salk Lake City 1991.

Hauser, Stephan E.: Kurt Seligmann 1900-1962. Leben und Werk. Basel 1997, S. 131-138.

Hegel, Georg Wilhelm Friedrich: Einleitung in die Ästhetik. Hg. von Wolfhart Henckmann. München 1967.

Hegel, Georg Wilhelm Friedrich: Ästhetik. Bd. II. Hg. von Friedrich Bassenge. Berlin/Weimar 1985, S. 124-125.

Hemken, Kai Uwe (Hg.): Gedächtnisbilder. Vergessen und Erinnern in der Gegenwartskunst. Leipzig 1996.

Hemken, Kai Uwe: Sedimentale Körper. Zur leibhaftigen Gedächtnisarbeit in der Gegenwartskunst. In: Ausst.-Kat. Graz 1997: Kölbl, Alois; Larcher, Gerhard; Rauchenberger, Johannes (Hg.): Entgegen. ReligionGedächtnisKörper in Gegenwartskunst. Graz (Kulturhaus, Priesterseminar, Mausoleum am Dom u.a. 1997). Ostfildern 1997, S. 97-101.

Hemken, Kai Uwe: Paradoxe Phänomene. Gedächtniskunst im Zeitalter der Neuen Medien. In: Ausst.-Kat. Villingen-Schwenningen 1999: Menschen Märkte Mächte. Kunst und Erinnerung. Villingen-

Schwenningen (Städtische Galerie 1999). Villingen-Schwenningen 1999, S. 21-39.

Hendrick, Jon (Hg.): Yoko Ono. Paintings and drawings, July 17-30, 1961. Preview July 16, Sunday. Budapest 1993.

Hiraide Matsuda, Kazoko: Le traitement des objets chez Man Ray (Mémoire de Maîtrise, Paris). Paris 1986.

Hirschhorn, Michelle: Orlan: artist in the post-human age of mechanical reincarnation: body as reading (to be re-)made. In: Pollock, Griselda (Hg.): generations and geographies in the visual arts. Feminist readings. London/New York 1996, S. 110-134.

Hof, Renate: Die Entwicklung der Gender Studies. In: Bußmann, Hadumod; Hof, Renate (Hg.): Genus – zur Geschlechterdifferenz in den Kulturwissenschaften. Stuttgart 1995, S. 2-33.

Hoffmann, Joseph: 25 Jahre Wiener Werkstätte. Unser Weg zum Menschentum. In: Deutsche Kunst und Dekoration, 62, 1928/29, S. 197-202.

Hoffmann, Justin: Destruktionskunst. Der Mythos der Zerstörung in der Kunst der frühen 60er Jahre. München 1995.

Hofmann, Werner: Die Plastik des 20. Jahrhunderts. Frankfurt a.M. 1958.

Hofmann, Werner: Grundlagen der modernen Kunst. Stuttgart 1966.

Hofmann, Werner: Von der Nachahmung zur Wirklichkeit. Die schöpferische Befreiung der Kunst. 1890-1917. Köln 1970.

Hollander, Anne: Anzug und Eros. Eine Geschichte der modernen Kleidung. Berlin 1995.

Hollander, Anne: Seeing through clothes. Berkeley/Los Angeles/London 1984.

Holsten, Siegmar: Das Bild des Künstlers. Selbstdarstellungen. Hamburg 1978.

Hopkins, Jerry: Yoko Ono. New York 1987.

Hountou, Julia: Du vêtement qui cache au travestissement qui révèle. Le vêtement selon Michel Journiac. In: Art Présence, 39, Juli/Aug./Sept. 2001, S. 3-15.

Hountou, Julia: La conception de l'art corporel de Michel Journiac (Mémoire de DEA, Paris). Paris 1998.

Huber, Hans Dieter: System und Wirkung. Rauschenberg – Twombly – Baruchello. Fragen der Interpretation und Bedeutung zeitgenössischer Kunst. Ein systemtheoretischer Ansatz. München 1989, S. 39-52.

Hugnet, Georges: Pleins et Déliés. Souvenirs et témoignages 1926-1972. Paris 1972, S. 323-345.

Inboden, Gudrun (Hg.): Rosemarie Trockel. La Biennale di Venezia 1999. Deutscher Pavillon. Vol. II. New York 1999.

Inidana, Gary: Success. Gobert Gober. In: Interview, 20, May 1990, 5, S. 72.

Jappe, Elisabeth: Performance, Ritual, Prozeß. Handbuch der Aktionskunst in Europa. München/New York 1993.

Jappe, Georg; **Walther**, Franz Erhard: Dialog. In: Ausst.-Kat. Köln 1977: Franz Erhard Walther. 2. Werksatz. Skulpturen, Zeichnungen. Köln (Museum Ludwig 1977). Köln 1977, S. 47-95.

Johnson, Ellen H. (Hg.): Penguin New Art 4. Claes Oldenburg. Middlesex 1971.

Jolles, Claudia: Die Videos von Rosemarie Trockel. In: Das Kunst-Bulletin, 7/8, Juli/Aug. 1994, S. 23-27.

Jones, Amelia: The ambivalence as male masquerade: Duchamp as Rrose Sélavy. In: Adler, Kathleen; Pointon, Marcia: The body imaged. The human form and visual culture since the Renaissance. Cambridge 1993, S. 21-31.

Jones, Amelia: Body Art/Performing the Subject. Minneapolis 1998.

Jones, Leslie C.: Transgressive Femininity. Art and Gender in the Sixties and Seventies. In: Ausst.-Kat. New York 1993: Abject Art. Repulsion and Desire in American Art. New York (Whitney Museum of American Art 1993). New York 1993, S. 33-57.

Jones, Ronald: Robert Gober. In: Frieze. Contemporary Art and Culture, 18, Sept./Okt. 1994, S. 70-71.

Jortveit, Anne Karin: Along the Edges of Reality. An Introduction to Annette Messager's Art. In: Ausst.-Kat. Oslo 2004/05: Annette Messager. Between You and Me. Oslo (The National Museum/The Museum of Contemporary Art 2004/05). Oslo 2004, S. 13-17.

Joselit, David: Poetics of the Drain. In: Art in America, 85, Dez. 1997, 12, S. 64-71.

Journiac, Michel: 24 heures dans la vie d'une femme ordinaire. Paris/Zürich 1977.

Journiac, Michel: 24 h. de la vie d'une femme ordinaire. Le journal de La Galerie Noisy-le-Sec. Noisy-le-Sec 2001.

Journiac, Michel: Un supplément d'indécence. Entretien entre Jean Demélier et Michel Journiac. In: Artitudes International, 21/23, April-Juni 1975, S. 46-48.

Journiac, Michel: Les pièges de Michel Journiac. In: Artitudes International, 6/8, Dez. 1973-März 1974, S. 18-21.

Jungk, Peter Stephan: Annette Messager: Zwischen Zärtlichkeit und Folter. In: Art. Das Kunstmagazin, Aug. 1999, 8, S. 72-79.

Jussen, Bernhard (Hg.): Signal. Christian Boltanski. Göttingen 2004.

Karcher, Eva: Sphinx mit Seele und Verstand. In: Art. Das Kunstmagazin, Sept. 1993, 9, S. 14-27.

Karginow, German: Rodschenko. Budapest 1979.

Kemp, Wolfgang: Die Beredsamkeit des Leibes. Körpersprache als künstlerisches und gesellschaftliches Problem der bürgerlichen Emanzipation. In: Städel-Jahrbuch, NF, Bd. 5, Frankfurt a.M. 1975, S. 111-134.

Kemp, Wolfgang: Material der bildenden Kunst. Zu einem ungelösten Problem der Kunstwissenschaft. In: Prisma. Zeitschrift der Gesamthochschule Kassel. 1975, 9, S. 25-34.

Kemp, Wolfgang (Hg.): Der Betrachter ist im Bild. Kunstwissenschaft und Rezeptionsästhetik. Berlin 1992.

Keppeler, Angela: Enthüllung oder Verkleidung des Selbst? Aspekte einer Soziologie der Mode. In: Brinkmann, Richard; von Graevenitz, Gerhard; Hang, Walter (Hg.): Deutsche Vierteljahresschrift für Literaturwissenschaft und Geistesgeschichte, 69. Jahrgang, 64, 1995, 2, Stuttgart 1995, S. 392-403.

Khan-Magomedov, Selim: La faculté de textile. In: Ders.: VHUTEMAS. Moscou 1920-1930. Bd. 1. Paris 1990, S. 697-720.

Khan-Magomedov, Selim: Alexandre Rodtchenko. L'œuvre complete. Paris 1986.

Kiener, Franz: Kleidung, Mode und Mensch. München 1956.

Klingmüller, Gepa: Textile Plastik. In: Zeitschrift für Kunstpädagogik, 1984, 5, S. 6-12.

Koch-Mertens, Wiebke: Der Mensch und seine Kleider. Kulturgeschichte der Mode bis 1900. Bd. 1: Die Kulturgeschichte der Mode bis 1900. Bd. 2: Die Kulturgeschichte der Mode im 20. Jahrhundert. Düsseldorf/Zürich 2000.

Koether, Jutta: Interview mit Rosemarie Trockel. In: Flash Art, 134, Mai 1987, S. 40-42.

Koslin, Désirée G., Snyder, Janet E.: Encountering medieval textiles and dress. Objects, texts, images. New York 2002.

Kranzfelder, Ivo: Zur Utopie eines ästhetischen Hedonismus oder die Ambivalenz des Lustprinzips. Surrealismus und neue Modefotografie. München 1993.

Krappmann, Lothar: Soziologische Dimensionen der Identität. Stuttgart 1969.

Krempel, Ulrich (Hg.): La Fête. Die Schenkung Niki de Saint Phalle. Werke aus den Jahren 1952-2001. Sprengel Museum Hannover. Ostfildern 2001.

Krystof, Doris: Annette Messager. In: Ausst.-Kat. Düsseldorf 2002: Ich ist etwas Anderes. Kunst am Ende des 20. Jahrhunderts. Düsseldorf

(Kunstsammlung Nordrhein-Westfalen 2000). Köln 2000, S. 144-148.

Kubitza, Anette: Yoko Ono „Cut Piece". In: Dies.: Fluxus, Flirt, Feminismus? Carolee Schneemanns Körperkunst und die Avantgarde. Berlin 2002, S. 69-74.

Kultermann, Udo: Neue Dimensionen der Plastik. Tübingen 1967.

Kuryluk, Ewa: Veronica and Her Cloth. History, Symbolism, and Structure of a „True" Image. Cambridge 1991.

Kuspit, Donald: The End of the world has already happened. Robert Gober. In: Artforum International, 31, Feb. 1993, 6, S. 91-93.

Labaume, Vincent: Contrat pour un corps. In: Blocnotes, 6, 1994, S. 30-37.

Lahmann, Heinrich: Die Reform der Kleidung. 4. Aufl. Stuttgart 1903.

Lamarche-Vadel, Gaetane: Tout sur Annette Messager. In: Opus international, 52, Sept. 1974, S. 54-57.

Lambert, Olivier: Performance/théâtre à Aix-la-Chapelle. In: Canal, 25/26, Feb./März 1979, S. 3.

Lange, Susanne: Der 1. Werksatz (1963-1969) von Franz Erhard Walther. Frankfurt a.M. 1991.

Lascault, Gilbert: Boltanski: souvenance. Paris 1998.

Laudel, Heidrun: Das Bekleidungssystem in der Baukunst. Die Materiellen. In: Dies.: Gottfried Semper. Architektur und Stil. Dresden 1991, S. 116-131.

Laue, Monika: Wahre Weibeskünste? Zur Problematik einer femininen Ästhetik in der zeitgenössischen Kunst. Cindy Sherman, Rosemarie Trockel und Rebecca Horn. München 1996.

Lavrentjew, Alexander: Varvara Stepanova. Ein Leben für den Konstruktivismus. Weingarten 1988.

Lavrentjew, Alexander: Design für sich – Design für alle: Konstruktivismus und Design des Alltags. In: Hornbostel, Wilhelm; Kopanski, Karlheinz W.; Rudi, Thomas (Hg.): Russische Avantgarde 1910-1934. Mit voller Kraft. Hamburg 2001, S. 137-146.

Lebovici, Elisabeth: Entretien: Christian Boltanski. In: Beaux-Arts-Magazine, 37, Juli/Aug. 1986, S. 26-31.

Lebovici, Elisabeth: Robert Gober, fragments faits main. In: Liberation, 09.10.1991.

Lebovici, Elisabeth: Orlan offense en corps. In: Libération, 31. Dez. 2002, S. 22.

Lehmann, Ulrich: Entkleiden und Verleiben/Verkleiden und Entleiben. Das Mannequin im Surrealismus. In: Ausst.-Kat. Wolfsburg 1999: Avantgarderobe. Kunst und Mode im 20. Jahrhundert. Wolfsburg (Kunstmuseum 1999). Wolfsburg 1999, S. 12-16.

Lehner, Sabine Dorothée: Rosemarie Trockel. Mottenbisse im Gewand der Kunst. In: Künstler. Kritisches Lexikon der Gegenwartskunst. Ausgabe 43, Heft 24, 3. Quartal 1998.

Lehnert, Gertrud: Mode. Köln 1998.

Lemoine-Luccioni, Eugénie: La Robe: Essai psychanalytique sur le vêtement. Suivi d'un entretien avec André Courrèges. Paris 1983.

Lentes, Thomas: Die Gewänder der Heiligen. Ein Diskussionsbeitrag zum Verhältnis von Gebet, Bild und Imagination. In: Kerscher, Gottfried (Hg.): Hagiographie und Kunst. Berlin 1993, S. 120-151.

Lentes, Thomas: Liturgien des Verschwindens. Materialreferenz in Kunst und Religion. In: Jussen, Bernhard (Hg.): Signal. Christian Boltanski. Göttingen 2004, S. 59-82.

Lerche-Renn, Heidi: Drei Objekte von Claes Oldenburg. In: Zeitschrift für Kunstpädagogik, 5, 1984, S. 3-5.

Lerche-Renn, Heidi (Hg.): Kleid und Menschenbild. Köln 1992.

Lindner, Ines: Orlan oder die Bilder des Begehrens. In: Ausst.-Kat. Berlin 1994: Erzeugte Realitäten II: Der Körper und der Computer. Sterlac, Orlan, Louis Bec. Berlin (RealismusStudios der NGBK 1994). Berlin 1994, S. 36-39.

Lingner, Michael: Franz Erhard Walther. Vom Sehen zum Sein. In: Künstler. Kritisches Lexikon der Gegenwartskunst. Ausgabe 2, München 1988.

Lingner, Michael (Hg.): Das Haus in dem ich wohne. Die Theorie zum Werkentwurf von Franz Erhard Walther. Klagenfurt 1990.

Lingner, Michael; **Walther**, Franz Erhard: Zwischen Kern und Mantel. Franz Erhard Walther und Michael Lingner im Gespräch über Kunst. Klagenfurt 1985.

Lippert, Werner: Das Selbstportrait als Bildtypus. In: Kunstforum International, 14, 3. Quartal 1975, S. 99-124.

Lista, Giovanni: Der futuristische Anzug. In: Ders.: Giacomo Balla. Modena 1982, S. 55-61.

Lodder, Christina: Design for textiles and clothing. In: Dies.: Russian Constructivism. New Haven 1983, S. 146-155.

Lovelace, Carey: Weighing in on feminism. In: ARTnews, 96, Mai 1997, 5, S. 140-145.

Luckmann, Thomas: Persönliche Identität, soziale Rolle und Rollendistanz. In: Marquard, Odo; Stierle, Karlheinz (Hg): Identität. 2. Aufl. München 1996, S. 293-313.

Mach, Ernst: Die Analyse der Empfindungen und das Verhältnis des Physischen zum Psychischen. 9.Aufl. Jena 1922.

Mahoney, J.W.: Transmodern Yoko. In: Art in America, 90, Feb. 2002, 2, S. 91-95.

Maillet, Florence: Lygia Clark. In: Beaux-Arts-Magazine, 166, März 1998, S. 34.

Malinaud, Sandrine: Christian Boltanski. Vers la paix des cimetières. Towards the cemeteries' peace. In: Cimaise, 45, 1998, 255, S. 48-56.

Man Ray: Objets de mon affection. Paris 1983.

Marcadé, Bernard: Annette Messager. In: Bomb. New Art, Writing, Theater and Film, 26, 1989, S. 28-33.

Marcadé, Bernard: La Vierge est descendue de l'escalier. Bemerkungen zu einer zeitgenössischen Parabel. In: Parkett, 53, 1998, S. 142-147.

Marsh, Georgia: Das Schwarze und das Weisse: Ein Interview mit Christian Boltanski. In: Parkett, 22, 1989, S. 42-47.

Mayou, Roger Marcel: Selbstdarstellung des Künstlers als Kunstwerk: Body-Art oder die Weiterentwicklung des Selbstportraits. In: Ausst.-Kat. Lausanne 1985: Billeter, Erika (Hg.): Das Selbstportrait im Zeitalter der Photographie. Lausanne (Musée cantonal des Beaux-Arts 1985), Stuttgart (Württembergischer Kunstverein 1985). Bern 1985, S. 80-95.

McCorquadale, Duncan (Hg.): Ceci est mon corps...Ceci est mon logiciel...This is my body...This is my Software...London 1996.

Meilach, Dona Z.: Soft Sculpture and Other Soft Art Forms with Stuffed Fabrics, Fibbers and Plastics. London 1974.

Meinhardt, Johannes: (Re)Konstruktion der Erinnerung. Christian Boltanskis Untersuchung des Subjekts und des Sozialen. In: Kunstforum International, 113, Mai/Juni 1991, S. 296-331.

Mèredieu, Florence de: Histoire Matérielle et Immatérielle de L'Art Moderne. Paris 1994.

Messager, Annette: „C'est au vieux singe qu'on apprend à faire la grimace" „Don't teach your grandmother how to suck eggs". Ein Interview mit Sandrine Malinaud. In: Cimaise, 45, 1998, 254, S. 57-62.

Metken, Günter: Spurensicherung. Kunst als Anthropologie und Selbsterforschung. Fiktive Wissenschaften in der heutigen Kunst. Köln 1977.

Metken, Günter: Was wir brauchen sind Reliquien. In: Ausst.-Kat. Hamburg 1991: Christian Boltanski. Inventar. Hamburg (Hamburger Kunsthalle 1991). Hamburg 1991, S. 23-33.

Metken, Günter: Spurensicherung – Eine Revision. Texte 1977-1995. Amsterdam 1996.

Metzger, Rainer: „Dass die Körper sprechen, auch das wissen wir seit langem." In: Kunstforum International, 169, März/April 2004, S. 298-300.

Millard, Charles W.: The sculpture of Edgar Degas. Princeton 1976, S. 119-126.

Molderings, Herbert: Marcel Duchamp. Parawissenschaft, das Ephemere und der Skeptizismus. Frankfurt a.M./Paris 1983.

Morris, Frances: Robert Gober. In: Rites of passage. Art for the end of the century. London 1995, S. 96-101.

Mössinger, Ingrid: Alba D'Urbano. In: Ausst.-Kat. Linz 1998: Skulptur – Figur – Weiblich. Linz (Österreichische Landesgalerie 1998), Chemnitz (Städtische Kunstsammlung 1999). Linz 1998, S. 63-64.

Moura, Rodrigo: Beyond Sculpture. New Perspectives on space in Brazil. In: Flash Art, 230, Mai/Juni 2003, S. 118-121.

Müller, Florence: art & mode. Paris 1999.

Munroe, Alexandra; **Hendricks,** Jon: Yes Yoko Ono. New York 2000.

Muthensius, Anna: Das Eigenkleid der Frau. Krefeld 1903.

Nadaud, Catherine: Art et Mode. Deux créateurs s'associent. La robe de Jeanne d'Arc. In: Les nouvelles, 7.-13. Sept. 1983, S. 40.

Naumann, Francis M.: Marcel Duchamp. The art of making art in the age of the mechanical reproduction. New York 1999.

Nebehay, Christian M.: Gustav Klimt. Von der Zeichnung zum Bild. Wien 1992.

Neustätter, O.: Die Reform der Kleidung auf gesundheitlicher Grundlage. München 1903.

Nierhaus, Irene: Text + Textil. Zur geschlechtlichen Strukturierung von Material in der Architektur von Innenräumen. In: Bischoff, Cordula; Threuter, Christina (Hg.): Um-Ordnung. Angewandte Künste und Geschlecht in der Moderne. Marburg 1999, S. 84-94.

Nietzsche, Friedrich: Die Geburt der Tragödie aus dem Geiste der Musik. Stuttgart 1952.

Nixdorff, Heide: Kleidung. In: Streck, Bernhard (Hg.): Wörterbuch der Ethnologie. Köln 1989, S. 97-101.

Nixdorff, Heide (Hg.): Das textile Medium als Phänomen der Grenze – Begrenzung – Entgrenzung. Berlin 1999 (Reihe Historische Anthropologie, Bd. 30).

Noack, Ruth: Inszenierte Existenzen in der Kunst der siebziger Jahre. In: Breitwieser, Sabine (Hg.): Double Life. Identität und Transformation in der zeitgenössischen Kunst. Köln 2001, S. 23-40.

Noever, Peter (Hg.): Alexander M. Rodtschenko, Warwara F. Stepanova. Die Zukunft ist unser einziges Ziel... München 1991.

Nünning, Angsar (Hg.): Grundbegriffe der Kulturtheorie und Kulturwissenschaften. Stuttgart/Weimar 2005.

Nussbaummüller, Winfried: Materialtendenzen des 20. Jahrhunderts im Spannungsbereich von Bild und Objekt. Frankfurt a.M. 2000 (Europäische Hochschulschriften: Reihe 28, Kunstgeschichte, Bd. 361).

Oexle, Otto Gerhard: Die Gegenwart der Toten. In: Braet, Herman; Verbeke, Werner (Hg.): Death in the middle Ages. Leuven 1983, S. 19-77.

Oexle, Otto Gerhard: Memoria und Kulturelles Gedächtnis im Werk von Christian Boltanski. In: Jussen, Bernhard (Hg.): Signal. Christian Boltanski. Göttingen 2004, S. 83-101.

Olivier, Fernande: Picasso et ses amis. Paris 1933.

Ono, Yoko: Grapefruit. New York 1964/1970.

Ono, Yoko: Instruction paintings. New York 1995.

Orlan: Orlan. In: Kunstforum International, 32, Feb. 1979, S. 138-139.

Orlan: Orlan. In: Art Press, 30, Juli 1979, S. 15.

Orlan: Self-Hybridations. Nîmes 1999.

Orlan: Orlan. Paris 2004.

Osthoff, Simone: Lygia Clark and Hélio Oiticica: A Legacy of Interactivity and Participation for a Telematic Future. In: Leonardo, 30, 1997, 4, S. 279-289.

Ottmann, Klaus: Rosemarie Trockel. In: Flash Art, 134, Mai 1987, S. 38-39.

Pearl, Lydie; **Baudry**, Patrick; **Lafargue**, Bernard u.a.: Arts et chairs. Brüssel 1998.

Penny, Nicholas: Geschichte der Skulptur. Material – Werkzeug – Technik. Leipzig 1995.

Percy, Hubert Montagu: New Materials in Sculpture. 2. Aufl. London 1965.

Perniola, Mario: Between Clothing and Nudity. In: Feher, Michel (Hg.): Fragments for a History of the Human Body. Part Two. New York 1989, S. 236-265.

Philbrick, Harry: The Erotics of Description. In: Ausst.-Kat. Ridgefield 1998: Robert Gober. Ridgefield (The Aldrich Museum of Contemporary Art 1998). Ridgefield 1998, S. 7-23.

Pierre, Arnauld: Éloge de l'œil-corps: Lygia Clark. In: Les Cahiers du Musée National d'Art Moderne, 69, 1999, S. 43-75.

Pistoletto, Michelangelo: Der schwarze Mann. Die unerträgliche Seite. Wien 1997.

Place, Stéphane (Hg.): Orlan de l'art charnel au baiser de l'artiste. Paris 1997.

Pluchart, François: Notes sur l'art corporel. In: Artitudes International, 12/14, Juli-Sept. 1974, S. 46-66.

Pluchart, François: L'art corporel. In: Artitudes International, 18/20, Jan.-März 1975, S. 49-96.

Pluchart, François: L'art corporel. Paris 1980.

Pohlen, Annelie: The Utopian Adventures of Annette Messager. In: Artforum International, 19, Sept. 1990, 1, S. 111-116.

Puvogel, Renate: Cumulus ...von Europa. In: Parkett, 15, 1988, S. 139-142.

Puvogel, Renate: Robert Gober. In: Kunstforum International, 111, Jan./Feb. 1991, S. 254-271.

Quinn, Marc: „Klären, was es heißt, ein lebendiges, materielles Wesen zu sein". Ein Gespräch von Karlheinz Lüdeking. In: Kunstforum International, 148, Dez. 1999-Jan. 2000, S. 182-193.

Raff, Thomas: Die Sprache der Materialien. Anleitung zu einer Ikonologie der Werkstoffe. München 1994 (Kunstwissenschaftliche Studien, Bd. 61).

Ray, Man: Autoportrait. Traduit de l'américain par Anne Guérin. Paris 1964.

Rein, Ingrid: Knitting, streching, drawing out. Rosemarie Trockel. In: Artforum International, 25, Sommer 1987, 10, S. 110.

Restany, Pierre: Brésil, la diversité des courant artistiques d'après-guerre. In: Ausst.-Kat. Paris 1992/93: Art d'Amérique latine. 1911-1968. Paris (Musée National d'Art Moderne Centre Georges Pompidou 1992/93). Paris 1992, S. 362-367.

La **révolution** surréaliste, 1, Juli 1925, 4.

Richard, Martin: Fashion and Surrealism. New York 1987.

Riegl, Alois: Stilfragen. Grundlegungen zu einer Geschichte der Ornamentik. 2. Aufl. Berlin 1923.

Rolnik, Suely: A State of Art. The Work of Lygia Clark. In: TRANS>, 1, 1996, 2, S. 79, 80, 149.

Rolnik, Suely: Molding a Contemporary Soul: The Empty-Full of Lygia Clark. In: Ausst.-Kat. Los Angeles 1999/2000: The experimental exercise of freedom. Lygia Clark, Gego, Mathias Goeritz, Hélio Oiticica, and Mira Schendel. Los Angeles (The Museum of Contemporary Art 1999/2000). Ostfildern 1999, S. 57-108.

Rose, Barbara: Is it Art? Orlan and the Transgressive Act. In: Art in America, 81, Feb. 1993, 2, S. 82-87, 125.

Rosenbach, Ulrike (Hg.): Ulrike Rosenbach. Videokunst, Foto, Aktion/Performance, feministische Kunst. Köln 1982.

Rotzler, Willy (Hg.): Objekt-Kunst. Von Duchamp bis Kienholz. Köln 1972.

Rotzler, Willy (Hg.): Objekt-Kunst. Von Duchamp bis zur Gegenwart. Köln 1975.

Roubaud, Jacques: Christian Boltanski. Ensembles. Paris 1997.

Rowlands, Penelope: Art that annoys. In: ARTnews, 94, Okt. 1995, 8, S. 132-135.

Rübel, Dietmar; **Wagner,** Monika; **Wolff,** Vera (Hg.): Materialästhetik. Quellentexte zu Kunst, Design und Architektur. Hamburg 2005.

Rubercy, Eryck de: Le Je organique de Michel Journiac. In: Artitudes International, 39/44, April-Nov. 1977, S. 42-44.

Rubin, William S.: Les objets surréalistes. In: Dies.: L'art dada et surréaliste. Paris 1972, S. 263-278.

Rublowsky, John: Pop Art. New York 1965.

Rusch, Gebhard: Erinnerungen aus der Gegenwart. In: Schmidt, Siegfried J. (Hg.): Gedächtnis. Probleme und Perspektiven der interdisziplinären Gedächtnisforschung. Frankfurt a.M. 1991, S. 267-292.

Sabourin, Yves: Au fil de la matière. In: Connaissance des Arts, 584, Juni 2001, S. 44-47.

Saint Phalle, Niki de: Mon secret. Paris 1994.

Saint Phalle, Niki de: Traces. An autobiography remembering 1930-1949. Lausanne 1999.

Saint Phalle, Niki de: Niki de Saint Phalle. Vol. 1: Catalogue raisonné. 1949-2000. Vol. 2: Monographie. Texte von: Michel de Grèce, Pontus Hulten, Ulrich Krempel, Yoko Masuda, Janice Parente, Pierre Restany. Lausanne 2001.

Sampson, Philip J.: Die Repräsentation des Körpers. In: Kunstforum International, 132, Nov. 1995-Jan. 1996, S. 94-111.

Sarabianov, Dmitir V.; **Adaskina**, Natalia L.: Popova. New York 1990.

Sauerländer, Willibrand: Geschichte der Kunst – Gegenwart der Kritik. Köln 1999.

Saul, Nicholas: Experimentelle Selbsterfahrung und Selbstdestruktion: Anatomie des Ichs in der literarischen Moderne. In: Vietta, Silvio; Kemper, Dirk (Hg.): Ästhetische Moderne in Europa: Grundzüge und Problemzusammenhänge seit der Romantik. München 1998, S. 321-342.

Schade, Sigrid: Der Mythos des „Ganzen Körpers". Das Fragmentarische in der Kunst des 20. Jahrhunderts als Dekonstruktion bürgerlicher Totalitätskonzepte. In: Barta, Ilsebill; Breu, Zita; Hammer-Tugendhat, Daniela u.a. (Hg.): Frauen.Bilder.Männer.Mythen. Berlin 1987, S. 239-260.

Schmalenbach, Werner: Kurt Schwitters. Köln 1967.

Schmidt, Siegfried J.: Gedächtnisforschungen: Positionen, Probleme, Perspektiven. In: Ders. (Hg.): Gedächtnis. Probleme und Perspektiven der interdiszipliären Gedächtnisforschung. Frankfurt a.M. 1991, S. 9-55.

Schneede, Marina: Kleider, die der Mode spotten. In: Art. Das Kunstmagazin, Okt. 1986, 10, S. 20-40.

Schneede, Marina: Mit Haut und Haaren. Der Körper in der zeitgenössischen Kunst. Köln 2002.

Schneede, Uwe: Die Mittel der Erinnerung. Anhand einiger Werke und eigener Äußerungen von Christian Boltanski. In: Ausst.-Kat. Hamburg 1991: Christian Boltanski. Inventar. Hamburg (Hamburger Kunsthalle 1991). Hamburg 1991, S. 9-22.

Schröder, Johannes Lothar: Identität, Überschreitung/Verwandlung. Happenings, Aktionen und Performances von Bildenden Künstlern. Münster 1990.

Schütze, Yvonne: Kleidung als und im Kunstwerk des 20. Jahrhunderts unter sozialtheoretischer Perspektive (Diss. Wuppertal 1998). Wuppertal 1998.

Schumacher, Marie-Luise: Identität, Realität, Fiktion. Identité, Réalité, Fiction. Hamburg, Paris 1976.

Schwarz, Arturo: The complete works of Marcel Duchamp. New York 1969.

Schwarz, Arturo: Man Ray. München 1980.

Schwarz, Arturo: The complete works of Marcel Duchamp. Vol. 2: The plates, critical catalogue raisonné, the bibliographies. 3. Aufl. New York 1997.

Schwarzbauer, Georg F.: Das Chaos begann nicht erst in Venedig. In: Kunstforum International, 34, April 1979, S. 146-155.

Schwarzbauer, Georg F.: Performances Aachen, Arnheim, Brüssel. In: Kunstforum International, 32, Feb. 1979, S. 122-171.

Schwendenwien, Jude: Dress Code: Clothing as a sculpture. In: Sculpture. Nov./Dez. 1993, S. 26-31.

Schwitters, Kurt: Die Merzbühne (1919). In: Lach, Friedhelm (Hg.): Kurt Schwitters. Das literarische Werk. Bd. 5. Manifeste und kritische Prosa. Köln 1981, S. 39-41.

Sechaud, Evelyne: Vom Haut-Ich zur Schmerzhülle. In: Kunst- und Ausstellungshalle der Bundesrepublik Deutschland (Hg.): Tasten. Bonn, Göttingen 1996, S. 164-184 (Schriftenreihe Forum, Bd. 7).

Seeling, Charlotte: Mode. Das Jahrhundert der Designer. 1900-1999. Köln 1999.

Semin, Didier; **Garb,** Tamar; **Kuspit**, Donald: Christian Boltanski, London 1997.

Semper, Gottfried: Der Stil in den technischen und tektonischen Künsten oder praktische Ästhetik. Ein Handbuch für Techniker, Künstler und Kunstfreunde. Bd. 1: Die textile Kunst für sich betrachtet und in Beziehung zur Baukunst. Frankfurt a.M. 1860.

Sherlock, Maureen P.: Arcadian Elegy. The Art of Robert Gober. In: Arts Magazine, 64, Sept. 1989, 1, S. 45-49.

Siegmund, Gerald: Gedächtnis/Erinnerung. In: Barck, Karlheinz u.a. (Hg.): Ästhetische Grundbegriffe. Historisches Wörterbuch in sieben Bänden. Bd. 2. Stuttgart/Weimar 2001, S. 609-629.

Silverman, Kaja: Fragments of a fashionable discourse. In: Modleski, Tania (Hg.): Studies in Entertainment. Critical Approaches to Mass Culture. Bloomington/Indianapolis 1986, S. 139-152.

Simmel, Georg: Die Mode. In: Bovenschen, Silvia: Die Listen der Mode. Frankfurt a.M. 1986, S. 179-207.

Simon, Joan: Sculpture as Theater. In: Art in America, 91, Juni 2003, 6, S. 90-97.

Smolik, Noemi: Gleichnisse der Alltäglichkeit. In: Ausst.-Kat. München 1989: Gober, Halley, Kessler, Wool: Four artists from New York. München (Kunstverein 1989). München 1989, S. 17-31.

Sommer, Carlo Michael: Soziopsychologie der Kleidermode. Regensburg 1989 (Reihe Theorie und Forschung, Bd. 87, Psychologie, Bd. 34).

Sommer, Carlo Michael; **Wind,** Thomas: Mode – die Hülle des Ich. Weinheim/Basel 1988.

Soulillou, Jacques: Gérard Deschamps. In: Art Press, 153, Dez. 1990, S. 94.

Spector, Nancy: Robert Gober: Auf der Heimreise. In: Parkett, 27, 1991, S. 85-88.

Squire, Geoffrey: Dress, Art and Society. 1560-1970. London 1974.

Stamm, Brigitte: Das Reformkleid in Deutschland (Diss. Berlin). Berlin 1976.

Stamm, Brigitte: Auf dem Weg zum Reformkleid. Die Kritik des Korsetts und der diktierten Mode. In: Siepmann, Eckhard (Hg.): Kunst und Alltag um 1900. Drittels Jahrbuch des Werkbund-Archivs. Lahn-Gießen 1978, S. 117-178.

Stange, Alfred: Die Bedeutung des Werkstoffes in der deutschen Kunst. Mit einem Anhang über Stil, Geschichte und Persönlichkeit. Bielefeld/Leipzig 1940.

Stauffer, Serge (Hg.): Marcel Duchamp. Interviews und Statements. Ostfildern-Ruit 1992.

Steele, Valerie: Mode, Sex und Macht. Berlin 1996.

Stern, Radu: Against Fashion. Clothing as Art, 1850-1930. Cambridge 2004.

Stiles, Kristine: The Destruction in Art Symposium (DIAS): The Radical Cultural Project of Event-Structured Art (Dissertation University of California). Berkeley 1987.

Stiles, Kristine: Between Water and Stone. Fluxus Performance: A Metaphysics of Acts. In: Ausst.-Kat. Minneapolis 1993: In the spirit of Fluxus. Minneapolis (Walker Art Center 1993), New York (Whitney Museum of American Art 1993), Chicago (Museum of Contemporary Art 1993-94), San Francisco (Museum of Modern Art 1994), Barcelona (Fundació Tàpies 1994/95). New York 1993, S. 64-99.

Stone, Gregory P.: Appearance and the self: a slightly revised version. In: Ders.; Farberman, Harvey A. (Hg.): Social psychology through symbolic interaction. 2. Aufl. New York 1981, S. 187-202.

Ströter-Bender, Jutta; **Peez**, Georg: Zur „Sprache“ des Materials. In: Kunst und Unterricht, Jan. 1998, 219, S. 5-12.

Le **Surréalisme** au service de la révolution, 3, Dez. 1931.

Syring, Marie Luise: Kunst in Frankreich seit 1966. Zerborstene Sprache, zersprengte Form. Köln 1986.

Szeemann, Harald: Der Born der Jugend. Gober la Bourgeoisie! In: Parkett, 27, 1991, S. 71-73.

Teyssedre, Bernard: L'art sociologique. In: Opus International, 55, April 1975, S. 16-28.

Theewen, Gerhard (Hg.) : Rosemarie Trockel: Herde. Werkverzeichnis; Videos, Zeichnungen, Fotos, Editionen. Köln 1997.

Thiel, Heinz: Franz Erhard Walther – „Ich bin die Skulptur“. Wandformationen und Zeichnungen 1978-1985, Kunstverein Braunschweig, 17.4.-1.6.1986. In: Kunstforum International, 85, Sept./Okt. 1986, S. 299.

Thomas, Mona: Christian Boltanksi. In: Beaux-Arts-Magazine, 65, Feb. 1989, S. 81.

Thomas, Mona: Rosemarie Trockel. In: Beaux-Arts-Magazine, 89, April 1991, S. 98-90.

Thümmel, Konstanze: Shark wanted. Untersuchungen zum Umgang zeitgenössischer Künstler mit lebenden und toten Tieren am Beispiel der Arbeiten von Damien Hirst. Freiburg 1997.

Touratier, Jean-Marie: Boltanski. In: Opus International, 77, Sommer 1980, S. 70.

Trier, Eduard: Bildhauertheorien im 20. Jahrhundert. 5. Aufl. Berlin 1977.

Trockel, Rosemarie: Endlich ahnen, nicht nur wissen. Ein Gespräch mit Doris von Drathen. In: Kunstforum International, 93, Feb./März 1988, S. 210-217.

Trockel, Rosemarie: Rosemarie Trockel talks to Isabelle Graw. In: Artforum International, 41, März 2003, 7, S. 224-225.

Troncy, Eric: Annette Messager: from statements on a life of mediocrity to the wondrous postulates of fiction. In: Flash Art, 159, 1991, S. 103-105.

Ullrich, Jessica: Wächserne Körper. Zeitgenössische Wachsplastik im kulturhistorischen Kontext. Berlin 2003.

Ultan, Deborah K.: From the personal to the transpersonal: Self Reclamation Through Ritual-in-Performance. In: Art Documentation, 20, 2001, 2, S. 30-36.

Vahland, Kia: Angezogen mit nackter Haut. In: Art. Das Kunstmagazin, Okt. 2000, 10, S. 97.

Velde, Henry van de: Das neue Kunstprinzip in der modernen Frauenkleidung. In: Deutsche Kunst und Dekoration, 10, Mai 1902, S. 363-386.

Velde, Henry van de: Zum neuen Stil. München 1955.

Vergine, Leo: Body Art and Performance. The Body as Language. Mailand 2000.

Völkel, Michaela: Inszenierung. Verhüllen und Enthüllen des Körpers. Gedanken zu einer erotischen und ästhetischen Strategie. In: Hornbostel, Wilhelm; Jockel, Nils (Hg.): Nackt: die Ästhetik der Blösse. München/London/New York 2002, S. 137-153.

Vovelle, Jose: L'objet surréaliste. In: Vovelle, José; Assenmaker, Michel; Soutif, Daniel: L'objet et l'art contemporain. Bordeaux 1990.

Wagner, Anne M.: Wie feministisch sind Rosemarie Trockels Objekte? In: Parkett, 33, 1992, S. 67-74.

Wagner, Anselm: Das dritte Geschlecht. In: Frame. the state of the art, März/April 2001, 6, S. 52-59.

Wagner, Monika: Bild – Schrift – Material. Konzepte der Erinnerung bei Boltanski, Sigurdsson und Kiefer. In: Erdle, Birgit R.; Weigel, Sigrid (Hg.): Mimesis, Bild und Schrift. Ähnlichkeiten und Entstellung im Verhältnis der Künste. Köln/Weimar/Wien 1996, S. 23-39.

Wagner, Monika: Form und Material im Geschlechterkampf oder: Aktionismus auf dem Flickenteppich. In: Caduff, Corina; Weigel, Sigrid (Hg.): Das Geschlecht der Künste. Köln/Weimar/Wien 1996, S. 175-196.

Wagner, Monika: Farbe als Material. Authentizitätsvorstellungen in der zeitgenössischen Kunst. In: Hoormann, Anne; Schawelka, Karl (Hg.): Who's afraid of. Zum Stand der Farbforschung. Weimar 1998, S. 194-214.

Wagner, Monika: Das Material der Kunst. Eine andere Geschichte der Moderne. München 2001.

Wagner, Monika: Material. In: Barck, Karlheinz u.a. (Hg.): Ästhetische Grundbegriffe. Historisches Wörterbuch in sieben Bänden. Bd. 3. Stuttgart/Weimar 2001, S. 866-882.

Wagner, Monika; **Rübel,** Dietmar (Hg.): Material in Kunst und Alltag Berlin 2002 (Hamburger Forschungen zur Kunstgeschichte Bd. 1).

Wagner, Monika; **Rübel,** Dietmar; **Hackenschmidt,** Sebastian (Hg.): Lexikon des künstlerischen Materials. Werkstoffe der modernen Kunst von Abfall bis Zinn. München 2002.

Walther, Franz Erhard: Objekte, benutzen. Hg. von Kaspar König. Köln/New York 1968.

Walther, Franz Erhard: Prozessmaterial. Köln 1971.

Walther, Franz Erhard: Der andere Werkbegriff. In: Kunstforum International, 29, Mai 1978, S. 102-104.

Walther, Franz Erhard: Wieder ganz am Anfang. Ein Gespräch mit Karlheinz Schmid. In: Kunstforum International, 104, Nov./Dez. 1989, S. 314-321.

Walther, Franz Erhard: Von der Ganzheit des Fragments. Ein Gespräch mit Rainer Metzger. In: Kunstforum International, 175, April/Mai 2005, S. 210-225.

Watson, Gray; La Frenay, Rob: the poetry of the personal. In conversation with Yoko Ono. In: Performance, 63, März 1991, S. 8-15.

Watten, Barrett: Als Objekte von. In: Parkett, 33, 1992, S. 55-59.

Welsch, Sabine: „Anti-Mode". Künstlerkleid und Eigenkleid. In: Dies.: Ein Ausstieg aus dem Korsett. Reformkleidung um 1900. Darmstadt 1996, S. 29-37.

Welsch, Wolfgang: Identität im Übergang. Philosophische Überlegungen zur aktuellen Affinität von Kunst, Psychiatrie und Gesellschaft. In: Ders.: Ästhetisches Denken. Stuttgart 1990, S. 168-200.

Wendt, Karin: Experimentum Loci. Ästhetische Konstellationen im Kirchenraum. In: Herrmann, Jörg; Mertin, Andreas; Valtink, Eveline (Hg.): Die Gegenwart der Kunst. Ästhetische und religiöse Erfahrung heute. München 1998, S. 196-218.

Wendt, Karin: Falten und Risse. Mode in Bildern. In: Magazin für Theologie und Ästhetik, 31, 2004. URL (12.02.2006): http://www.theo mag.de/31/kw36.htm

Wenk, Silke: Pygmalions Wahlverwandtschaften. Die Rekonstruktion des Schöpfermythos im nachfaschistischen Deutschland. In: Lindner, Ines; Schade, Sigrid; Wenk, Silke; Werner, Gabriele (Hg.): Blick-Wechsel. Konstruktionen von Männlichkeit und Weiblichkeit in Kunst und Kunstgeschichte. Berlin 1989, S. 59-82.

Wermester, Catherine: Visages pluriels, désir singulier. In: La recherche photographique, 14, 1993, S. 34-39.

Wiederkehr-Benz, Kartin: Sozialpsychologische Funktionen der Kleidermode (Diss. Zürich 1971). Zürich 1973.

Wilckens, Leonie von: Die textilen Künste. Von der Spätantike bis um 1500. München 1991.

Wilckens, Leonie von: Künstlerkleid und Reformkleid – Textilkunst in Nürnberg. In: Ausst.-Kat. Nürnberg 1980: Peter Behrens und Nürnberg. Nürnberg (Germanisches Nationalmuseum 1980). München 1980, S. 198-204.

Wilson, Sarah G.: Monsieur Venus: Michel Journiac and love. In: Arscott, Caroline; Scott, Katie: Manifestations of Venus. Art and sexuality. Manchester 2000, S. 156-172.

Wilson, Sarah G.: Inzest, Travestie, Maskerade. Zu den Performances und Installationen von Michel Journiac. In: Benthien, Claudia; Stephan, Inge (Hg.): Männlichkeit als Maskerade. Kulturelle Inszenierungen vom Mittelalter bis zur Gegenwart. Köln/Weimar/Wien 2003, S. 128-153.

Zhadova, Larissa Alekseevna: Tatlin, the Organizer of Material into Objects. In: Dies.: Tatlin. New York 1988, 134-154.

Ziesche, Angela: Das Schwere und das Leichte. Künstlerinnen des 20. Jahrhunderts. Skulpturen, Objekte, Installationen. Köln 1995.

Zimmermann, Anja: Skandalöse Bilder. Skandalöse Körper. Abject Art vom Surrealismus bis zu den Culture Wars. Berlin 2001.

10.2. Abbildungsverzeichnis

Titelbild: Alba D'Urbano, „Il Sarto Immortale", Einige Kleider der Kollektion, Computerdruck auf Stoff, 1995-1997 Leipzig. Foto: Gerhilde Skoberne.

Abb. 1: Annette Messager, aus der Serie „Ma collection des proverbes", 1974. Stickerei auf Stoff, Detail aus 180 Elementen, je 35 x 28cm, Gesamtdimension variabel. Ausstellungsansicht Hamburger Kunsthalle. © VG Bild-Kunst, Bonn 2007.

Abb. 2: Lygia Clark, máscaras sensoriais, 1967. Stoffmasken. Quelle: Ausst.-Kat. Barcelona 1997: Lygia Clark. Barcelona (Fundació Antoni Tàpies 1997), Marseille (MAC Galeries contemporaines des Musées de Marseille 1998), Porto (Fundação de Serralves 1998), Bruxelles (Société des Expositions du Palais des Beaux-Arts 1998). Barcelona 1998, S. 221.

Abb. 3: Lygia Clark, O Eu e o tu: Série Roupa-Corpo-Roupa, 1967. Plastikoverall, Plastikbeutel mit Wasser, Pflanzenschaum, Gummi und weitere Materialien, 170 x 68 x 8cm. Quelle: Ausst.-Kat. Barcelona 1997: Lygia Clark. Barcelona (Fundació Antoni Tàpies 1997), Marseille (MAC Galeries contemporaines des Musées de Marseille 1998), Porto (Fundação de Serralves 1998), Bruxelles (Société des Expositions du Palais des Beaux-Arts 1998). Barcelona 1998, S. 214.

Abb. 4: Franz Erhard Walther, Ummantelung (Nr. 3 aus dem ersten Werksatz), 1964. Baumwolle, Schaumstoff, 210 x 110cm. Quelle: Ausst.-Kat. Köln 1977: Franz Erhard Walther. 2. Werksatz. Skulpturen, Zeichnungen. Köln (Museum Ludwig 1977). Köln 1977, S. 50. © VG Bild-Kunst, Bonn 2007.

Abb. 5: Franz Erhard Walther, Weste (Nr. 11 aus dem ersten Werksatz), 1965. Fester Zeltstoff, Schaumstoff, Pattex, ca. 76cm hoch, 64cm breit, 7cm stark, Umfang ca. 190cm. Quelle: Walther, Franz Erhard: Objekte, benutzen. Hg. Von Kaspar König. Köln/New York 1968., o.S. © VG Bild-Kunst, Bonn 2007.

Abb. 6: Franz Erhard Walther, Arm und Bein bilden das Maß, 1983. Baumwollstoffe, Holz (3 Teile), 100 x 30 x 20cm, Quelle: Ausst.-Kat. Braunschweig 1986: Franz Erhard Walther. „Ich bin die Skulptur". Wandformationen 1978-1985 und Zeichnungen. Braunschweig (Kunstverein 1986). Braunschweig 1986, S. 131. © VG Bild-Kunst, Bonn 2007.

Abb. 7: Gustav Klimt und Emilie Flöge in von Klimt entworfenen Kleidern, 1905-1910. Fotografiert von Moriz Nähr im Garten von Klimts Atelier. Quelle: Stern, Radu: Against Fashion. Clothing as Art, 1850-1930. Cambridge 2004, S. 25.

Abb. 8: Sonia Delaunay, Decke, 1911. Patchwork, 108,9 x 55,3cm. Quelle: Constantine, Mildred; Reuter, Laurel: Whole Cloth. New York 1997, S. 28.

Abb. 9: Man Ray, tapestry, 1911. Wolle auf Leinwand, 165,2 x 105,6cm. Quelle: Schwarz, Arturo: Man Ray. München 1980, S. 137. © Man Ray Trust, Paris/ VG Bild-Kunst, Bonn 2007.

Abb 10: Sonia Delaunay in einem „Simultankleid" für den Bal Bullier, 1913. Quelle: Damase, Jacques (Hg.): Sonia Delaunay. Mode & Tissus Imprimés. Paris 1991, S. 8.

Abb. 11: Fortunato Depero und F.T. Marinetti in von Depero entworfenen futuristischen Westen, Turin 1924. Quelle: Ausst.-Kat. Mailand 1988: Crispolti, Enrico (curatore): Il Futurismo e la Moda. Mailand (Padiglione d'arte contemporanea) 1988. Mailand 1988, S. 17. © VG Bild-Kunst, Bonn 2007.

Abb. 12: Giacomo Balla und seine Tochter in vom Künstler entworfenen futuristischen Kleidungsstücken, 1929-30. Quelle: Framke, Gisela (Hg.): Künstler ziehen an. Avantgarde-Mode in Europa. 1910-1939. Museum für Kunst und Kulturgeschichte der Stadt Dortmund. Dortmund 1998, S. 29. © VG Bild-Kunst, Bonn 2007.

Abb. 13: Ernesto Thayaht in der von ihm entworfenen „tuta", 1919. Quelle: Ausst.-Kat. Mailand 1988: Crispolti, Enrico (curatore): Il Futurismo e la Moda. Mailand (Padiglione d'arte contemporanea) 1988. Mailand 1988, o.S.

Abb. 14: Vladimir Tatlin, Neue Lebensweise, 1923-24. Fotomontage. Quelle: Stern, Radu: Against Fashion. Clothing as Art, 1850-1930. Cambridge 2004, S. 49.
Abb. 15: Alexander Rodtschenko in seinem Arbeitsanzug, 1922. Quelle: Stern, Radu: Against Fashion. Clothing as Art, 1850-1930. Cambridge 2004, S. 52. © VG Bild-Kunst, Bonn 2007.
Abb. 16: Man Ray, Cadeau, 1921. Bügeleisen mit Tapeziernägeln, 17,7cm hoch (zerstört). Quelle: Ray, Man: Objets de mon affection. Paris 1983, S. 43. © Man Ray Trust, Paris/ VG Bild-Kunst, Bonn 2007.
Abb. 17: Man Ray, L'Enigme d'Isidore Ducasse, 1920. Unbekanntes Objekt in Stoff, 30,5 x 40,5cm (zerstört). Quelle: Ray, Man: Objets de mon affection. Paris 1983, S. 39. © Man Ray Trust, Paris/ VG Bild-Kunst, Bonn 2007.
Abb. 18: Man Ray, Venus restaurée, 1936. Gipsabguss und Seil, 71cm hoch (verschollen). Quelle: Ray, Man: Objets de mon affection. Paris 1983, S. 62. © Man Ray Trust, Paris/ VG Bild-Kunst, Bonn 2007.
Abb. 19: Salvador Dali, veston aphrodisiaque, um 1936 (zerstört). Quelle: Descharnes, Robert & Nicolas: Dali. Le dur et le mou. Sortilège et magie des formes. Sculptures & objets., Azay de Rideau 2003, S. 45.
© Salvador Dali, Fudació Gala-Salvador Dali/ VG Bild-Kunst, Bonn 2007.
Abb. 20: Marcel Duchamp, Rrose Sélavy, 1938. Bekleidete Schaufensterpuppe, Lebensgröße (verschollen). Quelle: Schwarz, Arturo: The complete works of Marcel Duchamp. Vol. 2: The plates, critical catalogue raisonné, the bibliographies. 3. Aufl. New York 1997, No 460, S. 746. © Succession Marcel Duchamp/ VG Bild-Kunst, Bonn 2007.
Abb. 21: Yoko Ono, cut piece, performance im Théâtre du Ranelagh, Paris. 15.09.2003. Quelle: URL: http://www.frieze.com/review_single.asp?r=1931 (16.08.2006).
Abb. 22: Robert Gober, untitled leg, 1989-90. Wachs, Baumwolle, Holz, Leder, menschliches Haar, 30 x 13 x 51cm. Quelle: Ausst.-Kat. Rotterdam 1990: Robert Gober. Rotterdam (Museum Boymans van Beuningen 1990), Bern (Kunsthalle 1990). Rotterdam 1990, S. 32.
Abb. 23: Alba D'Urbano, „Hautnah", Anzug Prototyp, Computerdruck auf Stoff, 1994-1995 Frankfurt am Main. Foto: Nicolas Reichelt.
Abb. 24: Marcel Duchamp, Waistcoat, 1958. Grüne Woll-Weste mittlerer Größe. Quelle: Schwarz, Arturo: The complete works of Marcel Duchamp. Vol. 2: The plates, critical catalogue raisonné, the bibliographies. 3. Aufl. New York 1997, No. 554, S. 808. © Succession Marcel Duchamp/ VG Bild-Kunst, Bonn 2007.

Abb. 25: Christo, Wedding dress (getragen von Wendy), 1967. 140 x 140 x 450cm. Quelle: Constantine, Mildred; Reuter, Laurel: Whole Cloth. New York 1997, S. 201.
Abb. 26: Orlan, MesuRage, Performance im Solomon R. Guggenheim Museum, New York, 1983. Quelle: Orlan: Orlan. Paris 2004, S. 46. © VG Bild-Kunst, Bonn 2007.
Abb. 27: Orlan, Strip-tease occasionnel à l'aide des draps du trousseau, 1974-75. 18 Schwarzweißfotografien einer Performance von 1974. 1978 in einer Arbeit zusammengefügt. Quelle: Orlan: Orlan. Paris 2004, S. 28. © VG Bild-Kunst, Bonn 2007.
Abb. 28: Bernini, Die Verzückung der hl. Theresa, 1645-1652. Marmor, 350cm hoch. Quelle: URL: http://www.malaspina.org/home.asp?topic=./search/details&lastpage=./search/results&ID=666 (25.10.2006).
Abb. 29: Annette Messager, Le repos des pensionnaires (Detail), 1972. Ausgestopfte Vögel, Wolle. Anzahl der Elemente und Dimensionen variabel. Quelle: Ausst.-Kat. Grenoble 1989/90: Annette Messager. Comédie tragédie. 1971-1989. Grenoble (Musée de Grenoble 1989-1990), Bonn (Bonner Kunstverein 1990), Roche-sur-Yon (Musée de la Roche-sur-Yon 1990), Düsseldorf (Kunstverein für die Rheinlande und Westfalen 1990). Dijon 1989, S. 23. © VG Bild-Kunst, Bonn 2007
Abb. 30: Annette Messager, Vœux, 1988, Acryl auf Schwarzweißfotografien, unter Glas, Rock, Nadeln, Bindfaden, 96 x 177cm. Courtesy Marian Goodman Gallery, New York / Paris. © VG Bild-Kunst, Bonn 2007.
Abb. 31: Annette Messager, Histoire des robes, 1990. Kleider, Fotografien, gerahmte Zeichnungen, Bindfäden, in Holzkisten mit Glasdeckel. Gesamtdimensionen variabel. Quelle: Grenier, Catherine: Annette Messager. Paris 2000, S. 131. © VG Bild-Kunst, Bonn 2007.
Abb. 32: Marcel Duchamp, Belle Haleine: Eau de Voilette (Label), April 1921. Collage, 29,6 x 20cm. Quelle: Schwarz, Arturo: The complete works of Marcel Duchamp. Vol. 2: The plates, critical catalogue raisonné, the bibliographies. 3. Aufl. New York 1997, No. 386, S. 687. © Succession Marcel Duchamp/ VG Bild-Kunst, Bonn 2007.
Abb. 33: Niki de Saint Phalle, Saint Sébastien (Portrait of my Lover/Portrait of my Beloved/Marty nécessaire), 1961. Malerei, Holz und diverse Objekte (Hemd, Krawatte, Zielscheibe, Wurfpfeil, Nägel…) auf Holz, 72 x 55 x 7cm. Quelle: Saint Phalle, Niki de: Niki de Saint Phalle. Vol. 2: Monographie. Texte von: Michel de Grèce, Pontus Hulten, Ulrich Krempel, Yoko Masuda, Janice Parente, Pierre Restany. Lausanne 2001, S. 120. © VG Bild-Kunst, Bonn 2007.
Abb. 34: Michel Journiac, Hommage à Freud, 1972. Schwarzweißfotografien einer Aktion, 29,7 x 21cm. Quelle: Ausst.-Kat. Strasburg 2004:

Michel Journiac. Strasbourg (Musée d'art moderne et contemporain 2004). Strasbourg 2004, S. 13. © VG Bild-Kunst, Bonn 2007.

Abb. 35: Michel Journiac, piège pour un travesti, Greta Garbo (Auszug), 1972. Schwarzweißfotografien, Spiegel mit Relieftext , 4 Tafeln, 120 x 60cm. Quelle: Ausst.-Kat. Strasburg 2004: Michel Journiac. Strasbourg (Musée d'art moderne et contemporain 2004). Strasbourg 2004, S. 130. © VG Bild-Kunst, Bonn 2007.

Abb. 36: Rosemarie Trockel, ohne Titel, 1992. Fotokopierzeichnung, 24 x 17cm. Quelle: Museumsdienst Köln (Hg.): Information zur Ausstellung Rosemarie Trockel. Papierarbeiten im Ludwig Museum. Köln 1992, o.S. © VG Bild-Kunst, Bonn 2007.

Abb. 37: Rosemarie Trockel, Untitled, 1987. Schaufensterpuppe und Wolle, 48 x 21 x 151,5cm. Quelle: Ausst.-Kat. Boston 1991: Stich, Sidra (Hg.): Rosemarie Trockel. Boston (The Institute of Contemporary Art 1991), Berkeley (University Art Museum 1991), Chicago (Museum of Contemporary Art 1991), Toronto (The Power Plant 1992), Madrid (Museo Nacional Centro de Arte Reina Sofia 1992). München 1991, S. 57. © VG Bild-Kunst, Bonn 2007.

Abb. 38: Christian Boltanski: Les Habits de François C., 1972. Schwarzweissfotografien, je 22,5 x 30,5cm, Zinnrahmen, Glas. Quelle: Gumpert, Lynn: Christian Boltanski. Paris 1994, S. 98. © VG Bild-Kunst, Bonn 2007.

Abb. 39: Christian Boltanski: Réserve: Le Lac des Morts, 1990. Gebrauchte Kleidung, Holz, Metalllampen. Installationsansicht, Institute of Contemporary Art, Nagoya, Japan, 1990. Quelle: Gumpert, Lynn: Christian Boltanski. Paris 1994, S. 121. © VG Bild-Kunst, Bonn 2007.

Kultur- und Medientheorie

Alma-Elisa Kittner
Visuelle Autobiographien
Sammeln als Selbstentwurf bei Hannah Höch, Sophie Calle und Annette Messager
April 2008, ca. 300 Seiten, kart., zahlr. Abb., ca. 29,80 €,
ISBN: 978-3-89942-872-8

Ines Kappert
Der Mann in der Krise
oder: Eine konservative Kapitalismuskritik in der Mainstreamkultur
März 2008, ca. 232 Seiten, kart., ca. 23,80 €,
ISBN: 978-3-89942-897-1

Derrick de Kerckhove, Martina Leeker, Kerstin Schmidt (Hg.)
McLuhan neu lesen
Kritische Analysen zu Medien und Kultur im 21. Jahrhundert
März 2008, ca. 450 Seiten, kart., zahlr. Abb., inkl. DVD, ca. 39,80 €,
ISBN: 978-3-89942-762-2

Peter Seibert (Hg.)
Samuel Beckett und die Medien
Neue Perspektiven auf einen Medienkünstler des 20. Jahrhunderts
März 2008, 218 Seiten, kart., 24,80 €,
ISBN: 978-3-89942-843-8

Simone Loleit
Wahrheit, Lüge, Fiktion: Das Bad in der deutschsprachigen Literatur des 16. Jahrhunderts
März 2008, ca. 320 Seiten, kart., ca. 32,80 €,
ISBN: 978-3-89942-666-3

Ronald Kurt, Klaus Näumann (Hg.)
Menschliches Handeln als Improvisation
Sozial- und musikwissenschaftliche Perspektiven
März 2008, ca. 232 Seiten, kart., ca. 25,80 €,
ISBN: 978-3-89942-754-7

Hans Dieter Hellige (Hg.)
Mensch-Computer-Interface
Zur Geschichte und Zukunft der Computerbedienung
März 2008, 360 Seiten, kart., ca. 29,80 €,
ISBN: 978-3-89942-564-2

Bettine Menke
Das Trauerspiel-Buch
Der Souverän – das Trauerspiel – Konstellationen – Ruinen
März 2008, ca. 120 Seiten, kart., ca. 14,80 €,
ISBN: 978-3-89942-634-2

Kati Röttger, Alexander Jackob (Hg.)
Theater und Bild
Inszenierungen des Sehens
März 2008, ca. 250 Seiten, kart., ca. 27,80 €,
ISBN: 978-3-89942-706-6

Leseproben und weitere Informationen finden Sie unter:
www.transcript-verlag.de